Roland M. Horn: Atlantis – Alter Mythos – Neue Beweise

Roland M. Horn

ATLANTIS
Alter Mythos – Neue Beweise

AQUAMARIN

Deutsche Erstausgabe
1. Auflage 2009
© Aquamarin Verlag GmbH
Voglherd 1
85567 Grafing
www.aquamarin-verlag.de

Umschlaggestaltung: Annette Wagner
Satz: Sebastian Carl, 83123 Amerang
Druck: Bercker • Kevelaer

ISBN 978-3-89427-513-6

Inhalt

Für meinen Vater Otto Horn,
der diese Welt leider viel zu früh verlassen musste.

Vorwort

von Walter Jörg Langbein

Auch heute noch hat der Name „Atlantis" einen geheimnisvollen Reiz. Die Geschichte vom legendären Reich, das einst in den Fluten des Atlantik versank, erscheint heute als durchaus aktuell. Kann sich eine solche Katastrophe vielleicht sogar wiederholen? Oder ist der Mythos um Atlantis ein schönes altes Märchen aus vorgeschichtlichen Zeiten, ohne realen geschichtlichen Hintergrund? Erinnern wir uns: Auch das Troja Homers wurde gern als fantasiereiche Erfindung abgetan. Doch die „Dichtung" erwies sich, nicht zuletzt ist das ein Verdienst Heinrich Schliemanns, als archäologisch verwertbare Quelle.

Wir wissen heute: Homer hatte recht. Troja gab es. Und die Existenz Trojas, jener kleinasiatischen Metropole, war jahrhundertelang heftig umstritten.

Aber wie verhält es sich mit Atlantis? Wollte Platon historische Ereignisse schildern? War es seine Absicht, einer verhängnisvollen Katastrophe ein Denkmal zu setzen? Oder ging es ihm in einer Fiktion nur um die Beschreibung eines utopischen „Goldenen Zeitalters"?

Die Geologen, so scheint es, haben ihr Urteil über Atlantis längst gefällt: „Den versunkenen Kontinent gab es nicht. Im Bereich des heutigen Atlantik kann es keinen Kontinent gegeben haben!" Ist dem wirklich so? Roland Horn, der kenntnisreiche Autor einer ganzen Reihe von bemerkenswerten Sachbüchern, beweist, dass es keineswegs *die* Haltung *der* Geologen in Sachen Atlantis gibt. Er dokumentiert vielmehr, dass es eine ganze Reihe von wissenschaftlichen Entdeckungen gab, die für einen versunkenen Kontinent sprechen. Diesen Entdeckungen allerdings wurde bis heute nicht die gebührende Aufmerksamkeit zuteil. Was der vermeintlich wissenschaftlichen Lehrmeinung widerspricht, das wird geflissentlich verschwiegen. Roland Horn allerdings legt die Fakten auf den Tisch. Er fabuliert nicht, er nennt die konkreten Erkenntnisse, die sehr deutlich für die Existenz von Atlantis sprechen!

Offenbar bedarf es eines unvoreingenommenen Experten, der keine falschen Tabus kennt und alle zur Verfügung stehenden Quellen nutzt. Horn handelt dabei als Wissenschaftler im besten Sinne des Wortes: Er schafft Wissen, indem er planmäßig nach Informationen über Atlantis sucht. Er wurde, dank akribischen Quellenstudiums, vielfältig fündig. Die Fakten setzte er wie ein Puzzle aus zahlreichen Teilchen zu einem faszinierenden Weltbild zusammen. Edgar Cayce, arabische Überlieferungen, geologische Untersuchungen der Sphinx, die Cheops-Pyramide, Mu, die Hopi-Indianer und die Vorfahren der Maya sind keineswegs nur faszinierende Schlagworte. Sie spielen wichtige Rollen in der Geschichte der Menschheit und des Planeten Erde.

Man kann die einzelnen Rätsel unseres Planeten mit Musikinstrumenten vergleichen. Unzählige Male haben wir sie einzeln gehört. Immer wieder lauschten wir fasziniert ihren Klängen. Roland Horn geht nun einen großen Schritt weiter. Er fügt sie zu einem stimmigen Orchesterwerk zusammen.

Sein Gesamtbild ist wahrhaft faszinierend und bei aller Spekulation immer auch wissenschaftlich fundiert. Überzeugend wirkt die Vielzahl von Fakten aus zahllosen Quellen – in ihrem Zusammenwirken, in ihrem Zusammenspiel.

Offenbar bedarf es eines 'Laien' wie Roland Horn, der mutig auch unkonventionelle Gedanken wagt und neugierig über den Tellerrand einzelner Wissenschaftsdisziplinen hinwegschaut! Und er macht deutlich, wie falsch eine unangebrachte Überheblichkeit heutiger Zeitgenossen ist, welche die gegenwärtige Zivilisation als Kulminationspunkt menschlicher Entwicklung verherrlicht. Nach wie vor wird die Gegenwart gern als das Non plus ultra angesehen, gleichsam als Krone der Weltgeschichte. Roland Horn aber beweist: Die Hochkultur Atlantis hat wohl existiert, dafür sprechen unleugbare Fakten.

Der Name „Atlantis", so mutmaßt Horn, steht nicht für ein dichterisches Hirngespinst. Atlantis war vielmehr real – eine vor Jahrtausenden schon erstaunlich entwickelte Zivilisation, die der unseren kaum nachstand.

Warum ist Atlantis untergegangen? Auch dieser Frage geht Roland Horn nicht aus dem Weg. Es geht um mehr als um uralte Historie. Es wird nicht einfach nur darüber nachgedacht, was vielleicht vor zehn Jahrtausenden geschah. Es geht auch um die Zukunft des Planeten Erde: Die Atlantis-Katastrophe kann sich ohne Zweifel jederzeit wiederholen. Welche Ausmaße so ein künftiges Fiasko haben könnte, das verdeutlicht Roland Horns Blick auf Atlantis und die Welt von vorgestern. Seine bemerkenswerte Studie sollte uns aufrütteln: Wir müssen darüber nachdenken, ob ein katastrophaler Aufprall eines Himmelskörpers auf der Erde rechtzeitig mit Mitteln der Raumfahrt verhindert werden könnte – damit uns ein neuer Untergang à la Atlantis, mit Millionen von Todesopfern, erspart bleibt.

Einleitung

Als der Philosoph Platon in seinen Dialogen *Timaios* und *Kritias* das Wort *Atlantis* verwendete, konnte er nicht wissen, wie berühmt dieser Begriff einmal werden würde. Platon konnte nicht ahnen, dass er einen Streit in die Welt setzen sollte, der bis in die heutige Zeit andauert – und wer weiß, wie lange er noch andauern wird. Platons *im Verlauf eines schrecklichen Tages und einer schlimmen Nacht* versunkene Insel erregt die Gemüter bis heute. Für viele Wissenschaftler ist Atlantis ein Ärgernis, und sie werfen Atlantis-Forschern – die sie häufig *Atlantisten* nennen – vor, verträumte Gemüter zu sein, die auf ein rückwärtsgerichtetes, freilich nie wirklich existentes Utopia zurückblicken. Dabei war nach Platons Beschreibung Atlantis alles andere als ein Utopia. Es war eine zunächst gut funktionierende Gemeinschaft, die später jedoch zunehmend barbarischer wurde. Die Atlanter waren ein kriegerisches Volk, das Feldzüge gegen Griechenland führte und zahlreiche andere Staaten unterwarf.

Atlantis war wahrlich kein Utopia. Trotzdem kann es nicht vergessen werden. Ist es vielleicht gar nicht der Wunsch nach einem Utopia, sondern eine nie verloschene Erinnerung an ein tatsächlich einst vorhandenes Zeitalter, vielleicht an den Beginn der menschlichen Zivilisation, möglicherweise lange bevor es unsere fortgeschrittene Zivilisation überhaupt geben durfte? Platon beschrieb Atlantis als eine Insel, die *jenseits der Säulen des Herakles* gelegen hätte, also vor der Meerenge von Gibraltar. Er beschrieb sogar einen Kontinent, der Atlantis gegenüber lag – und zwischen beiden befanden sich Inseln. Ist dies nicht eine deutliche Beschreibung des amerikanischen Doppelkontinentes mit den davor liegenden karibischen Eilanden?

Eine äußerst umstrittene Person in der gesamten Atlantis-Debatte ist der amerikanische Heiler und Seher Edgar Cayce, der gerne in die „Okkultisten-Schublade" gesteckt wird. Ob er allerdings tatsächlich in einem Zug mit den Okkultisten genannt werden sollte, wird noch zu hinterfragen sein. Tatsächlich brachte Cayce Atlantis mit einem prädynastischen Ägypten in Verbindung, das die Ägypter wohl aus ihren Überlieferungen kennen, das von den meisten Wissenschaftlern, die eher konservativ eingestellt sind, aber als „Mythos" oder „Religion" angesehen wird. Hat es tatsächlich existiert? Bestand eine Verbindung zwischen Atlantis und einem geheimnisvollen prädynastischen Ägypten? Interessant ist in diesem Zusammenhang die Tatsache, dass es Anfang der 90er Jahre eine gut fundierte Theorie gibt, welche die große Sphinx von Ägypten auf ein prädynastisches Ägypten zurückführt. Wenn diese Theorie zutreffend ist: Wer hat die Große Sphinx erbaut? Gibt es womöglich einen Zusammenhang mit dem legendären Atlantis?

Wir werden noch sehen: Es gibt sogar Hinweise darauf, dass es in der „Welt von vorgestern", in der Atlantis eine große Rolle zu spielen schien, eine fortgeschrittene Kultur gab.

Folgen Sie mir also in eine Welt von vorgestern, die längst vergessen wurde.

I.

Atlantis lag im Atlantik – Die geologisch/ ozeanographische Seite

„Damals nämlich war das Meer dort fahrbar, denn vor der Mündung, welche ihr in eurer Sprache die Säulen des Herakles heißt, hatte es eine Insel, welche größer war als Asien und Libyen zusammen, und von ihr konnte man damals nach den übrigen Inseln hinübersetzen, und von den Inseln auf das ganze gegenüberliegende Festland, welches jenes recht eigentlich so zu nennende Meer umschließt. Denn alles Das, was sich innerhalb der eben genannten Mündung befindet, erscheint wie eine (bloße) Bucht mit einem engen Eingange, jenes Meer aber kann in Wahrheit also und das es umgebende Land mit vollem Fug und Recht Festland heißen."[1]

„Damals nämlich war das Meer dort schiffbar; denn vor der Meerenge, die in eurer Sprache 'die Säulen des Herakles' heißt, lag eine Insel; diese Insel war größer als Libyen (Afrika) und Asien zusammengenommen, und von ihr war damals der Übergang möglich nach den anderen Inseln, von diesen Inseln aber wieder auf das gegenüberliegende Festland, welches jenes Meer umschließt, das eigentlich alleine den Namen Meer verdient. Denn dieses unser Meer, das innerhalb der bezeichneten Meerenge liegt, erweist sich nur als eine Bucht mit schmalem Eingang; dagegen kann jenes

---

1   Susemihls Übersetzung von Platons Timaios nach http://www.atlantis-scout.de/ atlantimkrit.htm

Meer in Wahrheit so, und das eigentliche, und das es umschließende Festland mit vollem Recht Festland genannt werden."[2]

„Damals nämlich war jenes Meer befahrbar. Dieses offene Meer nun hatte eine Insel vor der Mündung, welche ihr, wie es heißt, Stelen des Herakles nennt. Diese Insel, von welcher aus den damaligen Reisenden ein Zugang auf die anderen Inseln möglich war und von diesen Inseln aber auf das ganze Festland gegenüber, dasjenige inmitten jenes wahren Meeres ringsum, hatte größere Bedeutung als Libyen und Asien zusammengenommen. Diese (Insel) nun nämlich, ungefähr innerhalb der Mündung, von welcher wir sprachen, schien irgendeinen Hafen zur Einfahrt von Schiffen zu haben. Das Land, welches jenes offene Meer um sich ringsherum hatte, durfte wirklich wahr und wahrhaftig am richtigsten Festland genannt werden."[3]

Diese Zitate stammten aus drei verschiedenen Übersetzungen des *Timaios* Dialogs 24e – 25a. Der Philosoph Platon beschreibt hier die Lokalisation der einstigen Insel Atlantis. Diese Insel Atlantis wird in Teilen jenes *Timaios*- und im *Kritias*-Dialog beschrieben. Platon berichtet von dem Besuch des großen Staatsmannes Solon in Ägypten, der dort erfahren haben will, dass die ägyptischen Priester von Sais schriftliche Berichte zum Atlantis-Thema besitzen. Solon wiederum vertraute seinem Verwandten Dropides die unglaubliche Überlieferung an, die er an seinen Sohn, Kritias den Älteren, weitergab, der die Geschichte wiederum seinem Enkel Kritias erzählte, nach dem der oben erwähnte Platon-Dialog benannt ist.

In den genannten Schriften wird dieses Inselreich als das Herz eines großen und wundervollen Reiches beschrieben, das sowohl über eine blühende Bevölkerung als auch über Städte mit goldenen Dächern, eine mächtige Flotte und eine Armee für Eroberungs-

---

2   Übersetzung aus Platons Timaios nach Apelt 1922/1998, S. 41
3   Übersetzung aus Platons Timaios nach Pischel 1982, S. 28f

feldzüge verfügte. Atlantis existierte nach Platons Angaben bis neuntausend Jahre vor seiner Zeit, und Platon lebte 427 v. Chr. bis 347 v. Chr. in Athen. Demnach musste Atlantis also etwa 9500 v. Chr. untergegangen sein. Der Philosoph beschreibt Atlantis als ein Paradies, als eine Insel mit gewaltigen Gebirgen und fruchtbaren Ebenen, schiffbaren Flüssen und reichen Bodenschätzen. Doch dieses mächtige Reich verschwand „im Verlaufe eines schlimmen Tages und einer schlimmen Nacht" im Meer.

Doch kommen wir nun auf die Lokalisierungsfrage zurück, über welche die oben zitierte Textstelle spricht. Dort ist die Rede von einem Eingang, der von einem Meer zu einem weiteren (wahren) Meer führt. Das zuerst genannte Meer ist dagegen eher vergleichbar mit einer Bucht mit engem Eingang. Dieser Eingang wird „die Stelen (oder Säulen) des Herakles" genannt. Das ist Gibraltar. Jenseits dieses Einganges gab es in dem „wahren Meer" Inseln, und es wird von einem Festland umschlossen. Auch wenn es mittlerweile keinen Ort der Welt mehr geben dürfte, der nie mit dieser sagenhaften Insel Atlantis in Verbindung gebracht wurde, so stellt sich die Lokalisierungsfrage genau genommen gar nicht, denn jenseits von Gibraltar befindet sich der Atlantische Ozean, der im Vergleich zum Mittelmeer wirklich ein „wahres" Meer ist. Mitten im Atlantik und besonders im Osten dieses Ozeans (in der Karibik) befinden sich Inseln, die sich ohne weiteres mit den von Platon im obigen Zitat erwähnten Inseln decken könnten. Dahinter schließt sich tatsächlich ein gewaltiges Festland an, der amerikanische Doppelkontinent, der jeweils im Norden und im Süden eine kleine Stelle für den Ozean lässt. Man kann tatsächlich sagen, dass Amerika den Atlantik (mehr oder weniger) umschließt.

Nun ist es so, dass neuntausend Jahre vor Platons Zeit, also knapp 9500 v.u.Z., für uns eine sehr lange Zeit ist. Aus diesem Zeitraum ist uns keinerlei Zivilisation bekannt. So versucht man oft, Atlantis in eine für die konservative Wissenschaft glaubwürdige Zeit und an einen anderen Ort zu verlegen, zumal nach Meinung der

Mainstream-Geologen ein Kontinent im Atlantik nie hätte existieren können. So kommt es beispielsweise manchen Autoren gerade recht, dass angeblich in der Epoche Platons der Begriff „Stelen des Herakles" auch für andere Meerengen verwendet worden sei und man Atlantis so außerhalb des Bosporus im Schwarzen Meer lokalisieren könne. So kann man auch den Zeitraum deutlich weiter nach vorne – in eine spätere Zeit – verschieben. Doch der Versuch schlägt fehl. Erstens lässt Platon keinen Raum für Rechenspiele. Das Argument, man habe sich beispielsweise um eine Null verschätzt, kann nur als Behelfsmittel angesehen werden, und zweitens wird in allen drei mir vorliegenden Quellen von *einer* Meerenge gesprochen, die den Griechen als „Stelen des Herakles" bekannt ist. Es handelt sich um eine bestimmte Meerenge. Jene, die den Griechen *zu jeder Zeit* unter diesem Namen bekannt war: Der Meerenge von Gibraltar. Wie wir gesehen haben, deckt sich auch die Geographie mit Platons Angaben.

Wenn Atlantis existiert hat, dann lag es im Atlantik. Oder Platon hat es erfunden. Das sind die Alternativen. Tatsächlich wird oft behauptet, Platon habe Atlantis erfunden, um den Griechen von einem „perfekten Staat", von einem Vorbild für sie selbst, zu erzählen. Doch war Atlantis ein vorbildlicher Staat? Wer Platon gelesen hat, weiß, dass es sich zumindest in den späteren Zeiten um einen barbarischen und kriegerischen Staat handelte, der mit einem früheren Griechenland im Streit stand und weite Teile Europas geknechtet hielt. Ein Vorbild für die Hellenen?

Der in der Sowjetunion ausgebildete Wissenschaftler Nicolai Zhirov hat sich in seinem Buch *Atlantology: Basic Problems* ausgiebig mit diesem Problem befasst. Er kommt zu dem Schluss:

„(…), falls Atlantis eine Erfindung war, eine Absurdität, warum sollte Platon es für notwendig gehalten haben, eine Absurdität an die andere aneinanderzureihen – gerade dann, wenn seine Zeitgenossen damit einverstanden waren, dass dies eine reichhaltige Fantasie ist.

Nebenbei: Seine Geographie unterscheidet sich tatsächlich von der geographischen Auffassung seiner Zeit, und das Gleiche kann über seine Mythologie gesagt werden."[4]

Platons Geographie weicht wahrlich von jener seiner Zeitgenossen ab. Für sie war Gibraltar das Ende der Welt; und Platon berichtete von einer Welt jenseits dieses „Endes der Welt", das dazu noch mit unseren heutigen Kenntnissen übereinstimmt. Wenn er von Amerika und den karibischen Insel wusste, warum sollte er dann dort noch eine ehemalige große Insel, die mit dekadenten Menschen bevölkert war, dazu erfinden? Doch wenn es Platons „Atlantis" tatsächlich gegeben hat, müssen sich dann nicht auch geologische Beweise finden lassen?

Die Geologin Dorothy B. Vitalino schreibt dazu:

„Im Lichte dessen, was heute über die Meeresböden bekannt ist, können wir ganz bestimmt die Möglichkeit ausschließen, dass im Südatlantik oder in irgendeinem Meeresbecken eine versunkene Landmasse von einer substanziellen Größe liegt. Es wurde jetzt festgestellt – aus der Geschwindigkeit, mit der sich Erdbebenvibrationen durch die Erde verbreiten –, dass die Masse der Erdkruste, die unter den Kontinenten liegt (einschließlich ihrer untergetauchten Ränder) sich vom Material unter den Ozeanböden unterscheidet. Nirgends im Ozeanbecken finden sich Anzeichen einer großen Masse (Kruste) vom Kontinentaltyp, die für einen versunkenen Kontinent sprechen könnte."[5]

Hier müssen zunächst die Begriffe erklärt werden, von denen Vitalino spricht:

Die Erdkruste ist die äußere Schicht der Erde, unter welcher der zähplastische Erdmantel liegt. Etwa neunundzwanzigtausend Kilometer tiefer liegt der größtenteils flüssige Erdkern. Was uns hier an

4   Zhirov, 1970/2001, S. 61
5   Vitalino in: Ramage 1979, S. 176

der Stelle jedoch interessiert, ist die Erdkruste, von der es zweierlei Typen gibt:

1. Die Ozeanische Erdkruste:
   Sie wird auch *Sima* genannt, da sie neben Sauerstoff und Silizium einen hohen Magnesiumanteil aufweist.
   Diese Kruste entsteht an auseinander driftenden Plattengrenzen am Meeresgrund. Dort tritt aus dem Erdmantel basaltisches Magma aus. Es erstarrt und bildet ein System weltumspannender Rücken. Dieses Krustengestein wiederum besteht hauptsächlich aus basaltähnlichem Gabbro. Dieser Erdkrustentyp ist nur selten dicker als zehn Zentimeter.
2. Die kontinentale Erdkruste:
   Sie wird auch *Sial* genannt, da sie (neben Sauerstoff) hauptsächlich aus Silizium und Aluminium besteht.
   Dieser Krustentyp ist leichter als die ozeanische Erdkruste und besteht hauptsächlich aus Granit und Gneis. Es ist das Endprodukt eines Vorgangs, der weniger dichte Mineralien im Laufe der Erdgeschichte zur Erdoberfläche aufsteigen ließ. Isostasie (die besagt, dass das Gewicht aller Massen in einer bestimmten Tiefe innerhalb der Erde gleich ist) und Vulkanismus haben bei diesem Vorgang ebenso eine Rolle gespielt wie die Verwitterung, die zur Ablagerung von Sedimenten führt.

Zunächst müssen wir Vitalino entgegenhalten, dass Platon nirgends geschrieben hat, Atlantis sei ein Kontinent gewesen. Er schrieb immer nur von einer „großen Insel". Zum Zweiten ist unklar, was für sie eine „Landmasse mit einer substanziellen Größe" bedeutet. Dem dritten und wichtigsten Argument aber steht eine Aussage des Naturwissenschaftlers und Atlantologen Klaus Aschenbrenner diametral entgegen.

Aschenbrenner schreibt:

„So stößt man beispielsweise an den Küsten sämtlicher Azoreninseln auf Geröllblöcke aus Granit, Quarz und Glimmerschiefer. Diese Gesteine sind vor vielen Millionen Jahren im Festland der Kontinentalplatten entstanden. Sie bildeten sich keinesfalls aus dem Magma, das durch Spalten der Erdkruste in den Tiefseebereich quillt. Einige Geologen machen die Eiszeit für das Vorhandensein jener Felsblöcke verantwortlich. Ihrer Meinung nach sollen Eiszeitgletscher das Gesteinsmaterial dorthin transportiert haben. Sogar die Vermutung, dass ganze Schiffsladungen des Gesteinsmaterials an den betreffenden Stellen ausgekippt wurden, ist ein Erklärungsversuch, den Atlantis-Gegner ins Feld führen."[6]

Diese Mühe macht sich Vitalino gar nicht. Sie leugnet diese Funde einfach. Und sie weiß sicherlich, dass das Azoren-Plateau jene Gegend ist, an der Atlantis am häufigsten vermutet wird.

Hier scheint sich eine Aussage des Autors und Atlantologen R. C. Leonard zu bewahrheiten. Er sagte:

„Gelogen scheinen ein kurzes Gedächtnis zu haben, wenn es um Atlantis geht."[7]

Auch William Maurice „Doc" Ewing (1906-1974) war kein Freund der Atlantis-Idee. Er war ein amerikanischer Geophysiker und Ozeanograph. 1948 war er Professor der Geologie an der Columbia-University und deren Leiter. Bekannt wurde Ewing unter dem Namen Maurice Ewing, auch wenn ihn seine Mitarbeiter gerne einfach nur „Doc" nannten.

Bezeichnenderweise hieß sein Schiff, mit dem er 1948 den Mittelatlantischen Rücken erforschte, *Atlantis*. Ewing betonte jedoch:

---

6   Aschenbrenner 2001, S.139
7   http://www.atlantisquest.com/Geology.html

„Romantiker verbinden unweigerlich den Rücken mit der Legende des verlorenen Kontinents, der laut Platon „an einem einzigen Tag und in einer schrecklichen Nacht" in den Fluten versank.

Obwohl unser Schiff *Atlantis* hieß, hatten wir keine Illusionen, die alte Mystery-Story zu lösen."[8]

Bereits nordwestlich von Bermuda, auf dem Weg zum Mittelatlantischen Rücken, machte Ewing eine verblüffende Entdeckung. Seine Mannschaft untersuchte einen unterseeischen Berg, der 1945 entdeckt worden war. Dort entnahm Ewings Mannschaft einen Bohrkern und stellte später im Labor am Columbia Observatorium zu ihrem Erstaunen fest, dass der gefundene Bohrkern Millionen von Jahren überdauert hatte. Er beinhaltete zwei ausgeprägte Schichten. Der obere Teil schien ein rezentes (also im geologischen Sinn relativ „junges") Tief-See-Sediment zu sein, das fern vom Land in einer Tiefe von über 4,5 Kilometern vorkommt. Dieses Sediment wird „Globigerinenschlamm" genannt. Der Rest war feinkörniger und weiß, im Gegensatz zu dem cremefarbenen unteren Teil. Der Kalkstein enthielt Foraminiferen (tierische Einzeller), die aus dem Erd-Zeitalter Eozän stammten, das vor 55,8 Millionen Jahren begann und vor 33,9 Millionen Jahren endete.[9]

Ewing sagt:

„Soweit ich weiß, ist dies das erste Mal, das Sedimente, die älter als ein paar tausend Jahre sind, aus einer beträchtlichen Tiefe in irgendeinem Ozean geborgen wurden."[10]

„Unsere Entdeckung von Eozän-Sedimenten im offenen Ozean in

---

8   Ewing 1948: *Exploring the Mid-Atlantic-Ridge*. In: The National Geographic Magazine, September 1948, S. 275
9   Ewing 1948, S. 277f
10 Ewing 1948, S. 279

einem unterseeischen Berg nahe Bermuda, weit im Westen des Mittelatlantischen Rückens, ist schwer mit der Wegenerschen Theorie über die Bildung des Atlantischen Ozeans in Einklang zu bringen (…) Im Eozän war der Ozean nur ein schmaler Graben in der Nähe des Rückens. Unser Bohrkern zeigte, dass der westliche Teil des Atlantiks lange Zeit Meer war."[11]

Nach dieser interessanten Entdeckung sollte es nicht lange dauern, bis die Crew der *Atlantis* auf die nächste stieß. Hierzu hören wir uns noch einmal Ewing an:

„Von einem Punkt ungefähr 385 nautische Meilen [etwas über 700 Kilometer] nordöstlich von Bermuda zu einem Punkt etwa 945 Meilen [etwa 1520 Kilometer] westlich der Azoren zeigte unser Test kein doppeltes Echo. Diese Ergebnisse, die wir sorgfältig nachprüften, bedeuten, dass in mindestens 320 Meilen [etwa 515 Kilometern] die Sedimente im tiefen Meeresboden weniger als 500 Fuß [etwa 152 Meter] dick waren.

Diese Entdeckung war überraschend, weil der Boden der Tiefsee nach den meisten Geologen mit einer großen und gleichartigen Dicke von Sedimenten – tausende von Fuß – bedeckt ist, die sich auf ihr wie ein beständiger, nicht weiterziehender Schneefall angehäuft hätten, so dass seine Bildung und ihre Reste für immer ungestört verbleiben."[12] (Angaben in Klammern durch den Autor)

Nun wird es aber für unser Thema weitaus spannender, denn Ewing schreibt (die Expedition war mittlerweile am mittelatlantischen Rücken angekommen):

„Unter einem Bohrkern von lediglich wenigen Zentimetern an Sediment befand sich ein frisch gebrochenes Fels-Stückchen, das etwa

---

11 Ewing 1948, S.279f
12 Ewing 1948, S. 280

einen Durchmesser von einem Inch [etwa 25 mm] im Durchmesser hatte. Dieser Fels war deutlich vulkanisch – kristallisiert aus einem geschmolzenen Zustand wie Granit und vielen anderen verwandten Gesteinen. Geologen nennen diesen Felsen Olivin-Gabbro.

Der Bohrkern oberhalb des Felsens war nicht das typische Tiefsee-Sediment, sondern Material, das aus dem chemischen und mechanischen Zusammenbruch des Gabbro-Felsen resultiert."[13]

Das Felsstückchen war offensichtlich aus einer Kluft zwischen Felsblöcken gezogen worden. Es war nicht das typische Tiefsee-Sediment, und so langsam kommen wir der Sache, um die es eigentlich geht, näher.

Dass der Mittelatlantische Rücken ein Zentrum für Erdbeben ist, wusste man schon vorher[14], doch eine durch die Expedition gefundene Kombination von steilen Abhängen und tiefen Gräben legt nahe, dass auch in historischen Zeiten dort Erdbeben stattgefunden haben könnten.[15]

Ewings Team stieß im weiteren Verlauf auf etliche flache Terrassen, die typisch für die Flanken des Mittelatlantischen Rückens sind. Diese Terrassen waren um die fünfzig Kilometer breit und über drei Kilometer tief.[16]

Eine äußerst interessante Aussage macht Ewing, wenn er schreibt:

„Eine eher wilde Idee brachte uns dazu, uns vier Stunden lang der Ausgrabung und diesem besonderen Felsen zu widmen. Unsere Hypothese war, dass diese langen, ebenen Terrassen, mit Sedimenten, die bis zu 3000 feet [etwa 915 Meter] reichten, untergegangene Strandlinien waren. Wenn dem so wäre, sollten die steilen Kliffe,

---

13 Ewing 1948, S. 284
14 Ewing 1948, S. 275
15 Ewing 1948, S. 286
16 Ewing 1948, S. 286

die von ihnen aufstiegen, Felsbrocken an ihrer Basis haben; wie wellenbrechende Kliffe in unseren Tagen.

Es ist selbstverständlich eine extrem radikale Spekulation, diese ebenen Terrassen mehr als zwei Meilen [3,2 Kilometer] unter der Erdoberfläche als frühere Strände zu identifizieren. Solch eine Theorie würde die deutlichen, aber geradezu unglaublichen Schlüsse erfordern, dass das Land hier zwei Meilen abgesackt oder aber die See um diese Höhe angestiegen ist."[17]

„Eine radikale Theorie"? Warum? Weil sich dieser Anstieg des Meeresspiegels oder das Absacken des Landes nach ihr ausgerechnet im Mittelatlantischen Rücken zugetragen haben muss, auf dem nach Meinung vieler Atlantis-Forscher und nach der Beschreibung von Platon selbst Atlantis gelegen haben müsste? Widerwillig nimmt man hier einen Beleg für die Existenz der ehemaligen Großinsel in Kauf, auch wenn man den Zusammenhang (bewusst?) nicht explizit erwähnt und betont, dass es „noch vieler Arbeit bedürfe, diese Theorie (von der Änderung der Höhe des Wasserspiegels an dieser Stelle) zu beweisen oder zu widerlegen".

Nun kam es aber noch heftiger: Das Ausgraben von Gesteinen am nördlichen Abhang einer Schlucht, die etwa drei Kilometer Tiefe aufwies, ergab eine interessante Beute – einige hundert Pfund von Fels und Lehm. Der Lehm war keine typische Meeresboden-Ablagerung, sondern enthielt eine Reihe von eckigen Fragmenten, wahrscheinlich pulverisierten Materials, das aus dem Abrutschen größerer Felsmassen entlang einer Bruchlinie – oder eines Anbruchs – der Erdkruste resultierte. Der Schlucht westwärts folgend, bohrten sie erneut, und zwar dieses Mal in etwa vier Kilometern Tiefe. Das heraufgeholte Material war meist schlangenartig, doch es enthielt ein fremdartiges Exemplar, eine Anhäufung von Tremolit-Asbest mit etwa fünfzehn Zentimeter langen Fasern. Diese Art von Asbest

---

17 Ewing 1948, S. 288

hat einen anderen Aufbau als jener, den wir in der Geschäftswelt verwenden.[18]

Ewing schreibt:

„Diese Art von Gestein wird generell als typisch für Kontinente und nicht für Ozean-Becken erachtet."[19]

Hier haben wir einen deutlichen Hinweis auf eine Geisteinsart, die eigentlich in dieser Tiefe nicht vorkommen *dürfte*. Wir haben es hier mit Kontinentalgestein zu tun, das in der Tiefe des Ozeans gefunden wurde, und zwar wieder an einer Stelle, an der nach der Legende Atlantis gelegen haben soll.

Vorher hatten wir von untergegangenen Strandlinien gehört; und nun wird auch noch Strandsand gefunden: Ungefähr auf halbem Wege zwischen New York und Bermuda wurden aus knapp fünf Kilometer Tiefe Bohrkerne heraufgebracht, die Sand, wie jener, den man am Strand findet, enthielt! Nun fragte sich Ewing[20]:

„Wie kann Strand-Sand hierher kommen, dreihundert Meilen [knapp fünfhundert Kilometer] von Flachwasser entfernt?"[21]

Ewing entschied, dass er von einem Berg kommen musste, der *jetzt* unter der Wasseroberfläche lag, und sagte voraus, dass solch ein Berg tatsächlich später durch das Schiff *Caryn* von der Woods Hole Oceanographic (für die er selbst auch fuhr) gefunden wurde.

Falls der Sand tatsächlich von dem Berggipfel stammte, muss er an oder unter der Meeresoberfläche gelegen haben, da Sand durch Verwitterung und Wellen-Aktivitäten gebildet wird.[22]

David Ericson, der die Analysen der Bodenproben angefüllt hatte,

---

18 Ewing 1948, S. 291
19 Ewing 1948, S. 291
20 Ewing 1948, S. 292
21 Ewing 1948, S. 292
22 Ewing 1948, S. 292

meinte, man könne fast sicher sein, dass die Sandschichten während des jüngeren Eiszeitalters im Pleistozän (auch Diluvium genannt, ca. zwischen 1,8 Millionen – 11 500 Jahre v. Chr.) abgelegt wurden, als große Massen von Eis Kanada und die nördlichen Teile der USA, Europa und Asien bedeckt hatten.[23]

Nun ist es aber so, dass sich Maurice Ewing im Folgeprojekt 1949 erneut mit dem Strandsand-Problem befassen musste und seine interessanten Erkenntnisse in einem weiteren Artikel veröffentlichte.

Zunächst gingen Ewing und sein Team der Frage nach dem Ursprung des Atlantischen Beckens nach. Sie sahen drei Möglichkeiten, wie es entstanden sein könnte.

1. Land könnte einst existiert haben, wo nun der Atlantik ist, der die Kontinente auf beiden Seiten miteinander verband und später sank, so dass sich das Becken bilden konnte.

2. Amerika könnte einst mit Europa und Afrika zu einer großen Landmasse verbunden gewesen, dann auseinander gebrochen und voneinander weggedriftet sein. So könnte sich das Atlantische Becken zwischen diesen Kontinenten geöffnet haben, wie es die Kontinentaldrift von Alfred Wegener sagt.

3. Die Ozeane waren schon immer so, wie sie heute erscheinen.[24]

Heute gilt die Wegenersche Kontinental-Drift-Theorie als anerkannt und wurde zur Plattentektonik weiterentwickelt. Allerdings ist der mancherorts vorgebrachte Einwand, nach der Wegenerschen Theorie sei kein Platz für Atlantis, nicht richtig, wie wir später noch sehen werden. Auch auf den Punkt 3, der heute favorisiert wird, werden wir später noch eingehen.

Wir wollen uns an dieser Stelle jedoch wieder jenem Thema zuwenden, mit dem die Betrachtung relevanter Stellen im ersten Artikel abgeschlossen wurde, und hören, dass einige der Funde auf dieser zweiten Schiffsreise neue wissenschaftliche Rätsel eröffneten.

---

23 Ewing 1948, S. 294
24 Ewing 1949: *New Discoveries on the Mid-Atlantic Ridge.* In: The National Geographic Magazine, November 1949, S. 612

Eines davon war die angesprochene Entdeckung prähistorischen Strandsandes in zwei Bohrkernen aus dem Boden, die in einem Fall aus einer Tiefe von etwas über drei Kilometern und im anderen in etwa fünfeinhalb Kilometern Tiefe entnommen wurden, und das weit entfernt von Stellen, an denen Strände heute existierten. In einem Kern fand man tatsächlich zwei Sandschichten. Eine davon war 20 000 bis 100 000 Jahre und die andere 225 000 bis 325 000 Jahre alt.[25]

Ewing sagt:

„Irgendwann in der fernen Vergangenheit musste dieser in der Tiefe des Ozeans gefundene Sand an einem Strand gelegen haben, an oder nahe der Meeresoberfläche. Entweder muss das Land zwei oder drei Meilen [etwa drei bis über fünf Kilometer] gesunken sein oder die See muss einst zwei oder drei Meilen niedriger gewesen sein als jetzt."[26]

Wie lesen: Land muss versunken oder das Meer muss angestiegen sein. Nichts anderes hatte Platon behauptet, doch ein eventueller Zusammenhang wird hier nicht angedeutet.

Wenn die See jedoch einige Kilometer tiefer war, wohin ist dann der Rest verschwunden, fragte sich Ewing.

An dieser Stelle kann man die Überlegung anstellen, ob nicht die Wahrscheinlichkeit, dass Land abgesunken ist, erheblich größer ist. Doch lesen wir, was Ewing weiter schreibt.

Sand, so meint er, der an anderen Stellen des Atlantis-Bodens gefunden worden ist, sei unzweifelhaft während der Eiszeiten mit dem Eis aus Küsten eingeschwemmt worden. Solcher Sand ist allerdings gut gemischt mir größeren Fels-Fragmenten.[27]

---

25 Ewing 1949, S. 612f
26 Ewing 1949, S. 613
27 Ewing 1949, S. 612f

„Doch die Körner in dem Sand, den wir gefunden haben, ist gut nach verschiedenen Größen geordnet, mit keinen großen Fragmenten. Diese Tatsache legt nahe, dass das hier ein tatsächlicher Strand war, außer der Sand wurde ursprünglich durch Eis von einem Strand herangeholt, was jedoch extrem unwahrscheinlich ist." – führt Ewing aus.[28]

Haben wir es hier tatsächlich mit einem ehemaligen Strand in der Gegend des Mittelatlantischen Rückens zu tun? Doch wieder vermeidet man den ungeliebten Begriff „Atlantis".

Der taucht erst später wieder auf, als Ewing die Spitzen und Stufen des Mittelatlantischen Rückens erwähnt. Er spricht davon, dass einige der höchsten Spitzen oberhalb der Wasseroberfläche erscheinen, um die Azoren, den St. Paul Felsen, Ascension, Tristan de Cunha, Gough und Bouvet zu formen. Hier erwähnt Ewing dann Atlantis[29]:

„Es gibt keinen Grund zu glauben, dass diese mächtigen Unterwassermassen von Bergen in irgendeiner Weise etwas mit dem legendären verlorenen Atlantis zu tun haben, den Platon als *unter den Wellen versunken* beschreibt."[30]

In einer Tiefe von einem Kilometer wurde Gestein gefunden, das „eine interessante Geschichte über die frühere Entwicklung des Atlantischen Ozeans erzählen" könnte. Die Crew fotografierte am Boden etwas, das einen Durchmesser von etwa dreißig Zentimetern aufwies. Sie brachten es herauf. Sie fanden heraus, dass es sich um Granit und Ablagerungen handelte, die ursprünglich Teil eines Kontinentes gewesen sein müssten. Die meisten der Gesteine, welche die Mannschaft geborgen hatte, waren gerundet und mit tiefen Kratzern bzw. Gleitstreifen gekennzeichnet, was als Anzeichen dafür gewertet wurde, dass sie durch Eis hierher getragen wurden,

28 Ewing 1949, S. 613
29 Ewing 1949, S. 615f
30 Ewing 1949, S. 616

denn sie sind mit Gewalt über andere Gesteine geschliffen worden. Doch sie fanden auch einige lose verdichtete Schlamm-Steine, die so schlammig und weich waren, dass sie in dem eisernen Griff der Gletscher nicht festgehalten werden konnten. Wie sie hier herauskamen, sei ein „weiteres Rätsel, dass durch weitere Untersuchung gelöst werden" müsse.[31]

Man findet also Granit, ein typisches Kontinentalgestein, das an dieser Stelle nichts zu suchen hat. Anhand von Gleitstreifen in einigen (!) der Brocken geht man davon aus, dass sie in der Eiszeit weite Wege vom nächsten sehr weit entfernten Kontinent (wahrscheinlich Afrika) hierher getragen worden sein müssen. Zwischen diesen Granitbrocken findet sich schlammiges Gestein, das einen solchen Weg nicht hätte durchhalten können. Nun fragt man sich jedoch, wie diese Steine dorthin gekommen seien. Sollte man nicht auch die Möglichkeit in Betracht ziehen, dass sie schon immer da waren und sich dort einmal Festland befand? R. Cedric Leonhard schreibt auf seiner Homepage, dass für den amerikanischen Ozeanographen Bruce Heezen die „Massen von Sial-Material", die durch Ewings Team heraufgebracht worden seien, eine „möglicherweise versunkene Landmasse" nahe legen.[32]

Es war auch Bruce Heezen, der in Zusammenarbeit u.a. mit Maurice Ewing (!) schrieb, dass in einer Untersuchung in den Jahren 1947 und 1948 am *Atlantis Seamount*, einem Tiefseevulkan südwestlich der Azoren, einer der geförderten Kalksteinkiesel mit Hilfe der Radiokarbonmethode auf ein Alter von 12 000 Jahren plus/minus 900 Jahre datiert wurde. Weiterhin ließe der Zustand der Versteinerung eines der Kalksteinkiesel vermuten, dass er unter Lufteinwirkung versteinert wurde und der *Seamount* innerhalb der letzten 12 000 Jahre eine Insel gewesen sein könne.[33]

---

31 Ewing 1949, S. 618
32 http://www.atlantisquest.com/Geology.html
33 http://www.science-explorer.de/reports/lc01-fl.jpg Nach Heezen, Bruce C.; Ewing, Maurice; Ericson, D. B. und Bentley, C. R.: *Flat-Topped Atlantis, Cruiser and Great Meteor Seamounts*. Lamont Geological Observatory (Columbus Uni-

J. Verhof und B. J. Colette haben in ihren Untersuchungen in diesem Gebiet südlich vom *Atlantis-* und vom *Platon Seamount* ein großes Gebiet entdeckt, in dem die unterseeische Sedimentdicke mehr als vierhundert Meter beträgt. Auch nördlich und nordwestlich dieser untermeerischen Berge fällt eine dicke Sedimentschicht auf, die eine große Asymmetrie zu dem umgebenden Gebiet zeigt. Östlich dieser Berge ist praktisch kein Sediment zu entdecken.[34]

Nebenbei und zum Abschluss der Betrachtung der Ewing-Expeditionen sollte noch erwähnt werden, dass auf der großen unterseeischen Plattform „Bermuda Rise", auf der die Bermuda-Inseln stehen, Ablagerungen bis hin zu zwei Kilometern Dicke gefunden wurden, die im Gegensatz zu den dünnen Schichten auf dem tiefen Becken beiderseits davon stehen. Warum diese Stellen mit diesem dicken Sediment bedeckt sind, sei ein großes geologisches Rätsel.[35]

Dr. R. W. Kolbe war Untersuchungs-Mitarbeiter am Paläontologischen Department des Schwedischen Museums der Naturgeschichte und Dozent in Diatomologie (Kunde von den Diatomeen [Kieselalgen]) an der Universität in Stockholm. Er schrieb 1957 einen sehr interessanten Artikel zum Thema Süßwasser-Kieselalgen aus den atlantischen Tiefsee-Sedimenten. Kolbe berichtete von der schwedischen Tiefsee-Expedition von 1947-1948, die von Hans Pettersson geleitet wurde. Die Aufgabe ihres Schiffes, der *Albatross*, war es, Untersuchungen hauptsächlich in der Äquatorialregion des Pazifischen, Indischen und Atlantischen Ozeans durchzuführen. Eine wichtige Zielsetzung der Expedition war die Untersuchung von Tiefsee-Sedimenten in Bohrkernen, die in so großer Tiefe durchgeführt wurden, wie die damals moderne Technik es zuließ. Kolbe war zuständig für die Untersuchung der Diatomeen, die in den

versity) Palisades, N.Y. In: Bulletin of the Geological Society of America, Volume 65, 1954, S. S. 1261 Nach: http://www.science-explorer.de/reports/lc01-fl.jpg

34 Verhof, J. und. Collette, B. J: *A geophysical investigation of the Atlantis-Meteor Seamount Complex* 1985, S. 445. s. http://www.science-explorer.de/reports/gedanken_atlantis.htm

35 Ewing 1949, S. 636

Bohrkernen gefunden wurden. Einige große Bohrkerne beinhalteten aus ihrer tiefsten Ebene Kieselalgen, die sich lange gehalten haben müssen. Die Untersuchung zeigte, dass einige Kerne sich bereits in der letzen Phase des Tertiär-Zeitalters entwickelt haben müssen. (Das Tertiär begann vor 65 Millionen Jahren und dauerte bis zum Beginn der Klimaänderung vor rund 2,6 Millionen Jahren.) Eine der bedeutendsten Beobachtungen war sicherlich die unerwartete Anwesenheit einiger Süßwasser-Kieselalgen, die von der Albatross in einer großen Entfernung zur Küste (etwa tausend Kilometer) parallel zur Küstenlinie des äquatorialen Afrikas heraufgebracht wurden. In anderen Teilen des Weltmeeres waren dagegen nur spärlich Süßwasser-Diatomeen gefunden worden.

Dagegen wurden hier beständig Süß-Wasser-Kieselalgen in großer Zahl und großer Vielfalt der Exemplare in atlantischen Tiefsee-Bohrkernen geborgen. Mehr als sechzig Süßwasser-Arten, die zu mancherlei ökologischen Gruppen gehörten, wurden beobachtet. In manchen Fällen konnte nur eine geringe Menge davon im Sediment beobachtet werden, in anderen war die Frequenz groß bis sehr groß. Die am häufigsten vorgekommenen Süßwasser-Diatomeen waren Melosira granulata (Fadenalgen) in der so genannten „Romanche-Tiefe" in über 7300 Metern (nach neueren Angaben sogar über 7700 Metern) Tiefe. Diese Tiefe (eine der größten im Atlantik) war einst durch die französische Fregatte *Romanche* entdeckt worden. Bei der Romanche-Tiefe handelt es sich um eine Bruchzone des Mittel-atlantischen Rückens, die in Äquatornähe verläuft.

Ich verweise noch einmal auf die Entfernung: Sie befindet sich über tausend Kilometer Entfernung von der afrikanischen Küste.

Kolbe verweist weiterhin auf eine andere Gruppe von Objekten von nicht-ozeanischer Herkunft: Das regelmäßige und weniger häufige Auftreten von verkieselten epidermalen[36] Zellen, die zu terrestrischen Pflanzen wie Cyperaceae (Säuregräsern) und Gramineae

---

36 „epidermal" bezieht sich auf das äußere Blattgewebe

(Süßgräsern) gehören, in manchen Bohrkernen. Sie kommen normalerweise im Süßwasser vor.[37]

Kolbe beschreibt drei Möglichkeiten, wie Diatomeen, noch dazu in einer solch großen Zahl, im Atlantik gefunden werden konnten, und fasst sie anschließend zusammen. Insgesamt bleiben drei Möglichkeiten im Raum stehen.

1. Die Kieselalgen stammen aus afrikanischen Seen, Flüssen und Sümpfen. Sie wurden durch Flüsse in den Atlantik transportiert und zum Fundort getrieben.

2. Die Diatomeen stammen aus afrikanischen Seen, Flüssen und Sümpfen. In der trockenen Jahreszeit und nach der Austrocknung der Sümpfe, Bäche usw. wird der feine Staub (oft zusammen mit Asche von verbrannten Pflanzen) durch den Austausch von Winden („Harmattan-Staub") ins Meer getrieben und letztlich an den entsprechenden Stellen abgelegt.

3. Die Kieselalgen stammen von einem See des „hypothetischen" Kontinents Atlantis oder seinen verbliebenen Inseln. Der Kontinent sank tief unter den jetzigen Meeresspiegel, und die geograpische Lokalisation blieb unverändert.

Kolbe bezog sich in seiner dritten möglichen Erklärung über die Herkunft der Kieselalgen auf den Forscher Renè Malaise und betont, dass alle drei Erklärungen ein gewisses spekulatives Moment besitzen. So verweist er auf zukünftige Missionen.[38]

Malaise' Erklärung verdient es, näher auf sie einzugehen. Grundstock seiner Theorie ist die *Constriction Hypothesis* von Nils H. Odhner, die jener 1934 aufstellte. Mit dieser These wollte Odhner die vertikale Bewegung der Erdkruste erklären. Seiner Meinung nach sind die Kräfte der Gravitation oder der Isostasie[39] unzureichend.

---

37 Kolbe, R. W.: *Fresh Water Diatoms from Atlantic Deep-See Sediments.* Science vol. 126, 1957, S. 1053f
38 Kolbe 1957, S.1055f.
39 Die Isostasie besagt, dass das Gewicht aller Massen in einer bestimmten Tiefe innerhalb der Erde gleich ist. Diese Tiefe heißt isostatische Kompensationstiefe. Sie befindet sich in der Erdkruste oder im Erdmantel.

Die einzige Kraft von ausreichender Stärke, das Bilden von Gebirgen und anderen Erhebungen oder das Untertauchen derselben zu verursachen, ist nach Odhners These die Kraft der Temperatur, die für Ausdehnung und Zusammenziehung sorgt.

Vom sehr heißen Inneren der Erde wird Hitze an die Oberfläche und von dort wiederum ins Weltall abgeführt. Die Temperatur außerhalb der Oberkruste (man unterscheidet zwischen Ober- und Unterkruste) während einer geologisch warmen Periode könne nicht die gleiche sein wie jene während einer kalten. Die Veränderung der Temperatur müsse die Kruste so beeinflussen, dass sie sich bei Wärme ausdehne und bei Abkühlung zusammenziehe. Aus der Geologie sei bekannt, dass die Oberkruste aus niedrigen Gewölben bestehe, nämlich Geosynklinalen (Als Geosynklinale wird eine Großmulde oder ein Senkungsraum der Erdkruste bezeichnet.)[40] und Geoantiklinalen (weitgespannte, flache Hebungsgebiete). Die Veränderung der Temperatur in der Kruste basiere auf Unterschieden in klimatischen Beeinflussungen nur der äußersten Kruste. Wir könnten annehmen, dass einige zehn Kilometer darunter die Temperatur praktisch konstant ist. Die Dehnung des Bereichs würde dementsprechend unbedeutender, und die Ausdehnung würde sich hauptsächlich in horizontaler Richtung bemerkbar machen. Die Oberfläche der Erde, die eine Kugel bzw. ein Sphäroid ist, könne sich nicht seitwärts ausdehnen, wenn sie erhitzt ist, so dass ihre Falten, Geoantiklinalen und Geosynklinalen mehr betont würden. Auf der anderen Seite seien diese sekundären vertikalen Bewegungen der Gewölbe sehr wichtig. Ein Anstieg der Temperatur der Skandinavischen Kontinentalscholle von nur zehn Grad Celsius würde zum Beispiel einen Unterschied im Umfang von ungefähr neunhundertsechzig Metern ausmachen.

Nach Odhner ist es nicht das Gewicht des skandinavischen Inland-

---

40 Die dahinter stehende Geosynklinaltheorie gilt heute als überholt. In den 1960er Jahren galt sie als das maßgebliche tektonische Modell zur Erklärung der Gebirgsbildung. Der Begriff „Geosynklinale" wird allerdings heute noch verwendet.

eises, welches das Sinken von Skandinavien und Kanada während der Eiszeit verursachte, sondern der kühlende Einfluss des Eises. Einst schmolz das Inlandeis weg, und eine Erhebung dieser Scholle im Tertiär, die durch die Eiszeit unterbrochen wurde, setzte sich wieder in Bewegung.

Die Wasser der Ozeane seien für die Dauer von Millionen von Jahren in der Kreidezeit (Sie begann vor etwa 145 Millionen Jahren und endete vor etwa 65 Millionen Jahren.) und im frühen Tertiär erwärmt worden, und seine Temperatur am Boden betrug dann möglicherweise um die fünfundzwanzig Grad mehr als die in der Gegenwart oder während der Eiszeit. Die Geosynklinalen, d. h. die Meeresbecken jener Zeit, dehnten sich aus und wurden allmählich tiefer und tiefer ausgebuchtet, und die Meereswasser sollen sich in diesem gesenkten Becken gesammelt haben. Das Ergebnis war, dass der gesamte Meeresspiegel beträchtlich sank. Diese schnelle Abnahme setzte sich bis zum Ende des Pliozäns (Dieses dauerte von 5,33 Millionen Jahren bis vor 1,8 Millionen Jahren.) fort, als diese Regression (dieser Rückzug des Wassers) sein Maximum erreichte. Dies war in jenen Zeiten, in denen die jetzt untermeerisch liegenden Schluchten überall auf der Welt durch fließendes Wasser freigelegt wurden.

Gegen das Ende des Pliozäns wurde das gesamte Klima kälter, und Eis und Schnee sammelten sich auf den höheren Teilen der außerdem stark gehobenen Kontinente. Das kalte Wasser des schmelzenden Eises floss in die Ozeane herunter, und das Wasser am Boden wurde immer kälter. Die Erdkruste unter den Becken wurde ebenso abgekühlt und zusammengezogen. Als ein Resultat dieser extremen, nach unten ausgebuchteten Becken verminderte sich ihre Wölbung, und sie begannen ihre vorherige Form wiederzugewinnen. Diese Bewegungen in der Erdkruste resultierten in einer riesigen Transgression, einer andauernden Überflutung des Festlandes, und die vorher trockenen Teile des Meeresbodens waren wieder überschwemmt. Das beinahe ungestörte Strömungsmuster der ertrunkenen Schluchten sei ein Größenwert der Geschwindigkeit dieser Transgression. Für alle obermeerischen Lebewesen muss diese Transgression eine vergleichslose Katastrophe gewesen sein. Malaise glaubt, es könnte keine bessere Grenze zwischen dem Tertiär und dem Quartär gegeben haben als diese Transgression.

Er erklärt, dass die meisten Ozeanographen die Existenz solch einer Regression und der darauf folgenden Transgression ablehnen. So zitiert er den amerikanischen Geologen James Dwight Dana, der sagte: „Einmal ein Ozean, immer ein Ozean."[41]

Diese Theorie ist heute weit verbreitet. Was sie genau aussagt, erklärte B. Willis, der sagte, dass die großen Ozean-Bassins ein permanentes besonderes Merkmal der Erdoberfläche seien und sie in ihren gegenwärtigen Plätzen mit unwesentlichen Veränderungen der Kontur seit der Zeit, in der das Wasser erstmals erschien, existieren. In dieser Theorie gab und gibt es keinen Platz für Atlantis.

Es ist wichtig zu erwähnen, dass diese Theorie in der Sowjetunion *nicht* gelehrt wurde. Die sowjetischen Geologen, Geographen und Geotektoniker standen ihr ablehnend gegenüber. So sagte A. N. Mazarovich:

„Diese Hypothese ist antihistorisch, verleugnet alle Entwicklungen der Kruste und des Reliefs, und insofern stimmen wir zu, dass sie vollkommen fremdartig und unakzeptabel ist. Kein russischer Geologe unterstützt diese metaphysische Hypothese."

Mazarovitch äußerte sich früher bereits mit den Worten:

„Die Theorie der Permanzen der Ozeane ist völlig statisch und durch und durch anti-dialektisch und geht nicht mit modernen Fakten konform."

---

41   Malaise, René: *Oceanic Bottom Investigations and their Bearings on Geology.* In: Geologiska Forensingens I Stockholm, Forhandlingar, März-April 1957, S. 195ff

K. K. Markov schrieb:

„Das Äußere der Erde nahm im Ablauf von fortgesetzter Entwicklung Gestalt an. Es gab niemals dauerhafte Eigenschaften."

Diese negative Sicht der „Permanency of Oceans"-Theorie wurde auch von nichtrussischen Geologen, wie z.B. vom englischen Geologen G. M. Lees, geteilt.[42]

Doch kommen wir nun zu Malaise zurück. Er glaubt, dass die Hypothese Odhners die einzige ist, die auf einfache und natürliche Weise erklärt, wo während des Pliozäns das überschüssige Seewasser gespeichert wurde.[43]

Er sieht biologische und andere Beweise, die auf eine Landverbindung zwischen Europa und Grönland durch Island während der Tertiärs hindeuten. Diese Landbrücke verblieb wahrscheinlich während des gesamten Quartärs über dem Meeresspiegel und hinderte so den Golfstrom daran, in den Arktischen Ozean hinein zu gelangen. Die seichte Beringstraße sei ebenfalls trockenes Land gewesen und der Arktische Ozean dementsprechend ein landumschlossenes Becken, wahrscheinlich verteilt auf verschiedene Becken. Die Feuchtigkeit wurde ständig durch Winde vom Atlantischen Ozean zu diesem landumschlossenen arktischen Ozean gebracht. Es sei dieses überschüssige Wasser gewesen, das wenigstens einen mächtigen Fluss gebildet hatte, vermutlich aber zwei, einer auf jeder Seite von Island. Malaise zufolge ist es das alte Bett einer dieser Flüsse, welches die Ozeanographen in Form einer mittelozeanischen Schlucht gefunden haben.

Bereits 1951[44] stellte Malaise die Theorie auf, dass es das Sinken der Landbrücke zwischen Grönland und Europa und das darauffolgende Eindringen des Golfstroms war, welches das Ende der Eiszeit

---

42 Zhirov 1970/2001, S. 130, einschließlich Zitate
43 Malaise 1957, S. 202
44 Malaise bezieht sich hier auf seine Schrift „Atlantis – en geolilgisk Verklighet" (Atlantis – eine geologische Realität. Stockholm 1951)

bewirkte. Als später der nördlichste und tiefste Teil des Mittelatlantischen Rückens ebenfalls unter die Meeresoberfläche sank, konnte der Golfstrom in den Arktischen Ozean und auch zwischen Island und Großbritannien gelangen. Der Golfstrom floss nun stetig in Richtung Arktischer Ozean zu den verbliebenen Teilen des Rückens und konnte dadurch weiter nach Norden als bisher eindringen – wie er es auch heute noch tut. Malaise hält diesen Zeitpunkt für das Klima-Optimum im Europäischen Bronze-Zeitalter.

Malaise kann eine Bestätigung seiner Theorie vorweisen: Er verweist auf das russische Journal „Prioda" (Natur) vom März 1953. Russische Wissenschaftler auf dem Eisbrecher *Sadko* fanden heraus, dass in den Atlantischen Wassern der Arktische Ozean zum ersten Mal in der Zeit vor zehn- bis zwölftausend Jahren eindrang und dieser Zufluss des Atlantik-Wassers vor drei- bis fünftausend Jahren zunahm.[45]

„Bevor der Mittelatlantische Rücken sank, brachte ein tropischer warmer Strom aus dem Süden Feuchtigkeit nach Nordafrika und West-Europa",[46] sagt Malaise.

Dieser äußert sich auch zu den Kolbeschen Funden. Malaise ist der Meinung, dass die reinen Süßwasseralgen aus einem früheren See gezogen wurden, der später von der aufsteigenden See ertränkt wurde.

Dieser Teil des Mittelatlantischen Rückens ist allerdings nicht der einzige, der früher einen Level oberhalb des Meeresspiegels erreicht hatte. Weiter nördlich fand der amerikanische Ozeanograph Dr. Charles S. Piggot 1936 zwischen Falmouth und Halifax eine Serie von dreizehn Boden-Sediment-Kernen. Einer dieser Kerne wurde so nahe als möglich bei dem Gipfel des atlantischen Rückens aus dem Wasser gehoben. Diese Stelle hieß Faraday Hills. Auf jeder Seite des Gebirges, und nur dreißig Kilometer in der Sekunde von dem Gipfel entfernt, wurden jeweils andere Bodenproben genommen.

---

45 Malaise 1957, S. 204f
46 Malaise 1957, S. 205

Dreißig Kilometer westlich vom Gebirge war die Sedimentation sehr langsam gewesen, denn die Sedimente bestanden aus skelettartigen Resten von mikroskopisch kleinen Foraminiferen der gleichen Art, wie sie heute im Golfstrom leben. Dreißig Kilometer östlich des Mittelatlantischen Rückens war die Sedimentation schneller vor sich gegangen. Die Bohrkerne enthielten dicke Schichten aus Sand und Flusssteinen, anscheinend abgesetzt durch schmelzendes Eis.[47]

Der hier festgestellte Unterschied in der Sedimentation lege eindeutig nahe, dass der Golfstrom daran gehindert wurde, den Mittelatlantischen Rücken zu durchqueren. Malaise schließt daraus, dass dieser über die Wasseroberfläche geragt haben müsse. Während des ganzen Eiszeitalters und tausende von Jahren danach passierte eine kalte Meeresströmung aus dem Norden die östliche Seite des Rückens, und das gleitende Eis wurde durch den gleichen Strom herangefrachtet, bis hin nach Süden zu den Azoren. Erratische Blöcke (Findlinge) wurden deshalb im Überfluss entlang der östlichen Küsten dieser Inseln gefunden, die ein Teil des mittelatlantischen Rückens waren, doch die erratischen Blöcke wurden auf der westlichen Seite nicht gefunden.[48]

Noch ein Wort zum eben angesprochenen Charles Piggot, der ein zwei Berichte enthaltendes Probe-Muster vorzeigte, das reich an vulkanischer Asche war. Hans Pettersson schrieb 1944 dazu, dass die oberste der beiden Vulkan-Schichten über der höchsten eiszeitlichen Gletscherschicht gefunden wurde, was nahe legt, dass diese vulkanische(n) Katastrophe(n) in nacheiszeitlicher Zeit stattgefunden haben müssen. Daraus kann geschlossen werden, dass der Mittelatlantische Rücken, aus dem die Proben stammen, bis zehntausend Jahre über dem Meeresspiegel lag und erst später zu seiner gegenwärtigen Lage absackte.[49]

---

47 Malaise 1957, S. 207
48 Malaise 1957, S. 208
49 http://www.atlantisquest.com/Geology.html nach Piggot, Charles S., „Core samples of the ocean bottom," *Carnegie Institution of Washington News Service Bulletin* Staff Edition, 4 (no. 9), 6 December 1936

Malaise berichtet von Ergebnissen, die durch die deutsche „Meteor-Expedition" erlangt worden seien. Gelogen hätten erklärt, dass der Mittelatlantische Rücken einst eine Gebirgskette war, die durch fließendes Wasser an der Erdoberfläche gebildet worden wäre und später gesunken sei. Malaise erinnert an eine Theorie, die er bereits 1951 aufstellte, nach der eine Spalte, ähnlich den gegenwärtigen aus den Afrikanischen Seen, im frühen Tertiär über den alten Gondwana-Kontinent (er wurde damals durch die zusammenhängenden Kontinente Afrika und Südarmerika gebildet) erschien. Diese Reihe an Seen wurde allmählich, wahrscheinlich im Oligozän (einer frühen Epoche im Tertiär), zu einem Meeres-Kanal, der die östlichen und westlichen Teile dieses Kontinents trennte. Dieser sich ausdehnende S-förmige Meeres-Kanal wurde allmählich immer tiefer. Aus seinem Boden stieg dann im Miozän (der späteren Epoche des Tertiärs, vor vierzehn bis sechzehn Millionen Jahren) eine Gebirgskette oder ein ausgedehnter Kontinent auf: Der gegenwärtige Mittelatlantische Rücken.[50]

Nachdem Malaise die zeitlich nachfolgenden Vorgänge ausführlich weiter beschreibt, schildert er, dass bei der großen Transgression zwischen dem Tertiär und dem Quartär das kalte Wasser eine Abnahme all der Wölbungen in der Erdkruste verursachte. Alle Gewölbe der gegenwärtigen atlantischen Region, ausgenommen der Mittelatlantischen Kette und des Bermuda-Bereichs mit seinen gegenwärtigen unterseeischen Bergen, verblieben auf einem beinahe horizontalen Level.[51]

Den von Maurice Ewing gefundenen Sand hält Malaise tatsächlich für Strandsand. Er erwähnt, dass Ewing seine Lokalisation nun für das Ergebnis der so genannten „Suspensionsströme" hält – und das in einer Entfernung von tausend Kilometern. (Suspensionsströme oder Trübeströmungen sind Ströme, die sich schnell bewegen, sedimentbeladenes Wasser enthalten und sich durch Luft, Wasser oder

---

50 Malaise 1957, S, 207f
51 Malaise 1957, S. 209

andere Flüssigkeiten Abhänge hinunter bewegen). Malaise betont jedoch, dass das Einbringen einer isolierten Ladung von grobkörnigem Sand über eine solche Entfernung unterhalb der Kraft auch eines der mächtigsten Suspensionsströme zu liegen scheint.[52]

Im Anhang seines Artikels geht Malaise noch einmal auf das Thema „Suspensionsströme" ein, zumal Ewing und Heezen auch andere besprochene Phänomene mit dieser Theorie erklären wollen. Doch zunächst wollen wir einmal die Stelle zitieren, in der „Atlantis" mit Namen genannt wird:

„Nils Odhner und der jetzige Autor haben in einem jahrelangen Teamwork vergeblich versucht, Fehler in den Schlüssen zu finden. Jetzt muss anerkannt werden, dass die größten Veränderungen bereits zu Beginn des Quartärs stattfanden, doch wir dürfen nicht vergessen, dass Land-Verbindungen und jetzt versunkene Kontinente in vorgeschichtlichen Zeiten existierten. Diese veränderten geographischen Bedingungen müssten viele verschiedene Wissenschaften beeinflusst haben. Wir dürfen nicht nur die Klimatologie, Biogeographie usw. berücksichtigen, sondern ebenso die Archäologie, und auch die Bewegungen and Abwanderung von Menschen müssen beeinflusst worden sein."[53]

Malaise sagt weiter:

„Vom Mittelatlantischen Rücken als einem Kontinent zu denken, der einst mit Europa, Afrika und Amerika verbunden war und nicht zu glauben, dass dieser Kontinent von Menschen bewohnt gewesen ist, wäre unrealistisch. Wenn dieser Kontinent, den wir A t l a n t i s nennen dürften, sank und in eine Reihe von Inseln umgewandelt wurde, wurde die Kommunikation eine Notwendigkeit für die Einwohner. Es ist sehr wahrscheinlich, dass diese Insulaner seetüchtige

---

52 Malaise 1957, S, 210
53 Malaise 1957, S. 211

Schiffe irgendeiner Art, wenigstens wie die frühen im Inland und an den Flüssen lebenden Menschen, wie die Ägypter, hatten. Wir wissen, dass die Ägypter um 2700 Jahre v. Chr. große Boote hatten, um sie in der offenen See zu benutzen."[54]

Am Ende seines Artikels resümiert Malaise:

„Geographen und andere Wissenschaftler haben bisher immer die gegenwärtige Verteilung von Land und See als beständig erachtet, doch wir müssen auch die möglichen Änderungen der gegenwärtigen Gegebenheiten in Betracht ziehen, wenn wir es mit Problemen der Ozeanographie, Klimatologie, Vorgeschichte usw. zu tun haben. Von nun an ist der Kontinent Atlantis der dämmerigen Welt der Mythen und Sagen entsprungen und hat seinen Platz in der modernen Geologie, Archäologie und Geschichte eingenommen."[55]

In dem angesprochenen Anhang wendet sich Malaise gegen den Inhalt einer Schrift von Bruce C. Heezen über den Ursprung der untermeerischen Schluchten (*The Origin of Submarine Canyons*, im *Scientific Monthly* vom August 1956), nach der bewiesen sein soll, dass alle untermeerischen Schluchten, einschließlich des Mittelatlantischen Rückens, ursprünglich durch Suspensionsströme ausgehoben wurden. Malaise verwehrt sich entschieden gegen diese Behauptung und schreibt, dass Suspensionsströmungen wahrscheinlich tatsächlich aufträten und ihre Kraft, feinen Staub über weitere Strecken transportieren zu können, niemals in Frage gestellt worden sei. Hätte sich eine solche Suspensionsströmung in Bewegung gesetzt, könne sie den Abhang des Kontinentalschelfs hinunter eilen, doch – falls sich dort nicht bereits eine Schlucht entlang seines Weges befände – sei es wahrscheinlich, dass sie sich in einer mehr oder weniger fächerförmigen Art und Weise ausbreite, und je weiter sie reiche,

54 Malaise 1957, S. 211
55 Malaise 1957, S. 219

desto größer sei ihre Ausweitung. Der Widerstand würde anwachsen und die Geschwindigkeit des Stromes abnehmen. Die Sedimentation des Sandes könnte bereits auf dem Schelf selbst beginnen, und der feinere Schlamm würde sich über eine große Fläche des Meeresbodens, nicht weit entfernt von seinem Ursprung, ausbreiten. Die aushebende Kapazität des Stromes, falls er überhaupt eine habe, sei wahrscheinlich auf seinen oberen Teil beschränkt, sagt Malaise weiter. Sollte der Strom vielleicht ein zuvor ausgehobenes unterirdisches Tal oder eine Schlucht finden, das/die sich entlang seines Weges befindet, wird diese Schlucht mithelfen, den Strom zusammenzuhalten, und die Reichweite des Stroms wird dann anwachsen. Die Sedimentation wird dann weiter entfernt einsetzen. In manchen Fällen wird das grobkörnige Material sich zuerst setzen und wird dann nacheinander feiner und feiner, je nachdem wie schnell die Geschwindigkeit des Stromes abnimmt. Es fällt sehr schwer zu glauben, dass grobkörniger Sand Tausende von Meilen über den beinahe ebenen Meeresboden getragen werden könnte und dann plötzlich in einen begrenzten Platz in der Mitte eines Ozeanbeckens abgeladen wird. Dass dieser feine Staub, der winzige Organismen enthält, fern von dem Schelf getragen werden und sich am Meeresboden setzen kann, ist völlig glaubhaft.

Das Wasser eines unterirdisch verlaufenden Flusses wird durch sein Gewicht in den Flussbänken nahe dem Boden zusammengehalten, und die Reibung der Luft gegenüber der Wasseroberfläche ist unbeträchtlich. Die Reibung des umgebenden Seewassers an einem Suspensionsstrom muss viel stärker sein und sich nicht nur auf die Abbremsung der Geschwindigkeit des Stroms auswirken, sondern auch die Oberfläche der Strömung und die Grenzen der Oberfläche der Schlucht, innerhalb derer er fließt, überfluten. Falls dem Suspensionsstrom eine aushebende Kraft zugeschrieben würde, die über den beinahe ebenen Ozean-Becken fließt, würde die aushebende Kapazität nicht auf den Boden der Schlucht allein begrenzt sein, sondern auch auf seine steilen Seiten. Solch eine Schlucht würde nie „kastenähnlich" sein, sondern, im Gegenteil, im Querschnitt muldenförmig, sagt Malaise. Sich vorzustellen, dass eine Vielzahl verschiedener Suspensionsströme, die von verschieden Orten entlang der grönländischen Küste ausströmen würden, die voneinander unabhängig sind und zu verschiedenen Zeiten einsetzen, in einen einzigen Weg einmünden und viele tausende von Meilen entfernt eine kastenförmige Schlucht ausheben sollen, müsste Erstaunen hervorrufen. Dazu kommt, dass sie neben der zuvor ausgehobenen Schlucht auf ihrem Weg auch eine Ausdehnung eines Gebirgsrückens, so fern von ihrem Ursprung in einem Gebirgsrücken wie jenen außerhalb von Neufundland, durchbrechen müsste. Ihre Energie und Aushebungs-Kapazität müsste demzufolge als beinahe übernatürlich betrachtet werden.

Angenommen ein Suspensionsstrom, der aus Neufundland oder Labrador stammt, stürmt den Weg zur Mittelatlantischen Schlucht herunter. Mit dem Kopf der Strömung beginnend, würde er über die Kante der Schlucht abtauchen. In den meisten Fällen würde der Strom zu einem abrupten Stillstand kommen, und eine immense Wolke von feinem Staub würde über die Kante der Schlucht aufsteigen. Das Gefälle innerhalb der Schlucht ist so klein, dass nur ein sehr begrenzter Teil der Strömung nach Süden abdrehen und sich nur langsam entlang der Schlucht weiterbewegen würde. Der Löwenanteil der Fracht würde sich innerhalb der Schlucht oder in ihre direkte Umgebung absetzen. War die Strömung extrem groß, würde die Umgebung der Schlucht überschwemmt und ein schlammiger „See" gebildet werden.

Bevor das schlammige Wasser dieses „Sees" allmählich den Hügel hinunter verschwinden würde, würde nur der feinste Schlamm in der Aufschlämmung verbleiben. Die gesamte Ausgrabungs-Kapazität, die der Strom einst besessen hätte, wäre verschwunden.

An Stellen ohne eine mittelozeanische Schlucht könnte ein Suspensionsstrom den mittleren oder tiefsten Teil des Beckens durchlaufen. Dann würde die Geschwindigkeit des Stroms beim Erklettern der gegenseitigen Steigung, bis ein ähnlicher „See" entsteht, allmählich abnehmen. Zufließende Suspensionsströme könnten dementsprechend an der Ausgrabung der Mittelozeanischen Schluchten nicht teilhaben. Solche Ausgrabungen Suspensionsströmen, die von Quellwassern hoch in der Baffin-Bucht oder der Dänemarkstraße ausgehen, zuzuschreiben, kommt also nicht in Frage, zum Teil wegen der immensen Entfernung, dem niedrigen Gefälle und weil die Mehrheit der Ströme auch die mittelozeanische Schlucht beinahe senkrecht antreffen würde.

Die Form, Länge und geograpische Position der Mittelozeanischen Schlucht schließt laut Malaise die Möglichkeit, dass sie ursprünglich von Suspensionsstürmen ausgehoben worden ist, schlichtweg aus. Sie wurde nicht durch Meeres-Tsunami-Wellen ausgehoben, doch diese Wellen haben sich höchstwahrscheinlich daran beteiligt, die einst ausgehobene Schlucht frei von Schlamm zu halten.[56]

Auch Zhirov hat sich ausführlich mit diesem Thema beschäftigt. Er schreibt, dass weder Wind noch der Golfstrom Sand hunderte von Kilometern tragen könne.

Weiter schreibt er, dass jene, die glauben, der Ozean sei beständig und verändere sich nicht, behaupten, dass der genannte Sand durch Suspensionsströme herangefrachtet wurde, dem sie beinahe unglaubliche Kräfte, wie z.B. das Gestalten von unterirdischen Schluchten in allen Arten von Gestein, Granit eingeschlossen, das Transportieren von Aufschlämmungen von Schlamm, Sand und auch kleinen Steinen über Entfernungen von tausenden von Kilometern von der Küste sowie das Formen von Bergen in einer Höhe von etlichen Kilometern, zutrauen. Diese Theorie sei ein wichtiger Bestandteil der amerikanischen Schule und sei der Grundbaustein der Theorie von der Permanenz des Ozeans.

Diese Theorie ist Zhirov zufolge eine Behinderung für ein objektives Verständnis der Natur und Geschichte des Ozeans.

---

56 Malaise, S. 219ff

Die Vertreter dieser Theorie legten gewöhnlich Daten an, die aus direkten Beobachtungen in Süßwasser-Seen und Buchten und aus Laboruntersuchungen stammen. Sie imitierten die Bedingungen, die sie vom Ozean erhielten, doch in der Regel ignorierten sie die Tatsache, dass im Ozean der Prozess in dichtem Salzwasser und in Tiefen von vielen hundert Metern oder sogar Kilometern unter einem Druck von vielen hundert Atmosphären stattfände. Die Suspensionsströme niedrigen Drucks veränderten sich zu extremen Hochdruck-Regionen.

Es sei nicht bekannt, wie sich ein Trübestrom in der Realität verhält. Keine Labor-Einrichtung könne die wirklichen Bedingungen der Bewegungen dieser Ströme in den Tiefen des Ozeans und keine theoretische Berechnung all diese Besonderheiten einkalkulieren.

Eine Veröffentlichung von L. V. Poberchaya aus dem Jahr 1962 leide ebenfalls an seinem unkritischen Ansatz bezüglich der Theorie der Suspensionsströme und den experimentellen Imitationen der Bewegungen dieser Strömungen in großen Tiefen.

Die Vertreter der Suspensionsstrom-Theorie nennen drei Hauptgründe bezüglich dieser Ströme:

1. Flussströmungen

2. Unterwasser-Erdrutsche und

3. Erdbeben.

(Zhirov bezieht sich hier explizit auf Poberchayas in sowjetischer Sprache erschienenen Artikel.)

Würden wir einen präziseren Blick auf die Terminologie werfen, müssten wir, wie die amerikanische Denkschule es tut, präzise Schlamm-Ströme von so genannten „klassischen" Suspensionsströmen unterscheiden. Die einzigen Stellen, an denen solche „Strömungen" existieren könnten, seien an der Fortsetzung von Flusstälern. Die Schlamm-Ströme, die Schwerkraft bedingten Gründen (Erdrutschen) oder Erdbeben entstammten, seien sporadisch – gelegentlich flössen Aufschwemmungen, jedoch auf keinen Fall Strömungen.

K. K. Landes schreibt 1952: Trotz der Tatsache, dass einige große Flüsse Sedimente zu der Spitze unterseeischer Schluchten mit sich trugen, seien keine Suspensionsströme mit einem steileren Bodengefälle als beispielsweise die künstlichen Süßwasser-Seen von Lake Mead in den USA im Ozean gefunden wurden. Phänomene, die jenen der Suspensionsströme ähneln, wurden in einigen Schweizer Seen entdeckt. Lange Flüsse, wie der Kongo, die ins Meer fließen, tragen Ablagerungen mit Süßwasser, bis, aufgrund einer Abschwächung der Geschwindigkeit, diese Sedimente durch das zugrunde liegende ruhige Salzwasser zu Boden zu sinken beginnen. Keine Suspensionsströme wurden dort je beobachtet. Die möglichen Angaben von Beobachtungen von Suspensionsströmen betreffen sowohl einzelne, sporadisch auftretende Flüsse als auch alltägliche Erdrutsche. Außerdem sind Erdrutsche keine konstanten funktionsfähigen Strömungen, wie die Befürworter uns glauben machen wollen. Niemand hat je beständige Suspensionsströme beobachtet (dies gilt insbesondere für Suspensionsströme wie die beständigen gewöhnlichen See-Strömungen). „Das ganze Beweisgebäude" (so Zhirov), das uns offeriert wurde, betrifft individuelle, kurzlebige Flüsse."

Das Reißen von untermeerischen Kabeln, vierzehn Mal im Verlauf der Vergangenheit in der Magdalena River Schlucht in Kolumbien, legt nahe, dass Unterwasser-Erdrutsche aufgrund von rein örtlichen Bedingungen auftreten. Das Gleiche betrifft den durch den französischen Ozeanologen Jacques Y. Cousteau beobachteten Schlamm bei Toulon. (Cousteau war mit einem Schlauchboot zu Tauchfahrten unterwegs.

Etliche Jahre lang hielten die Befürworter die Theorie aufrecht, dass der Riss eines Kabels, nach einem Erdbeben in der Gegend der Neufundland-Bank im Jahr 1929, von einer Suspensionsströmung von einer sehr hohen Geschwindigkeit verursacht wurde. Kurz nach dem Erdbeben untersuchten der Geologe A. Keith und der Seismologe E. A. Jodgson (beides Kanadier) die Rissstelle und kamen zu dem

Schluss, dass der Bruch entlang den Spalten in der Erdkruste in der Cabot-Straße auftrat und allein auf seismischen Gründen beruhte. Der schwedische Wissenschaftler B. Küllenberg studierte das Phänomen und fand heraus, dass die Bilder keine Beweise für Suspensionsströme boten oder auf eine beständig anwachsende Zerstörung hinwiesen. K. Terzaghi glaubte, Francis P. Shepard – eine amerikanische Autorität für unterirdische Schluchten, die Terzaghi als eine auffallende Autorität auf dem Gebiet der Hydromechanik ansah – zufolge, dass eine zeitweilige Verdünnung der Sedimente, die nach dem Erdbeben, als sie den Abhang hinunter strömten, wellenähnliche Bewegungen durchführten, das Kabel tief in die schmelzende Schicht der Sedimente sinken ließ und es verdrehte und verbog, bis es zerriss. Diese Erklärung schließt eine Beeinflussung durch Suspensionsströme oder selbst Hochgeschwindigkeits-Flüsse komplett aus. Der Widerstand des Wassers ist, nach Shepard, nachweislich ein anderer Faktor, der hohe Geschwindigkeiten unwahrscheinlich macht.

Es ist Zhirovs Meinung, dass, wenn Suspensionsströme beständig und unterunterbrochen arbeiten würden und dies eine solch wichtige Rolle spielte und der Grund für den Riss eines interkontinentalen Kabels wäre, eine Kabelverbindung zwischen Kontinenten kaum möglich wäre, weil diese Ströme ständig alle Telegraphen-Kabel zum Reißen bringen würden, doch gerade das beobachten wir nicht.

Die umfassendste Kritik an der Suspensionsströmungs-Theorie wurde von Dr. Hans Pettersson geäußert. Auf der Basis seiner eigenen Untersuchungen kam er zu dem Schluss, dass die Suspensionsströme bis jetzt nicht im offenen Ozean direkt beobachtet wurden und ihre Bedeutung im Unterspülen des kompakten Materials in unterirdischen Schluchten zweifelhaft sei, da das Wasser, das sie mit sich führen, mit Sedimenten beinahe überladen sei. Diese Sicht wird durch Shepard geteilt. Versuche, Suspensionsströme entlang unterirdischer Schluchten durch Explosionen künstlich herzustellen, sind bis jetzt gescheitert. Beobachtungen, die in moderaten Tiefen an schwedischen Fjorden vorgenommen wurden, wo große Mengen an Sedimenten deponiert sind, konnten keinen Beweis für Suspensionsströme von irgendeiner bemerkenswerten Geschwindigkeit erbringen. E. C. Buffingham berichtet, dass die Versuche, im La Yolla Canyon in Kalifornien einen künstlichen Suspensionsstrom zu erzeugen, ebenfalls scheiterten. Keiner der sieben eingeleiteten Erdrutsche hatte einen solchen Suspensionsstrom zur Folge. All die Phänomene, die den Suspensionsströmen zugeschrieben werden, können durch die Aktivität von Abflüssen mit niederer Dichte und niedrigen Geschwindigkeiten erklärt werden. Was die Suspensionsströme, die von amerikanischen Autoren beschrieben werden, auslöst, bleibt nach Zhirov ungeklärt.

Viele der Wissenschaftler, die das Problem der unterirdischen Schluchten studiert haben, haben überzeugend die komplette Unhaltbarkeit der Theorie, nach der diese Schluchten durch Unterwasser-Aushöhlung mittels so genannter Suspensionsströme eingeleitet wurden, bewiesen. Zhirov nennt hier als Referenz L.S. Berg, J. Boucart, G. W. Lindberg, F. Machatschek, M. V. Muratov, A. E. Scheidegger, und F. P. Shepard.

F. F. Osborn führte aus, dass im Licht der heutigen Kenntnis es schwer möglich wäre, Tatsachen für die Bestätigung zu erbringen, dass Suspensionsströme grobkörnigen Gesteinsschutt transportieren können. E. C. Bullard ist frei heraus skeptisch bezüglich der Theorie, dass Suspensionsströme über ein Mittel zum Transportieren von Geröll verfügen. Er sagt, dass heute die Suspensionsströmungs-Theorie ein trauriges Spektakel präsentiere. Die Möglichkeiten der Suspensionsströme vom Standpunkt der turbulenten „Suspensionsströmungs-Theorie" betrachtend, kommt Bullard zu dem Schluss, dass ihre Bewegung über lange Entfernungen unwahrscheinlich ist. Auf der Basis seiner Analysen von Beobachtungen der Verteilung der Sedimente, die angeblich durch Suspensionsströme transportiert würden, offeriert er eine Anzahl von anderen Betrachtungen und weist die Suspensionsströmungs-Theorie zurück.

Wenn wir die Statistiken des Lamont-Observatoriums in den USA bezüglich der Beschaffenheit von Tiefsee-Kernen und den Gehalt des Sandes darin studieren, werden wir Zhirov zufolge merken, dass die unterschiedlichen Untersucher verschiedene Schlüsse offerieren. Den Lehrkörper-Mitgliedern des oben erwähnten Observatoriums zufolge, enthalten die insgesamt fünfhundert Kerne, die im Nordatlantik entnommen wurden (d. h. ungefähr 42%) Schichten von Sand oder Aleuriten (kleinen Partikeln, die 0,01-0,10 mm messen), die durch Suspensionsströme gebildet worden sind. Das legt nahe, dass diese Ströme beinahe den halben Nord-Atlantik umfassen. Jedoch ergibt die Interpretation der gleichen Daten nach F. P. Shepard, dass lediglich 134 der 550 Kerne (d.h. nur ungefähr 25%) Schichten aus Sand besitzen, woraus er den entgegengesetzten Schluss zieht, nämlich den, dass der größte Teil des nordatlantischen Bodens nicht durch Suspensionsströme umfasst wird.

Den objektivsten Ansatz bezüglich der Suspensionsstrom-Theorie bietet Professor M. V. Klenova, eine bedeutende sowjetische Ozeanologin, die lehrte, dass es notwendig sei, eine spezielle Studie der Frage nach Aufschlämmungs-Suspensions-Strömen zu erstellen, da einige amerikanische Untersucher ihnen eine offensichtlich übertriebene Rolle im Prozess der Bildung von Meeres-Sedimenten zuschrieben. Kerne, die aus großen Tiefen im südlichen Teil des Nordamerikanischen Beckens entnommen wurden, haben es ebenfalls nicht geschafft, die Sicht der sandfarbigen Zwischenlage, die in der Abyssischen Ebene (Äthiopien) vorkommen, zu bekräftigen. O. K. Leontyev stellt fest, dass es keinen Grund gibt, die Glaubwürdigkeit der durch die Lamont-Expedition erhaltenen Daten in Frage zu stellen.

J. K. Righby und H. L. Burckle behaupten, dass einiges eindeutig von Land stammende Material nahe des südlichen Vorsprungs des Nord-Atlantischen-Rückens durch Suspensionsströme vom afrikanischen Kontinent hergebracht worden sei. Doch um dies zu tun, hätten die Suspensionsströme eine fantastische Arbeit tun müssen, nämlich dieses Material in kompakter Form über eine Entfernung von mehr als neunhundert Kilometern und den Aufstieg über die Abhänge in einer Höhe von ungefähr einem oder einem halben Kilometer zu transportieren, denn zwischen der Küste des Kontinents und der Position in einer Tiefe von 3.577 Metern, an der von Land stammendes Material entdeckt wurde, ist es durchwegs 4.967 Meter tief.

Ähnlich unglaubwürdig sind die Behauptungen von H. W. Menard, der auf einem Internationalen Symposium in Frankreich ernsthaft berichtete, dass Suspensionsströme eine Entfernung von zweitausend Kilometern entlang des Ozeanbodens zurücklegen könnten. Eine geradezu märchenhafte Aufgabenstellung müssen diese Ströme, die eine Aufschlämmung von großen Sand- und Lehmpartikeln aufweisen, angesichts des Widerstands einer Wassersäule unter Druck von vielen hundert Atmosphären bewältigen.

Zhirov zitiert A. V. Zivago, für den eine Verknüpfung zwischen individuellen Formen von Bodentopographien mit Suspensionsströmen unrealistisch ist. Demnach, so Zivago, führte bei einem Seminar über „Die Bildung und Struktur der Ozean-Becken" ein amerikanischer Wissenschaftler einen großen und nahen Bereich, der mehr als zwei Kilometer vom Boden anstieg, als ein Beispiel der Aktivität von Suspensionsströmen an. Diese Abgrenzung war dem Sprecher zufolge durch die Suspensionsströme errichtet worden, die über eine lange Zeit in ein und dieselbe Richtung flössen.

N. S. Zolotnitsky äußerte sich dahingehend, dass Boden-Strömungen nur selten an einer Flussöffnung durch Wasser mit klastischen (trümmerartigen) Aufschlämmungen gestartet würden. Die Ströme, die so begännen, seien klein und langsam.

Das Problem der Suspensionsströme und des Tief-See-Sandes wurde bei einem Treffen der Geologischen Gemeinschaft, das am 15 -18. März 1957 gehalten wurde, genau besprochen. Beobachtungen haben gezeigt, dass in der Regel im Atlantischen und im Indischen Ozean Sandschichten neben den Abhängen des großen untermeerischen Massivs auftauchen – dem Mittelatlantischen und

Mittelindischen Rücken. Viele Autoritäten ziehen in Betracht, dass in einer fernen Zeit diese Rücken über den Meeresspiegel emporragten und erodiert waren; die Produkte der Erosion bewegten sich die Abhänge dieser Gebirgsketten auf den Meeresboden herunter. Die Ansicht, dass unterirdische Gebirgsketten die Quellen des Materials für Tiefsee-Sand sind, wird durch leitende Ozeanologen (Zhirov nennt Drigalski, Otto Mellis und Joachim Jarke) geteilt.[57]

Otto Mellis beschäftigte sich intensiv mit dem Sand, der in den von der *Albatross* geborgenen Sedimenten gefunden wurde. Er behandelt zwei Bohrkerne, die von jenem Schiff aus der Romanche-Tiefe gezogen worden sind. Mellis beruft sich zunächst auf die Untersuchungen von E. Philippi, der 1883 mit dem Forschungsschiff *Romanche*, nach dem die Tiefe benannt ist, in 7230 Meter Tiefe in einem ungefähr einen halben Meter langen Bohrkern Sand gefunden hat. In der obersten Schicht des Kerns machten die Sandkörner etwa 30% des Sediments aus. Daraufhin stellte Philippi die Frage nach der Herkunft des Sandes mitten im Atlantischen Ozean, doch erst 1948, nach der *Albatross*-Expedition, konnten die Befunde nachgeprüft werden. Die beiden Bohrkerne, um die es hier gehen soll, enthielten tatsächlich Sandschichten von der von Philippi beschriebenen Zusammensetzung. Einer der Bohrkerne wurde an Hand von etwa einhundertsiebzig aus verschiedenen Teilen des Kernes, hauptsächlich in je zehn Zentimeter Abständen, entnommenen Proben petrographisch (Die Petrographie beschäftigt sich mit der Beschaffenheit der Gesteine) und chemisch untersucht; der zweite, kürzere nur zur Ergänzung der aus dem anderen Bohrkern gewonnenen Erkenntnisse herangezogen.

Die Hauptanteile des Sandes sind Plagioklas, Pyroxen, Serpentin, Glorit, Olivin, Hornblende und Erzkörner. Andere Minerale und Gesteinsfragmente kommen in kleineren Mengen vor.

Die im Romanche-Sand gefundenen Gesteine weisen eine große

57   Zhirov 1970/2001, S. 161ff

Ähnlichkeit mit jenen auf, die von der *Atlantis-Expedition* heraufgeholt worden sind. Sie ähneln auch den aus dem westlichen Atlantischen Ozean stammenden und mit Hilfe der *Albatross*-Bohrkerne geborgenen und von Mellis untersuchten Steinsfragmenten sehr.

Mellis stellt fest, dass der ganze Sedimentationsprozess in dem vierzehn Meter langen Sedimentpaket als rezent (sich noch heute bildend, nicht ausgestorben) zu bezeichnen ist, was auch die Untersuchungsergebnisse von Kolbe ergeben.

Nun muss nach der Herkunft des Sandes gefragt werden. Schließlich hat der in der Romanche-Tiefe vorkommende Sand eine ganz eigenartige mineralogische und chemische Zusammensetzung, die Mellis zur Beantwortung mancher genetischer Fragen anregte.

1. Frage: Aus welchen Gesteinen ist der Sand entstanden:

Diese Frage ist für Mellis leicht zu beantworten, weil im Sand, außer Mineralkörnern, auch Gesteinsfragmente vorhanden sind. Daraus folgt: Es sind ausschließlich basische Tiefengesteine, vorwiegend Gabbro, serpentierte („serpentieren" ist ein alter Ausdruck für „sich schlängeln") Dunite und ähnliche gewesen, die das Ausgangsmaterial lieferten.

Die 2. Frage lautet: Welche geologische Vorgänge führten zur Entstehung des Sandes?

Die Hauptsegmentteile dieses Sandes, der Plagioklas und der Pyroxen, sind gegen Verwitterung sehr empfindlich und deswegen in Sedimenten unstabil. Aus diesem Grund müssen ganz besondere Umstände vorausgesetzt werden, die zur Bildung von Sand in dieser Zusammensetzung führen können.

Vulkanische Vorgänge (untermeerische Ausstöße) können wegen des beinahe vollständigen Fehlens von Mineralien der Effusivgesteine (letztere gehören zu den Vulkaniten), ausgeschlossen werden.

Man müsse die Verwitterungsprozesse heranziehen. Wie die Untersuchung der Entstehungsgeschichte der Grauwacken und Arkosen, mit denen der Romanche-Sand große Ähnlichkeit besitzt, gezeigt hat, müssten keine außergewöhnlichen Verwitterungsvorgänge vorausgesetzt werden, um den hohen Plagioklas-Gehalt zu erklären. Nach F. J. Pettijon, der die diesbezüglichen Arbeiten zusammengefasst hat, wurde die Bildung der feldspatreichen Sedimente durch das Zusammenspielen von Verwitterungs- und Erosionsgeschwindigkeit verursacht. Schnelle Verwitterung, wie sie für die humiden tropischen Gebiete typisch ist, in Verbindung mit hohem Relief, begünstigt die Bildung solcher Sedimente. Auch die Nähe eines stabilen Ablagerungsortes, wie das Meer einer ist, ist von großer Bedeutung. Das durch schnelle progressive Schädigung des Materials (Desintegration) der Ursprungsgesteine entstandene, aus unstabilen Mineralen bestehende Verwitterungsprodukt wird in diesem Verwitterungsstadium konserviert, sobald es unter den Meeresspiegel gelangt. Mellis verweist darauf, dass nachweislich die meisten Silikate im Meerwasser keine merkbare Veränderung aufweisen: Zahlreiche Beobachtungen an Mineralfragmenten aus den Tiefseesedimenten bestätigen dies, wie durch Barth-Correns-Eskola 1939 hervorgehoben wurde. Diese Überlegungen führen Mellis zufolge zu nur einem Ziel: Der Romanche-Sand muss als eine küstennahe Bildung aufgefasst werden. Ob er nun das Stadium eines Strandsandes durchlaufen habe, sei von der Stabilität der Küste abhängig. In einem Küstengebiet, das schnell sinkt, seien die Voraussetzungen für die Erhaltung der Mineralparagenese des Sandes günstig.[58]

Mellis schreibt:

„Es ist sehr wahrscheinlich, dass der Romanche-Sand eine kurze Zeit Strandgebilde gewesen ist."[59]

Die starke Abrundung der weichen Minerale, wie Serpentin und Chloriten, sieht er als einen möglichen Hinweis darauf.

58 Mellis 1958, S. 218ff
59 Mellis, Otto: *Die Sedimentation in der Romanche-Tiefe (ein Beitrag zur Erklärung der Entstehung des Tiefseesandes im Atlantischen Ozean)* In: Geologische Rundschau, 1958, S. 230

Die dritte Frage, die Mellis aufwirft, ist wohl die interessanteste. Sie lautet: „Wo ist der Ursprungsort des Sandes zu suchen? Ist der Sand in der Nähe des jetzigen Ablagerungsortes oder in einer größeren Entfernung davon entstanden?

Mellis schreibt, dass Sand von der für die Romanche-Tiefe typischen Zusammensetzung bisher nirgendwo in der Umgebung dieser Tiefe nachgewiesen wurde. Er schreibt weiter, dass ein Plagioklas-Pyroxen-reicher Sand bisher nicht in den Tiefsee-Sedimenten des Atlantiks gefunden wurde. Dieser Umstand und die Feststellung, dass die Mineralparagenese der gröberen Fraktionen über die volle Mächtigkeit des Bohrkerns unverändert bliebe, weisen auf ein konstantes und räumlich begrenztes Ursprungsgebiet hin. Alle diese Gründe sprechen gegen einen langwierigen Transport des Sandes.

Aufgrund der Tatsache, dass die Romanche-Tiefe am Fuß des Mittelatlantischen Rückens liegt, von der in der nächsten Umgebung Gipfel bis zu fünfzehnhundert Metern unter dem Meeresspiegel aufragen, sei es naheliegend, den Ursprungsort des Romanche-Sandes auf dem Mittelatlantischen Rücken zu suchen. Es sei logisch anzunehmen, dass zur Zeit der Bildung des Sandes größere oder kleinere Teile der Schwelle über den Meersspiegel hervorragten.

Auch Mellis spricht eine starke vertikale Krustenbewegung an und schreibt, dass die Möglichkeit starker Krustenbewegungen am Ozeanboden von vielen Geologen verleugnet würde. Es gäbe manche Anzeichen dafür, dass die Ozeane – wenn auch nicht in der heutigen Gestalt – aber doch in wesentlichen Zügen vom Anfang der Erdgeschichte an bestanden. Die Hypothese von der Permanenz der Tiefozeane sei zu Mellis Zeit der Ausgangspunkt bei der Lösung ozeanographischer und geologischer Fragestellungen. Viele Tatsachen geologischen und biologischen Inhalts ließen aber Bedenken gegen eine solche Einstellung aufkommen. Mellis weist hierzu erstens auf das Problem der Guyots (Tiefseekuppen – an der Spitze abgeflachte Seamounts, also die Kegel erloschener untermeerischer Vulkane) und zweitens jenes der untermeerischen Schluchten hin.

Viel wurde über die Geschichte des Atlantischen Rückens diskutiert, doch Mellis meint, für den vorliegenden Zweck sei nur eine Frage von Bedeutung, nämlich ob der Mittelatlantische Rücken sich in einer Aufwärts- und Abwärtsbewegung befände. Dies scheint ihm wichtig, um festzustellen, ob es sich um eine gesunkene oder um eine auftauchende Gebirgskette handelt. Mellis glaubt, dass sie sich in einer sinkenden Bewegung befindet. Mellis nennt H. Stille, W. W. Belussoff und René Malaise als seine Gewährsmänner. Für diese Annahmen sprechen für ihn unter anderem das komplizierte, stark zergliederte Relief und die auf dem Atlantischen Rücken kurz vor seiner Zeit entdeckte känozoischen (das Kanäozoikum umfasst das Tertiär und Quartär) Kalksteine.[60]

Professor Robert M. Schoch von der University of Boston, dessen Arbeiten bezüglich des Alters der Sphinx wir an späterer Stelle noch gründlich betrachten werden, erwähnt, der Mittelatlantische Rücken befände sich tatsächlich in einer Aufwärtsbewegung. Er sagt auch, dass im Atlantik keine Landmasse von der Größe eines Kontinents versunken sein könne.[61]

Der letzte Punkt entspricht den Ansichten von Vitalino und er entspricht der heutigen Mainstream-Geologie. Zu ersterem Teil, nämlich dass der Mittelatlantische Ozean steigt und nicht ins Meer sinkt, hat sie sich nach der mir vorliegenden Quelle allerdings nicht geäußert.

Ich weiß auch nicht, ob die Frage, ob der Mittelatlantische Rücken heute steigt oder sinkt, von so großer Bedeutung ist, denn viele der heutigen Atlantologen sind der Meinung, Atlantis sei durch die Folgen des Einschlags eines Meteoriten untergegangen. Diese These – für die es auch Belege gibt – ist natürlich ein katastrophales Ereignis, das mit Vorgängen in langen geologischen Zeiten nur bedingt zu tun hat.

Doch kommen wir nun zu Mellis zurück.

---

60 Mellis 1958, S. 230
61 Schoch 1999, S. 88

Er bezieht sich auf Stille, der meint, der Mittelatlantische Rücken hätte sich am Ende der Kreidezeit gebildet, und das Sinken der gesamten Gebirgskette erfolgte „wahrscheinlich im Tertiär".[62]

Das ist selbstverständlich eine etwas ungenaue Zeitangabe, und die Möglichkeit, dass der Untergang später erfolgte, wird hier offensichtlich nicht ganz ausgeschlossen.

Malaise schreibt jedenfalls, dass die erste Einströmung von atlantischem Wasser in den Arktischen Ozean vor etwa zehn- bis zwölftausend Jahren erfolgt sei.[63]

Mellis spricht das Vorhandensein einer dünnen Sial-Kruste (wir erinnern uns: Das ist Kontinentalmaterial!) an, die unter dem atlantischen Ozean liegt.[64]

Unter Berufung auf Lyon Sprague de Camps Buch *Lost Continents* (New York 1970) sagt Cedric Leonard, dass Geologen mit verhaltenem Optimismus eingeräumt hätten, dass die Azoren hauptsächlich aus Sial-Material bestünden und es mehr als genug Kontinentalmaterial im Atlantik geben könne, um daraus eine Landmasse von der Größe Spaniens zu errichten.[65]

Wir wollen uns nun anderen Gebieten des Atlantiks zuwenden, bei denen wir die „gegenüberliegenden Inseln" Platons vermuten. Auch dort wurden interessante Entdeckungen gemacht.

Seit 1883 werden an der Küste des Golfs von Mexiko intensive hydrographische Erkundungen durchgeführt. In den Jahren vor 1959 wurden durch das Erkundungsschiff *Hydrographer* am Meeresboden, etwa dreiundzwanzig Kilometer von der Küste Floridas entfernt, in der dortigen Meerenge Dolinen entdeckt. Einige dieser Öffnungen hatten etwa einen Dreiviertel Kilometer im Durchmesser und waren über hundertfünfzig Meter tief. Sie wurden entlang der äußersten Ecke eines knapp zehn Kilometer langen Bereichs

---

62 Mellis 1958, S. 232
63 Malaise 1957, S. 214
64 Mellis 1958, S. 233
65 Leonard 2005, S. 41

beschädigten Bodens gefunden, die parallel zu den Florida-Keys, einer sich von der Südspitze der Halbinsel Florida bis zur Insel Key West erstreckende Inselkette mit einer Länge von rund dreihundert Kilometern, verlief. Dieser Boden, der in Kontrast mit den glatten küstennahen und küstenfernen Gegenden steht, hat ein topographisches Relief, das an einigen Stellen um mehr als neunzig Meter ansteigt, wo sich von den Seiten regelmäßige zerklüftete Gipfel aus unregelmäßigen Furchen erheben. Diese Features demonstrieren, dass die Oberflächen-Eigenschaften des See-Bodens tiefliegender Küstenlinien nicht unbedingt flach sein müssen. Die Features haben faszinierende Auswirkungen.

Die Erscheinung von Dolinen dreiundzwanzig Kilometer von der Küste entfernt, ist eine Abweichung, die die Tatsache beinhaltet, dass sich diese runden Löcher im Kalkstein in dem Bereich von Süß- und nicht von Salzwasser entwickelt haben.

Diese Seen waren einst seichte Mulden, die Regenwasser sammelten, das mit ätzenden Säuren, die einen Landabfall produzierten, behaftet war. Ungeschützte Kalkstein-Oberflächen absorbierten schnell diese ätzenden Elemente, und das abfließende Oberflächenwasser löste wiederum den Kalkstein in solch einem Ausmaß, dass einige Seen gebildet wurden.

Folglich beweist die Auffindung der Dolinen in einer Tiefe von hundertfünfzig Metern unter dem Meeresspiegel, dass sie ertrunkene Seen sind.[66]

Eine Forschungsgruppe der Duke University machte 1969 bei ihren Untersuchungen des Meeresbodens der Karibik eine interessante Entdeckung: Entlang des Aves-Rücken, der von Venezuela bis zu den Jungferninseln reicht, wurden an fünfzig verschiedenen Stellen Granitgestein, also kontinentales Krustengestein, heraufgehoben. Bruce Heezen bestätigte, dass nach Meinung der Geologen

---

66 *Underwater-Discoveries in the Straits of Florida,* in: The military engineer: Journal of the Society of American Military Engineer, LI 543, Washington 1959, S. 403

Granite oder säurehaltige Eruptivgesteine auf die Kontinente beschränkt seien. Das Vorhandensein von Granit könnte also dafür
sprechen, dass einst in der ostkaribischen Region eine Landmasse
existierte und diese Felsen das Innere eines verlorenen Kontinents
darstellen.[67]

Ein Argument, das in der Atlantis-Debatte oft gebracht wird, ist
allerdings fragwürdig. In einer von Edgerton Skykes überarbeiten
Version des Buches *Atlantis – The Antedeluvian World* von Ignatius
Donnelly, der mit diesem eines der einflussreichsten Bücher zum
Thema Atlantis geschrieben hat, lesen wir:

„Auf der westlichen Seite des Atlantiks beinhaltet die amerikanische Scholle alle Westindischen Inseln, die eine einzelne Insel
gewesen zu scheinen – die nach Lewis Spence die Insel Antillia
gewesen sein könnte [eine Insel dieses Namens finden wir auf alten
Seekarten aus dem Mittelalter, die möglicherweise Kopien älterer
Vorlagen sind, R. H.] – während im Süden Trinidads ein Teil des
brasilianischen Flachlandes gelegen und von Ascension Island durch
einen relativ seichten See getrennt gewesen sein könnte."[68]

Als Bestätigung seiner These kommt Donnelly nun auf den
„Streitapfel" – den „Termier-Talychyten" – zu sprechen, der Gegenstand der weiteren Diskussion sein wird:

„Eine Bestätigung dieser Theorie und ebenfalls für die ausgedehn-
ten vulkanischen Eruptionen (…) wird durch die Entdeckung im Jahr
1898 gegeben, nördlich der Azoren in einer Tiefe von 1500 fathooms
[etwa 2,75 Kilometer] durch ein französisches Kabel verlegendes
Schiff fünfhundert Meilen [etwa achthundertfünfzig Kilometer],
von Fragmenten von Tachylit oder glasiger Lava, die nur in der Luft
gebildet worden sein kann – Lava, die unter Wasser gebildet wur-

---

67 Berlitz, S. 1976 S. 79
68 Donnelly 1970, S. 40

de, hat eine abweichende kristalline Struktur – und die, durch eben jene Struktur, sich unmittelbar nach der Kristallisation im Wasser abgekühlt haben musste. Dieses Thema wurde ausführlich durch den französischen Wissenschaftler Pierre Termier[69] und andere besprochen. Der deutsche Geologe Otto Wilkins zieht in Erwägung, dass das Gebiet und ebenso die Nordwestliche Afrikanische Scholle im Quartär ein Ort von vulkanischen Aktivitäten gewesen sein müsse. Da ein Tachylit in weniger als fünfzehntausend Jahren zerfällt, ist es nur vernünftig anzunehmen, dass der Grund des Ozeans, auf dem die Fragmente aufgelesen wurden, die sich nun im Pariser Museum befinden, innerhalb dieser Zeitspanne über dem Wasserspiegel gelegen haben muss, was für die Atlantische Katastrophe vor etwa dreizehntausend Jahren sprechen würde."[70]

Zum besseren Verständnis seien die Schlussfolgerungen Termiers nach der Darstellung des Atlantisforschers Otto Muck hier noch einmal zusammengefasst:

Das Stück [Muck spricht von nur einem Stück, R. H.] ist nach Termier vulkanischer Herkunft, der Meeresboden ist dort in weitem Umkreis von Lava bedeckt. Im Raum des Telegraphenplateaus müssen einstmals sehr starke Vulkanausbrüche stattgefunden haben, bei denen jene Lava ausgeflossen ist, von der das Fundstück stammt, meint Termier weiter.

Das Stück ist amorph, glasig und nicht kristallin in seiner Struktur. Es könne daher nicht im Tiefenwasser, sondern es müsse an freier Luft erstarrt sein. Nur ein damals obermeerischer Vulkan sei in der Lage gewesen, es ausgeworfen zu haben. Die Lava, die gewaltige Areale heutigen Meeresbodens bedeckt, stamme aus ehemaligen Landvulkanen.

69 Der Aufsatz von Pierre Termier heiß „L'Atlantide" und erschien im Bulletin Institut Océanographique (Monaco 1912). Der englische Test erschien im Smithonian Report von 1915.
70 Donnelly 1970, S. 40f.

Zugleich mit diesem Ausbruch oder sehr bald danach hat sich, Termier zufolge, das ganze Gebiet um mehr als zweitausend Meter abgesenkt. Das Stück dokumentiere eine vorzeitliche Katastrophe mitten im Atlantik – dort, wo nach Platon die Insel Atlantis versunken sein soll.

Das Stück ist seiner mineralogischen Zuordnung nach, wie erwähnt, ein Tachylit, und Tachilyte lösten sich etwa binnen fünfzehntausend Jahren im Meerwasser auf. Das Fundstück weist aber scharfe, nicht angefressene Konturen auf. Die durch seine Auffindung indirekt bezeugte Katastrophe im Atlantik müsse sich also vor weniger als fünfzehntausend Jahren, also etwa dreizehntausend v. Chr., ereignet haben, wahrscheinlich erheblich später. Muck fällt auf: Dieses Altersmaximum deckt sich überraschend mit Platons Zeit-Angabe: „Neuntausend Jahre vor Solon", also um 10.000 v. Chr.[71]

Vitalino schreibt:

„In der irrigen Annahme, dass Druck den Unterschied ausmachte, schloss er [gemeint ist Termier, R. H.], dass der Tachylith vom Ozeanboden sich auf der Erdoberfläche unter atmosphärischem Druck gebildet haben müsse, demzufolge unterstellte er, dass dieser Teil des Ozeanbodens um drei Kilometer abgesunken sein müsse. Tatsächlich ist es aber nicht der Druck, der bestimmt, ob Lava kristallisieren oder Glas bilden wird, sondern das Tempo der Abkühlung. Lava, die schnell gelöscht wird – entweder dadurch, dass sie auf kalte Luft trifft oder in Kontakt mit kaltem Wasser kommt – hat keine Zeit, sich zu kristallisieren, sondern bildet glasiges Gestein.

Man weiß, dass sich basaltisches Glas in Tiefen von fünf Kilometern und mehr gebildet hat, so dass kein Grund dafür besteht,

---

71   Muck 1956, S. 240f

weshalb das vom Greifhaken heraufgehobene Gestein sich nicht an der Stelle gebildet haben könnte, wo es gefunden worden ist."[72]

Ramage sagt zum Thema:

„Als Termier beispielsweise 1912 seine Tachylit-Theorie vortrug, hat Charles Schuchert sehr schnell Widerspruch erhoben. Schuchert kam zu folgenden Schlussfolgerungen:

„1. Die Azoren sind vulkanische Inseln und nicht die Überreste einer mehr oder weniger großen Kontinentalmasse, denn sie bestehen nicht aus Gesteinen, die man auf den Kontinenten findet.

2. Die Tachyliten, die aus dem Atlantik nördlich der Azoren heraufgeholt wurden, wurden aller Wahrscheinlichkeit nach dort gebildet, wo sie noch heute sind, nämlich am Boden des Ozeans.

3. Es gibt keine bekannten geologischen Daten, die das Vorhandensein von Platons Atlantis in historischer Zeit beweisen oder auch nur zu beweisen helfen."[73]

Nun ist es so, dass Charles Schuchert bereits 1917 reagiert hat,[74] zu einer Zeit, in der die in diesem Buch bisher besprochenen Granitfunde und die Funde anderer kontinentaler Krustengesteins noch nicht bekannt waren. Somit fällt der 1. Punkt weg, und man mag sich ein wenig wundern, dass Ramage nichts von den Funden zu wissen scheint. Aber er ist ja auch kein Geologe. Wie wir schon gesehen haben und noch sehen werden, ist der dritte Punkt auch nicht

---

72 Vitalino, in: Ramage 1979, S. 178f.
73 Ramage 1979, S. 58
74 „Atlantis, the Lost continent. A Review of Termier's Evidence", Geographical Review III, S. 64 und „Atlantis and the Permanency of the Atlantic Ocean". Proceedings of the National Academy of Science, Washington S. 65-72, nach: Zhirov 1970/2001, S. 266

ganz richtig. Es bleibt nur der zweite Punkt, der zusammen mit der Aussage von Vitalino einen Sinn ergibt.

Auch Zhirov hat sich mit dem Thema befasst und schreibt:

„Einige von Schucherts Einwendungen (zum Beispiel bezüglich der Terrassen), sind nicht überzeugend, doch seine Bemerkung, dass eine glasartige Struktur unter dem Einfluss von Druck eher Form annimmt und Tachylite sich ebenso auf dem Ozeanboden gebildet haben können, verdient Anerkennung. Tatsächlich führt schnelle Abkühlung zur Konservierung eines amorphen, gläsernen Zustands. Genau gesagt, bleibt die Frage des Ursprungs des Tachyliten ungeklärt."[75]

Damit wollen wir dieses Thema abschließen.

Der Geologe William Hutton macht auf seiner Internetseite „The Hutton Commentaries" in einem seiner zahlreichen Artikel darauf aufmerksam, dass in früheren Zeiten Krustenblöcke im Äquatorial-Atlantik aufgeragt haben müssen. Die Zwischenüberschrift „Formerly Emerging Crustal Blocks" entspricht jener aus einer Arbeit, die 1981 in dem Journal *Tectonophysics* veröffentlicht worden war. Die Autoren waren Enrico Bonatti von der Columbia-University und des Marine Geology Laboratory in Bologna, sowie Andy Chermak von der University of Miami. Das Werk wurde von der National Science Foundation (NDF) und dem Office of Naval Research gesponsert. Ihre Arbeit wurde an der Romanche-Fraktur-Zone ausgeführt. Als eines der Resultate ihrer Arbeit erkannten die beiden Wissenschaftler einen Streifen am Meeresboden entlang der Romanche-Fraktur-Zone, die mit mindestens sechs Zehntel einer Meile bezüglich prognostizierter Tiefen ungewöhnlich seicht ist. Bonatti und Chermak zufolge legt dies nahe, dass die hohen Stellen des Meeresbodens stufenweise durch Karbonat-Bänke bedeckt wurden, als sie eine

---

75 Zhirov 1970/2001, S. 266f

Höhe nahe der Oberfläche oder vielleicht sogar darüber erreichten. Die beiden Autoren schätzten, dass die Rate des Ansteigens und des Sinkens der anormalen Krustenblöcke etwa zweimal so hoch war wie jene einer anderen Kruste vergleichbaren Alters.

Bonatti und Chermak stellen weiter fest, dass an einer im Rahmen des Deep See Drilling Project (DSDP)[76] durchgeführten Bohrung Flachwasser-Kalkstein aus dem Eozän-Zeitalter (Das Eozän begann vor 55,8 Millionen und endete vor 33,9 Millionen Jahren) geborgen wurde. Für die Autoren legt das nahe, dass es bedingt durch diese aufsteigende Kruste im frühen Känozoikum (Das Känozoikum begann vor etwa 65,5 Millionen Jahren und dauert bis in unsere Gegenwart an.) Landbrücken zwischen Afrika und Südamerika gegeben habe, nachdem sich die beiden Kontinente getrennt hatten. Die Autoren beugten sich der Lehre vom „Sea-Floor-Spreading" (der Ozeanboden-Spreizung) und jener der Plattentektonik, um ihre Befunde zu erklären. Zehn Jahre nach der Veröffentlichung des Artikels wurde die Interpretation des Sea-Floor-Spreadings durch die Autoren allerdings angezweifelt.[77]

Unter der Zwischenüberschrift „Direct Evidence of an Emergent Atlantis" beruft sich Hutton auf Mac Kenzie Keith („Evidence for a Plate Tectonics Debate" in Earth Science Reviews 55, 2001, S. 235-336) und fasst diesen zusammen. Es geht dabei um früheres Flachwasser bzw. aufragende Stellen, die durch das Deep-Sea-Drilling-Projekt abgetastet wurden. Diese Stellen befinden sich heute unter Wasser in der Region des Mittelatlantischen Rückens. Es geht insbesondere um drei Stellen, an denen besondere Funde gemacht wurden. Sie liegen etwas nördlich vom Azoren-Plateau. An dem nördlichsten Punkt wurde in einer Tiefe von knapp vier Kilometern in hohem Maße blasiger Basalt gefunden sowie verwitterter und oxidierter Basalt und eine größere Kluft in der grundlegenden

---

76 Dieses Ozean-Bohrungs-Programm lief von 1963 bis 1983
77 Hutton 2003: Additional Evidence for the Atlantis of the Edgar Cayce Readings
    auf: http://www.huttoncommentaries.com/article.php?category=5&article=60

Sedimentation, was auf eine Erosion an der freien Luft hindeuten würde. An der zweiten Stelle, etwas südlich von der eben erwähnten, wurden in einer Tiefe von etwa 3,8 Kilometern basaltische Kieselsteine sowie verwitterter und oxidierter Basalt gefunden. An der dritten Stelle, noch etwas weiter südlich gelegen, fand man in knapp 3,8 Kilometern ebenfalls basaltische Kieselsteine und verwitterten und oxidierten Basalt. Nach Keith und Hutton sind diese Funde starke Indikatoren für einen einst aufragenden Mittelatlantischen Rücken, was wiederum nahe legt, dass dieses vulkanische Terrain mindestens 3,7 Kilometer gesunken ist, seit es über dem Meeresspiegel lag. Es gibt noch sechs weitere Stellen, an denen Proben entnommen wurden, die bis hinunter zum Äquator reichten. Sie sind südwestlich vom Azoren-Plateau gelegen. Zwei dieser Stellen zeigen Rücken-Kuppen (bezogen auf den Mittelatlantischen Rücken), die durch Wellen-Erosion abgeflacht wurden. Eine davon offenbarte Flachwasser-Sedimente, die aus dem Tertiär stammten, und andere enthüllten Flachwasser-Sedimente aus der Kreidezeit. Ein letzter, eher überraschender Fund besteht in Schluchten und einem gitterartigen Abfluss-System, das womöglich an der freien Luft geformt wurde, in einer Tiefe von mehr als drei Kilometern.[78]

Aschenbrenner weist darauf hin, dass man auf zahlreichen Gipfeln des Mittel-Atlantischen Rückens auf Ablagerungen von typischen Flachwasserlebewesen, wie Korallen, stößt. Jetzt haben wir aber das Problem, dass die Gipfel des atlantischen Rückens zwei Kilometer unter Wasser liegen, während Korallenstöcke nur bis in einer Tiefe von vierzig Metern gedeihen. Sollte der Meeresboden um rund zwei Kilometer abgesunken sein, wie Aschenbrenner vermutet? Dieser weist weiter darauf hin, dass sich genau in dieser Tiefe das Azorenplateau befindet, das bekanntlich von vielen Atlantologen mit dem untergegangenen Atlantis in Verbindung gebracht wird. Aschenbrenner verweist auch auf Material aus Bohrproben, bei denen aus

---

78 Hutton 2003: Additional Evidence for the Atlantis of the Edgar Cayce Readings auf: http://www.huttoncommentaries.com/article.php?category=5&article=60

dem Bodenschlamm des Plateaus um die St. Peter- und St. Paul-Insel Überreste von Mikroorganismen gefunden worden seien, die nur in flachen Gewässern leben können. Im Südatlantik besäße die Insel Ascension Blöcke aus basischem Granit, also kontinentalem Krustengestein. Besitzen Teile dieser Insel Sial-Kruste?

Bei der Insel Tristan da Cunha finden wir Gneis – ein weiteres Kontinentalgestein. Dort treten ebenfalls Reste von Landpflanzen auf, die im Tertiär wuchsen.[79]

Aschenbrenner schreibt, dass man aus dem Bodenschlamm des Plateaus rund um die St. Peter und St. Paul-Insel Überreste von Mikroorganismen isolierte, die nur im Flachwasserbereich leben können.[80] Wie kommen sie in diese Tiefe?

Interessant ist auch eine Bemerkung von Pettersson, der in seinem Buch *Atlantis und Atlantik* (nach Otto Muck) sagt, dass man südwestlich der Azoren-Insel Santa-Maria ein Glied einer dünnen Kette aus Kupfer mit dem Grundschlamm heraufgebracht habe.[81]

Wenn wir angesichts der Informationen dieses Kapitels davon ausgehen, dass es Atlantis tatsächlich gegeben hat, wie ist es dann untergegangen? Kann dies im Verlauf von geologischen Zeiträumen geschehen sein? Doch dann würden wir weit von Platon abweichen, nach dem Atlantis *im Verlauf eines schrecklichen Tages und einer schlimmen Nacht* untergegangen ist. Wie es scheint, kann Platons ehemalige Beschreibung von Atlantis geologischen Prüfungen standhalten. Doch wie verhält es sich mit dem Ende der großen Insel in solch einer kurzen Zeitspanne?

---

79   Aschenbrenner 2001, S. 139ff
80   Aschenbrenner 1993, S. 161
81   Muck 1956, S. 97

II.

An einem schrecklichen Tage und einer schlimmen Nacht – Das Atlantis-Inferno

„Späterhin aber entstanden gewaltige Erdbeben und Überschwemmungen, und da versank während eines schlimmen Tages und einer schlimmen Nacht das ganze streitbare Geschlecht bei euch scharenweise unter die Erde, und ebenso verschwand die Insel Atlantis, indem sie im Meere unterging."[82]

„Weiterhin aber brach dann eine Zeit gewaltiger Erdbeben und Überschwemmungen herein, und es kam ein Tag und eine Nacht voll entsetzlicher Schrecken, wo die ganze Masse eurer Krieger von der Erde verschlugen ward, ebenso tauchte die Insel Atlantis in die Tiefe des Meeres hinab und verschwand."[83]

„Zuletzt, als unbarmherzige Erdbeben und Überschwemmungen eintraten, als ein Tag und eine schreckliche Nacht hinzukam, versank in Eurer Nähe die ganze dichtgedrängte Heeresmacht plötzlich unter der Erde, und die Insel Atlantis zeigte sich wie in das Meer untergetaucht (von Düsenkraft ins Meer hineingerissen.)"[84]

Diese Übersetzungen stammen aus dem „Timaios" 25c/d. Sie be-

---

82 Übersetzung nach Susemihl, http://www.atlantis-scout.de/atlantimkrit.htm
83 Übersetzung nach Apelt, S. 42
84 Übersetzung nach Barbara Pischel, S. 62

schreiben den Untergang der Insel Atlantis in einer äußerst schnellen Zeit, nämlich innerhalb eines Tages und einer Nacht. Zudem ist die Rede von Erdbeben und Überschwemmungen, die dem Untergang der Insel vorausgingen.

Wie kann eine große Insel in solch kurzer Zeit untergegangen sein? Ausführlich hat sich mit diesem Thema Otto Heinrich Muck beschäftigt.

Otto Muck gilt als einer der einflußreichsten Atlantis-Forscher des 20. Jahrhunderts. Er wurde 1882 in Wien geboren und verstarb am 7. November 1956 in Wien. Im gleichen Jahr hatte er noch sein viel beachtetes Buch *Atlantis – Die Welt vor der Sintflut* veröffentlicht. Nach dem ersten Weltkrieg studierte *Muck* an der Technischen Hochschule in München, und im 2. Weltkrieg arbeitete er im Peenemünder Raketenteam. In jener Zeit erfand er den Schnorchel für U-Boote. Im Laufe seines weiteren Lebens erhielt er für diverse Erfindungen zweitausend Patente. Muck war Berater von Großunternehmen und ein Techniker hohen Ranges. Er galt als talentierter Künstler und Grafiker.[85] Sein Buch „*Atlantis – Die Welt vor der Sintflut*" wurde 1976 von einem anderen Verlag unter dem Titel *Alles über Atlantis* neu bearbeitet wiederaufgelegt. Allerdings fehlten hier wichtige Bestandteile, und scheinbar aktuellere Themen wurden eingefügt, die mit dem Thema und Mucks Ideen nicht unbedingt allzu viel zu tun hatten.

Man könnte sagen, Mucks Vorbild war Ignatius Donnelly, der 1882 mit *Atlantis – the antedeluvian world* eines der einflussreichsten Bücher zum Thema überhaupt auf den Markt gebracht hatte. So wundert es nicht, dass er den Namen seines Buchtitels an den von Donnelly anlehnte.[86]

Für Muck lag Atlantis im Atlantik auf dem mittelatlantischen Rücken. Zur Untermauerung seiner These bezieht er sich einerseits auf die Sagen der Völker links und rechts vom Atlantik, anderer-

---

85 Mackowiak 1997, S. 123
86 Muck 1956, S. 10

seits weist er auch darauf hin, dass die Temperaturverteilung in den gleichen Regionen jetzt und während der letzten Eiszeit eine einstige „Golfstrom-Sperrinsel" nahelege, die nach Mucks Meinung im Azoren-Gebiet lag. Wenn man sich das Azoren-Plateau etwa drei Kilometer angehoben vorstellt, kommt man auf eine Großinsel mit den Ausmaßen, die Platon für Atlantis angibt, sowie auf die gleiche Gebirgs-Ebene-Verteilung. Auf dieser durch den Golfstrom klimatisch begünstigten Insel könne sich eine Zivilisation durchaus entwickelt haben.[87] Muck erklärt auch das Geheimnis der Aalwanderungen mit der einstigen Existenz von Atlantis.

Bekanntlich findet man in den europäischen Flüssen nur weibliche Aale. Wo sind die männlichen Exemplare geblieben? Diese Frage stellten sich die Biologen in den vergangenen Jahrhunderten immer wieder; und mittlerweile weiß man Näheres, obwohl das Rätsel dadurch nicht kleiner geworden ist.

Die Aale kommen in der Sargassosee zur Welt, die westlich und südwestlich der Azoren gelegen ist und Tangwälder beinhaltet. Sie besitzt in etwa die Größe von Mitteleuropa. In diesen üppigen Tangwäldern laichen die Aale – die amerikanischen im Westteil und die europäischen im Ostteil. Durchsichtige kleine Jungfische schlüpfen, und von ihrem Instinkt geleitet, schlängeln sich die Jungaale vom Wirbelrand zum Golfstrom hin und lassen sich von diesem nach Osten, Richtung Westeuropa, treiben. Diese Reise dauert drei Jahre. Die Überlebenden werden dabei zu Glasaalen, die sich an den Küsten nach Geschlechtern trennen. Die männlichen Aale bleiben im Salzwasser, doch die Jungweibchen schwimmen in die Unterläufe der europäischen Flüsse hinein. Diese Trennung der Geschlechter dauert drei Jahre. Mit fünf Jahren ist der Aal geschlechtsreif, jetzt treffen sich die Geschlechter wieder. An den Flussmündungen beginnt die gemeinsame Rückreise zur Sargassosee. Sie schwimmen in großer Tiefe, wo sie vermutlich die kalte Unterströmung ausnutzen.

---

87   Muck 1956, S, 117ff

In einhundertvierzig Tagen sind sie wieder an ihrer Geburtsstätte angelangt, wo sie wiederum die Paarung vollziehen.

Muck fragt sich, warum die Aale eine so gefährliche und langwierige Reise unternehmen – und das gleich zweimal. Und warum wandern Weibchen ins Süßwasser? Eine Teilantwort auf die zweite Frage gibt Muck selbst: Die Aalweibchen werden nur im Süßwasser geschlechtsreif. Warum schwimmen die Aalweibchen aber nach Westeuropa und nicht nach Westindien, das ja viel näher liegt? Hierauf wird im Allgemeinen geantwortet: Die Aale vertrauten sich dem Golfstrom an. Doch der Golfstrom treibt sie weit weg nach Europa, wo er sich teils nach Süden, teils nach Norden langsam abschwächt. Er strömt nicht mehr zurück, und die Aale müssen ohne diesen schützenden Golfstrom den weiten Weg zurücklegen. Doch war das immer so?

Wenn Muck Recht hat, lag die Insel Atlantis auf dem Azoren-Plateau, das dem Golfstrom den Weg absperrte. Dieser wäre dann zurück in Richtung Amerika abgelenkt worden, und so hätte der Golfstrom tatsächlich einen Kreislauf ausgeführt, dem sich die Aale sicher anvertrauen konnten. Die Aale wären also von ihrem Laichplatz in der Sargassosee vom Golfstrom an die nahe gelegenen Flüsse von Atlantis getragen worden. Die Weibchen wären dort geschlechtsreif geworden, während die Männchen draußen im Meer auf sie gewartet hätten. Dann wären sie gemeinsam, *wieder* vom *Golfstrom getragen,* zurück zu ihrem Geburtsort – der jetzt zu ihrem Laichgebiet würde – zurückgekehrt. Wenn die Insel, aus welchen Gründen auch immer, nicht mehr existiert, würde sie der Golfstrom ins ferne Europa verschleppen, wo er sie im Stich ließe – und genau das ist es, was er tatsächlich tut.[88]

Wenn diese von Muck propagierte Großinsel, die dem Golfstrom den Zugang nach Europa verwehrte, tatsächlich existiert hätte, dann müsste zur damaligen Zeit in Atlantis ein begünstigendes

---

88   Muck 1956, S.116ff

Klima geherrscht haben, während es in Europa bitterkalt gewesen wäre; und Muck beweist, dass dem tatsächlich so war. Es führt die Temperaturverteilung in Nordamerika und in Europa während der Eiszeit und heute als weiteren Beleg für die Notwendigkeit einer einstigen Golfstrom-Sperrinsel an. Nordwesteuropa war während des Quartärs gegenüber Amerika *nicht* klimabegünstigt, dies aber wäre zwangsläufig die Folge gewesen, wäre damals schon der Golfstrom nach Europa gekommen.[89]

Otto H. Muck entwickelte ein Szenario, nach dem tatsächlich das Versinken der Großinsel Atlantis im Laufe einer Nacht und eines Tages möglich war.

Am 5. Juni des Jahres 8498 v. Chr. herrschte am Himmel eine Unheil bringende Planetenkonstellation. Die Bahnen von Venus, Erde und Mond standen von der Sonne aus gesehen hintereinander, und so sollten ihre sich summierenden Anziehungskräfte dafür sorgen, dass ein Planetoid, der sich der Erde nähern würde, noch näher zur Erde hingekrümmt würde. Muck war überzeugt davon, dass ein solcher Planetoid, der aus nordwestlicher Richtung kam, an diesem Tage tatsächlich in den Atlantik einschlug – etwas östlich des Stumpfes der Puerto-Rico-Schwelle. In der Folge wurde das empfindliche vulkanische Gebiet im Atlantik entzündet und die Großinsel Atlantis, die auf der „Reißnaht" lag, an der nach Muck die Kontinentaldrift einst begann, wurde von einem Flammenmeer umzingelt. Die Magmafläche unter der Großinsel wurde maximal eingedellt, wodurch die Inselscholle sank. Daher verschwand Atlantis im Laufe einer schrecklichen Nacht und eines schlimmen Tages im Meer – genau so, wie Platon es angegeben hatte. Die Begleiterscheinungen der Atlantis-Katastrophe waren nach diesem Szenario tatsächlich Erdbeben, Überschwemmungen, Erdrisse, Landeinbrüche, Meeresbodenabsenkungen und vieles andere.[90] Erneut scheint Platons „Timaios"- Bericht bestätigt.

---

89 Muck 1956, S. 125ff
90 Muck 1956, S. 249ff

Der genannte Puerto-Rico-Stumpf liegt neben zwei Tiefseelöchern, die Muck als den Einschlagsort des Planetoiden sieht. Die Puerto-Rico-Schwelle ist zertrümmert, und das Trichterfeld von Carolina, auf das wir noch zu sprechen kommen werden, wurde Muck zufolge das Opfer von Teilstücken des Planetoiden.[91]

Muck glaubt, dass die Azoren Überbleibsel von Atlantis sind und einst die Berggipfel dieser verlorenen Großinsel waren.[92]

Heute glaubt man zu wissen, dass die Azoren reine vulkanische, also ozeanische Inseln sind, die nie eine Verbindung mit dem Festland hatten.[93] Dies scheint im Widerspruch zu den Informationen zu stehen, die wir im vorangegangenen Kapitel anführten. Stimmt die heutige Einstufung? Eine „salomonische Lösung" hat der Atlantis-Forscher Martin Freksa anzubieten. Er glaubt, dass diese Inseln möglicherweise während der Atlantis-Katastrophe entstanden sind. Heutige Geologen halten diese säulenartig hochragenden, aus vulkanischem Gestein bestehenden Inseln eher für jüngere Bildungen.[94] Auch dann wäre das Auffinden von Granit in jener Gegend nicht verwunderlich, da er ja auf den kontinentalen Krustentyp der untergegangenen Insel Atlantis zurückzuführen wäre.

Andererseits bezeichnet Muck selbst die Azoren als Vulkane, die als spitze Gipfel über die Meeresfläche ragen.[95]

Was das angeblich so junge Alter der Azoren betrifft, so lesen wir in neueren wissenschaftlichen Abhandlungen[96], dass sie vor Jahrmillionen entstanden seien.[97] Somit ist Freksas Idee, dass die Azoren im Laufe der Atlantis-Katastrophe entstanden seien, offensichtlich

91 Muck 1956, S. 249ff, insb. S.255 u. 261
92 Muck 1956, S. 149ff
93 sh. beispielsweise http://ma.kanti-zug.ch/maturaprojects/Sarah%20Steiner%20
    -%20Atlantis%20-%20Mythos%20oder%20Wirklichkeit%20-%20Eine%20phy-
    sisch-geografische%20Betrachtung.pdf, S. 16 und http://www.uni-graz.at/geow-
    ww/geo/geoweb_magazin_artikel_detail_druckversion.php?recordID=50
94 Freksa 1999, S. 132
95 Muck 1956, S. 149
96 „scinexx – Das Wissensmagazin" vom 30.08.2007
97 http://www.scinexx.de/index.php?cmd=focus_detail2&f_id=199&rang=4

falsch. Erinnern wir uns an die Funde auf den Inseln Ascension und Tristan de Cunha. Auch sie werden als ozeanische Inseln eingestuft, obwohl dort kontinentales Material gefunden wurde, was heute allerdings scheinbar kaum jemand mehr zu wissen scheint. So wäre es wahrlich kein Wunder, wenn – neben diesen beiden Inseln – auch die Azoren falsch eingeschätzt würden und das Plateau in Wirklichkeit auf Kontinentalkruste stünde.

Wenden wir uns wieder dem Muckschen Szenario zu:

Zusammen mit Atlantis seien die Kontinentalschollen rechts und links vom Katastrophengebiet mit eingesunken, und hieraus resultierten Hebungen an den Gegenrändern: Die östlichen Küstenränder von Amerika und die westlichen Teile von Afrika und Europa sanken ein, und Gebiete im Westen Südamerikas und im Osten Afrikas wurden angehoben.[98]

Als zusätzlichen Beleg für seine Theorie zieht Muck das in unsere Zeitrechnung umgesetzte Nulljahr des Maya-Kalenders mit heran, das nach dem Astronomen Robert Henseling, der sich intensiv mit dem überraschend exakten Wissen der Maya auseinandersetzte, auf jenes epochale Datum, auf den 5. Juni des Jahres 8489 vor unserer Zeitrechnung, gelegt wurde.

Anhand der beschriebenen Planetenkonstellation konnte Muck die von ihm vermutete Einschlagszeit noch konkretisieren: Er kam auf 13 Uhr Erdzeit am genannten Tag.[99]

Was den Katastrophenherd betrifft, beruft sich Muck auf eine Tiefenkarte und schreibt, dass dort, wo der Herd gefunden wurde, das Bodenrelief durchweg anormal sei. Es läge auf zwei riesigen Löchern – beide über siebentausend Meter tief –, die sich unweit des Puerto-Rico-Stumpfes befänden. Die Puerto-Rico-Schwelle sei zertrümmert, der Stumpf ein Überrest, und die Rest-Schwelle weise

---

98 Muck 1956, S. 297 f u. 300f
99 Muck 1956, S. 385ff

auf die Löcher hin. Küstenland sei unweit der Schwelle zu Bruch gegangen (Muck denkt hier an den Golf von Mexiko), und die Schwelle weise auch auf den Südrand des untermeerischen Landmassives hin, das vor seinem Untergang während des Quartärs (das für Muck mit dem Untergang von Atlantis endete), den Golfstrom abriegelte. Von nun an kam der Golfstrom nach Europa, das ab sofort, d.h. nach dem Abklingen der Folgen der Katastrophe, klimabegünstigt sein sollte.[100]

Nach der Katastrophe kam es gemäß dem Muckschen Szenario zu gewaltigen Auswurfmassen, die bis in die Atmosphäre gelangten. Ein Teil davon fiel wieder auf den Boden, doch nicht dorthin, wo sie gekommen waren. Es sollte eine Sintflut entstehen, die nicht nur aus Wasser bestand – die Ursache für Sintflutsagen in aller Welt. Im Äquator wurde Wasser ausgestoßen und Asche wurde nach Westen getragen.

Im Haupt-Azorengebiet wurde die Asche hauptsächlich nach Osten befördert, und Salz aus dem Meer wurde mitgerissen. Ein riesiges Regengebiet entstand. Doch die Wolken sahen nicht wie normale Regenwolken aus, sie waren durch die mitgeführte Asche tiefschwarz gefärbt. Nun entstanden zwei Regengebiete: Eines im Westen und eines im Osten. Die Windströmung bestimmte, wer von der östlichen und wer von der westlichen Flut heimgesucht werden sollte. Manche Gebiete wurden gänzlich verschont.

Muck kam bei seinen Berechnungen auf insgesamt drei Billiarden Tonnen Vulkanasche, und nach Osten sollen etwa zwanzig Billarden Tonnen Wasser getrieben sein – in Form jenes feuchten und regenschwangeren Dampfes, der bei der Katastrophe zusammen mit zerrissenen Magmapartikeln hochgerissen worden war.[101]

In Nordostsibirien war das Klima vor der Katastrophe, wenn wir Muck folgen, mild. Mammuts grasten. Die Temperatur betrug vier Grad im Jahresmittel. Bei der Katastrophe war Sommeran-

100 Muck 1956, S. 256ff
101 Muck 1956, S. 305ff

fang. Blumen blühten. Doch dann bekamen die Tiere Atemnot. Sie bekamen immer weniger Luft, und röchelnd hauchten die meisten von ihnen ihr Leben aus. Eine Stickgaswelle – eine Folge der Atlantik-Katastrophe – erstickte sie. Einige wenige überlebten. Sie röchelten, doch sie erstickten nicht. Plötzlich kamen riesige Flutmassen, und auch die letzten Mammuts wurden dahingerafft. Doch die Verwesung traf sie nicht. Denn es wurde kalt. Eiskalt. So kalt, dass einige Mammutkadaver innerhalb weniger Tage durch das Eis konserviert wurden.

Nach Muck befand sich der Erdnordpol vor der Atlantis-Katastrophe 3500 Kilometer entfernt von Nordostsibirien. Er soll sich etwa dort befunden haben, wo sich heute noch der erdmagnetische (Süd-)Pol befindet. Nach Muck ist der geograpische Nordpol binnen vier Tagen Richtung Sibirische Tafel „verrutscht" – länger kann es nicht gewesen sein, denn sonst wären die Mammuts nicht so gut konserviert worden.

Auch andere Rätsel lassen sich mit Mucks Atlantis-These erklären. So kann z.B. die Frage, wie die Mastodon-Kadaver ins kolumbianische Hochland kommen, obwohl diese Tiere eigentlich Flachlandbewohner sind, ganz einfach dadurch erklärt werden, dass das angesprochene Gebiet nach dem Muckschen Szenario durch die erwähnte „Kippbewegung" der Kontinentalränder während des Untergangs von Atlantis angehoben wurde.[102]

Muck errechnete, dass über Nordwesteuropa eine Dunkelwolke lag, die eine spezifische Flora und Fauna hervorbrachte. Er spricht von einer zweitausend Jahre anhaltenden Dunkelheit. Von Phasen, in denen die Sonne nicht schien, wird schließlich auch in alten Überlieferungen berichtet, so auch im Schöpfungsbericht der Bibel. Bei der Erschaffung von Sonne und Mond ist dort nach dem Originaltext nicht die Rede von einer Schöpfung aus dem Nichts, sondern die Bedeutung ist hier „sichtbar machen" oder „erscheinen lassen".

---

102 Muck 1956, S. 345ff

Muck beruft sich auch auf Mythen von einer Nebelwelt des Nordens (Niflheim), wie sie in der Edda geschildert wird. Die Atlantischen Ur-Cromagnards waren recht groß, so dass Muck hiermit die Sage von den „Riesen der Vorzeit", die auch in der Bibel vorkommt, erklärt. Sie waren rothäutig, so dass die Indianer und Indios die typischsten Nachfahren der Ur-Cromagnards sind, „*während die Europäer unter der langen Dunkelheit langsam ausbleichten, korrekt ausgedrückt, pigmentarm wurden*".[103]

Nach dem Desaster kam es zu einer plötzlichen Klimakatastrophe, wie sie durch die beschriebene Erhaltung der erstickten oder ersäuften Mammut-Kadaver in Eisblöcken bereits angedeutet wurde. Nach Muck resultierte sie aus einer Verlagerung der Erdachse. Diese kam folgendermaßen zu Stande:

Muck errechnete, dass der frühere Nordpol etwa dreitausendfünfhundert Kilometer vom gegenwärtigen entfernt lag. Dieser frühere Nordpol lag, laut Muck, irgendwo zwischen den Inseln Nordkanadas und Grönland. Er habe vermutlich ortsgleich mit dem heutigen magnetischen Pol gelegen. Die dann eingetretene Polverschiebung würde in ihrem Winkelwert ziemlich genau der ekliptischen Schiefe der Erde – also ca. 23 Grad – entsprechen.

Es gab einen Schock, der durch den Einsturz des „Planetoiden A" – wie Muck den Einschlagskörper nannte – und den Auswurf gewaltiger Massen auf die Erde ausgeübt worden war. Der Erdkreisel reagierte auf diesen Schock hin sofort, und zwar dynamisch-stabilisierend. Das heißt, er begann *sofort* zu taumeln, oder zu *präzessieren,* um es wissenschaftlich auszudrücken. Nun hat sich – wenn wir Mucks Szenario folgen – die Erdachse noch schiefer gestellt, als dies vorher bereits der Fall gewesen war, vorausgesetzt sie habe vorher überhaupt schräg gestanden. Diesen Punkt lässt Muck offen. Mit der Erdachse habe sich auch der Drehpol verändert.

---

103 Muck 1956, S. 369ff

Muck betont, dass nur jener Drehpol, durch den die Rotationsachse, nicht etwa der ganzen Erdachse, sondern nur der starren Kruste, läuft, sich um rund dreitausendfünfhundert Kilometer verschoben habe. Diese Verschiebung sei auf einer Geraden erfolgt, die auf den Einschlagsort des „Planetoiden A" hinweise. Diese Gerade verbinde ihn mit der Lage des Drehpols vor der Katastrophe und der Lage desselben danach. Darin sieht Muck den Beweis, dass tatsächlich der Einfall dieses Himmelskörpers dafür verantwortlich war, dass der Drehpol, bedingt durch die Schwenkung der Erddrehachse um zwanzig Prozent, gleichsam „verrutscht" ist. Muck erklärt dies dynamisch als Folge der Superposition des durch den Einsturz ausgelösten Drehmoments über das Kreiselmoment der Erdkugel.

Die Drehachse verschob sich nun aber nicht allein. Genau genommen führte die gesamte Erdkruste, die auf einer Art „Gleitlager" aus leichflüssigem Magma, das sich um die Erdkugel zieht, aufliegt, eine Schwenkung um etwa zwanzig Grad durch. Ursache hierfür war wieder der schräg erfolgte Stoß des Planetoiden, der sie zu dieser Ausgleichsbewegung zwang. Dann aber griff eine andere Kraft ein – die Reibungsdämpfung im Magmalager, die den Vorgang schnell wieder abbremste. Muck rechnete diesen Vorgang nach und kam zu dem Ergebnis, dass, wenn man für das Randmagma plausible Zähigkeitswerte ansetzte, die Bewegung der Tiefe nach innerhalb einer wenige hundert Meter mächtigen Magma-Randzone abgeklungen sein müsste. Der wichtige Schluss hieraus ist, dass die Polverlagerung ein reines Oberflächenphänomen war. Sie hatte keinen Einfluss auf das dynamische Gleichgewicht der Schmelzschale, welche die eigentliche Erdmasse enthält. Die Rotationsachse der Erde, die wahre „tieferliegende" Rotationsachse, die durch die vom Vorgang der oberflächlichen Polverlagerung unbetroffene Schmelzschale repräsentiert wird, behielt folglich ihre Lage bei und spiegelt sich am Himmel als „Pol der Ekliptik". Nur der Erdkrustenkreisel taumelt. Er präzessiert um den wahren Pol. Genauer gesagt, beschreibt er eine spiralige Kurve. So richtet sich der taumelnde Erdkrustenkreisel langsam auf, und hieraus resultierend nimmt Muck zufolge die „Schiefe der Ekliptik" langsam, aber in bekanntem Tempo ab.[104]

Nach Muck riss irgendwann im Vortertiär die damals zusammenhängende Gesamtscholle im Atlantik. Der Grund müsse eine Erdumwälzung gewesen sein. Entgegen der ursprünglichen Auffassung Wegeners beschrieb Muck, dass die Urscholle nicht einheitlich, sondern ein Mosaik war, das, als es über der heißen Schmelzschale erkaltete und dabei schrumpfte, in viele Teile zerrissen wurde. Leichtflüssiges Magma drang nun in die Spalten ein und verklebte diese. Diese Nahtstellen zwischen den Sial-Tafeln müssen demnach also aus Sima bestehen, das eben von unten her in diese schmalen Schrumpfrisse eingedrungen war.

Daraus ergab sich Folgendes: Als die Naht im Atlantik entstanden war, wanderten die nun getrennten Sial-Tafeln westlich und östlich von der Nahtstelle weg. Doch von dem Sima, das zäh an ihren Rändern klebte, mussten sich die Tafeln erst befreien. Dieser Kittstoff, der, wie der Untergrund, aus Sima bestand, blieb jedoch an Ort und Stelle zurück, und dieser „Kittrücken" ist uns heute unter dem Begriff „Mittelatlantischer Rücken" bekannt. Wenn Wegener davon ausging, dass die Kontinente von Amerika und Afrika zusammenpassten, so meinte er damit Südamerika und Afrika, wo genau das auch zutrifft, doch im Norden hat er bei seinen Betrachtungen nicht ganz so genau gearbeitet. Die Kontinentalschelfe passen nördlich von Südamerika nämlich nicht mehr aneinander. Wegener versäumte es, der Reißnaht, dem Mittelatlantischen (Kitt)-Rücken, Beachtung zu schenken. Da die Kontinentalschelfe sich rechts und links vom Kittrücken losgerissen haben, wäre dies jedoch unabdingbar gewesen. Der Mittelatlantische Rücken ist im Nordatlantik breiter als im Süden, und aus diesem Grund kann die gesamte Drift-Konzeption ohne Einbeziehung des Mittelatlantischen Rückens nicht funktionieren. Muck fand heraus, dass die Schelfe tatsächlich an

---

104 Muck 1956, S. 336

den Mittelatlantischen Rücken passten; und auf dieser verkitteten und immer noch instabilen Reißnaht lag Atlantis. Genau betracht, passt eine Großinselscholle wie Atlantis also sehr gut in das Bild der Kontinentaldrift-Theorie.[105]

Muck mag in Detailfragen vielleicht Unrecht haben, doch sein Werk in den Grundzügen zeigt, dass einige Details der Atlantis-Frage durch sie erklärt werden können.

Interessanterweise kommt auch der Forscher Peter Marsh zu ähnlichen Schlüssen. Auch er spricht von einem Kometeneinschlag vor elftausend Jahren, der das Ende eines Goldenen Zeitalters in Amerika verursacht haben soll, was zu der Zeit passt, in der Muck den „Atlantis-Impakt" ansetzt. Auch der Einschlagsort (der Ort des so genannten Impakts) passt zu Mucks These. Damals (vor elftausend Jahren) seien zahlreiche Säugetiere in Amerika ausgestorben, von denen die bekanntesten das Mammut und das Mastodon sind. Doch Marsh zählt auch unbekanntere Arten auf. Tiere wie das Pferd und das Tapir starben in Nordamerika aus, überlebten aber an anderen Orten.

Die geologische Formation der oval geformten Senken, die Carolina Bays genannt werden (wir erinnern uns an dieses von Muck als „Trichterfeld von Carolina" erwähnte Gebiet), – es sind insgesamt fünfhunderttausend – liegen im südwestlichen Eck von Nordamerika verstreut. Diese Senken erstrecken sich jeweils von Nordwesten nach Südosten, mit bis zu siebeneinhalb Meter hoher angehäufter Erde an der Südwestkante. Je größer sie sind, desto mehr ist die elliptische Form ausgeprägt. Dies kann bis zu zehn Kilometern gehen. Das stimmt mit einem großen Gewässer überein, das länger braucht, um sich zu zerstreuen, also bewegt es sich mit hohem Tempo durch die Landschaft. Große Buchten tendieren dazu, tiefer zu sein als kleine Buchten, und sie tendieren dazu, sich entweder in linearer Anordnung oder in komplexen Anhäufungen zu befinden. Die beständige

---

105 Muck 1956, S. 228ff

Wiederholung von Form und Anordnung kann nach Marsh nur eines bedeuten – einen Kometen-Einschlag.[106]

Es ist davon auszugehen, sagt Marsh, dass diesen Senken nicht durch einen felsigen Kometen verursacht worden sind, da keine Schwermetalle in den Kratern gefunden worden sind, sondern durch Geschosse aus Wasser von einem zerfallenden Kometen, die auf den Boden aufschlugen. Es gab einigen Unglauben, dass eine solche Katastrophe sich in der 'historischen Zeit' des Menschen abgespielt haben könnte. Man habe verzweifelt versucht, eine andere Möglichkeit zu finden, wie diese Senken aufgetreten seien. Tatsächlich fänden sich diese Senken aber in Sand, Schlamm, Erde, Hochland-Kies, doch nicht an Felsnasen. Der einzige Mechanismus für ähnlich geformte Senken, in einer verschiedenen Reihenfolge von Sedimenten aufzutreten, ist durch einen massiven Körper aus Wasser, der mit hoher Geschwindigkeit, jedoch bei einer flachen Flugbahn, auf die Erde trifft und auf die Erde stürzt. Alle Krater zeigen die gleiche Menge von Verwitterung und Auffüllung auf, weswegen sie alle das gleiche Alter haben müssen. Marsh verweist auch auf die beiden oval geformten Krater im Ozean, auf die auch Muck hinwies. Ihre Ausrichtung würde mit einem Kometen-Impakt, der von Nordwest bis Südost erfolgte, übereinstimmen. Es wird vermutet, dass diese beiden Impaktstellen etwas mit den Carolina Bays zu tun haben. Letztlich muss der Einschlag zu einem massiven Tsunami geführt haben.

Bohrproben deuten darauf hin, dass die Bildung der Carolina Bays vor elf- bis fünfzehntausend Jahren erfolgten. Pollenanalysen weisen auf einen Kiefernwald hin, der vor der Bildung der Bays dort gestanden haben müsse, danach musste er einem Laubwald weichen, was auf einen deutlichen Klimawandel nach der Bildung der Buchten hinweist. Marsh hält es für möglich, dass dieser Kometeneinschlag für die Vernichtung von Atlantis verantwortlich war.

---

106 http://users.on.net/~mkfenn/Catastrophes.htm

Marsh führt auch einige Legenden von Eingeborenen an, die auf Erinnerungen an dieses Erlebnis zurückzuführen sein könnten. Der beste Beleg von dieser Seite lautet für Marsh:

„Das Wasser hatte das Land überschwemmt (Marsh kommentiert: Eine zwei Kilometer dicke Eisdecke stürzte in den See), menschliche Behausungen verschwanden. Der Wind trug sie hinweg. Sie banden zahlreiche Boote aneinander. Die Wellen durchquerten die Rocky Mountains. Ein starken Wind trieb sie. Bald verschwanden der Mond und die Sonne (Atmosphärischer Staub nach dem Impakt (Anmerkung von Marsh)). Die Männer starben aufgrund einer furchtbaren Hitze (Feuerstürme infolge des Impakts; Anmerkung von Marsh). Sie kamen ebenso in den Wellen um. Die Männer beklagten, was passierte. Entwurzelte Bäume trieben im Wasser. Die Männer hatten ihre Boote zitternd vor Kälte zusammengebunden."

Diese Übersetzung wird dem Inuit-Stamm aus Kanada zugeschrieben. Es gibt zahlreiche Überlieferungen dieser Art, von denen Marsh einige zitiert. So gibt er auch Zeugnisse wieder, die aus der Gegend südlich von Carolina stammen. Wir wollen es hier jedoch bei dieser einen Überlieferung belassen.

Marsh schreibt auf seiner Seite noch Interessantes über neuere Antarktis-Eis-Bohrungen. Aus den Studien geht hervor, dass in den letzten einhunderttausend Jahren zahlreiche Iridium-Schichten gefunden worden sind. Diese Iridium-Schichten sind oft mit Vulkanasche gemischt, die den Ursprung des Iridiums verschleiert. Iridium wird gemeinhin in Meteoren gefunden, doch auf der Erde ist es ein sehr seltenes Material. Die angesprochene Mischung legt nahe, dass der Einschlag eines Kometen oder Meteors Vulkanausbrüche herbeiführte. Wissenschaftler haben Marsh zufolge ebenso eine direkte Verbindung zwischen Iridium-Schichten und dem Beginn von einigen Eiszeiten gefunden, was nahelegt, dass der kombinierte Effekt eines Kometen-Impakts und der resultierenden Vulkanausbrüche in Wendepunkten der menschlichen Geschichte eine große Rolle gespielt hat. Kometen seien jedoch nicht der einzige Grund für größere Veränderungen in der Erdbevölkerung in den letzten fünfzehntausend Jahren. Es scheint so, als ob der Meeresspiegel-Anstieg seit dem Ende der letzten Eiszeit nicht so geradlinig verlaufen ist, wie das zuvor geglaubt wurde. Plötzliche Anstiege des Meeresspiegels scheinen einige Male in der Vergangenheit stattgefunden zu haben, was an der Küste liegende Handelshäfen zerstörte, wodurch eine Verlagerung in überlebenden Bevölkerungsschichten verursacht wurde, so Marsh.[107]

Alexander Tollmann war ab 1969 Universitätsprofessor an der Universität Wien und dort von 1972 bis 1984 Vorstand des Instituts für Geologie. Seine Frau Edith, ebenfalls Geologin, und er machten Anfang der 90er Jahre des vergangen Jahrhunderts mit ihrem Werk *Und die Sintflut gab es doch* auf sich aufmerksam. Sie glauben, dass am 23. September 7953 v. Chr. ein in sieben Teile aufgespalteter Komet auf der Erde einschlug. Dass er siebenköpfig war und einen Schweif hatte, schließen sie aus Augenzeugenberichten, genauer gesagt aus Überlieferungen.[108]

Die Einschlagstellen sehen sie im Ostpazifik, im Südpazifik bei Feuerland, im Nordatlantik, im Mittelatlantik (nahe der Azoren), in Köfels/Tirol (Landimpakt!), im Indischen Ozean, in der Südchinesischen See und in der Tasmanischen See.[109] Die Folgen des Sintflut-Impakts waren den Tollmanns zufolge das Impaktbeben, der entfesselte Vulkanismus, Feuersturm und Weltenbrand, die Flutwelle, die Impaktnacht, der Impaktwinter, Sturzregen, Feuerwasser, ein kochender Ozean sowie die Produktion von Umweltgiften.[110]

Man mag sich fragen: Wie kommen die Tollmanns auf dieses genaue Datum? Sie versuchen, dies in ihrem Buch zu erklären. Sie

107 Peter Marsh: *USA showered by a watery come ~ 11,000 years ago, ending the Golden Age of man in America* auf http://users.on.net/mkfenn/Catastrophes.htm
108 Tollmann und Tollmann 1993, S, 89ff, insb. S.96ff und S.134
109 Tollmann und Tollmann 1993, S. 135
110 Tollmann und Tollmann, S. 143ff

führen die nacheiszeitlichen Streufelder von Tektiten heran. (Tektite sind bis zu einige Zentimeter große Glasobjekte, die zwar irdischen Ursprungs sind, deren Bildung allerdings durch den Einschlag großer Meteoriten auf der Erdoberfläche verursacht wird. Einfacher ausgedrückt: Es sind Impakt-Schmelzprodukte.) Insbesondere geht es den Tollmanns um Tektit-Streufelder in Südaustralien und Vietnam. Ein Problem dabei sei, dass in Australien mehrere geologische Streufelder von Tektiten „ineinander geschachtelt" seien. Hier dominiere das größte so genannte Indoaustralische oder Australasiatische Feld mit rund siebenhunderttausend Jahre alten Tektiten. Darunter seien die übrigen, kleineren Australitfelder dieses Raumes, die ein anderes Alter haben, untergegangen. Doch die Tollmanns sehen für die Existenz dieser jungen Australite Beweise. Die jungen Tektite befanden sich in Schichten, deren darin enthaltene Pflanzenreste als holozän eingestuft worden sind. (Das Holozän ist die jüngste geologische Epoche der Erdgeschichte. Es begann vor etwa elftausendsiebenhundert Jahren.) 1938 hatte C. Fenner aufgrund der Lage dieser Tektiten ihr geringes Alter erkannt. Ab 1959 stellte der australische Mineraloge George Baker die knapp nacheiszeitliche Entstehung dieser Tektite in der Region von Port Cambell in Süd-Victoria fest. Er schätzte sie auf etwa fünftausend Jahre.

Der australische Geologe Edmund G. Hill vom National Museum von Victoria in Melbourne nahm in der Küstenebene von Port-Cambell in West-Victoria eine Untersuchung der Position der Tektite vor. Dort hat man über zweitausendfünfhundert Australite gefunden. Seine Grabungen haben nach den Tollmanns den Nachweis dafür erbracht, dass die dabei gefundenen vierzehn Australite aufgrund der Radiokarbon-Datierung des Holzes, das sie begleitete, jünger als sechzehntausendsechshundert Jahre sind. Gill zeigte diese Australiten zu Vergleichszwecken Tektitspezialisten in aller Welt und kam schließlich auf ein Alter von rund zehntausend Jahren.

Professor Hans E. Sueß vom Departement of Chemistry der University of California entdeckte durch die Überprüfung der Genauigkeit der damaligen Radio-Carbon-Methode anhand von Hölzern, die dendrologisch (durch Abzählen der Jahresringe) genau auf das Jahr eingestuft wurden, dass die gebräuchliche Radiokarbonmethode ab dem 7. Jahrtausend zurück um zehn Prozent zu niedrige Alterswerte liefert. Die Tollmanns korrigierten aufgrund der neuen Informationen ihre Daten und kamen auf das Jahr 9520 plus/minus zweihundert Jahre, vor der der Jungaustralitfall bei Melbourne erfolgt ist.

Auch in Vietnam trifft man den Tollmanns zufolge auf siebhunderttausend und zehntausend Jahre alte Tektite.

Die Tollmanns orientieren sich auch an grönländischen Eisbohrungen, genauer gesagt an C.U. Hammer, der mit seinen Mitarbeitern vom Isotopenlabor von der Universität Kopenhagen im Jahr 1980 Untersuchungen durchführte. Neben kürzeren Kernen hatte man auch einen 1390 Meter langen Bohrkern aus Nordwestgrönland zur Verfügung. Dessen tiefster Teil ist etwa einhunderttausend Jahre alt, doch es wurden nur die letzten neuntausend Jahre detailliert nach Säurehorizonten untersucht – die älteren Einstufungen waren zu unsicher. Ein Säurehorizont besonderen Ausmaßes würde für einen Impakt sprechen – und tatsächlich liegt ein solcher für das Jahr 7640 (plus/minus einhundertsiebzig Jahre) v. Chr. vor.

Berndt Becker vom Botanischen Institut der Universität Hohenheim stellte eine zusammenhängende dendrochronologische Skala anhand von Deutschen Eichenstämmen aus den nacheiszeitlichen Flussablagerungen von Main, Rhein und Donau bis zum Jahr 7938 v. Chr. auf und konnte sie mit subfossilen Föhrenstämmen sogar bis über elftausend Jahre zurückverfolgen.

Das gleiche Forscherteam hat gleichzeitig zur Baumringdatierung auch den jeweiligen C-14-Gehalt der entsprechenden Holzabschnitte überprüft. Darin besteht den Tollmanns zufolge die Möglichkeit, den in Frage kommden Zeitabschnitt auf den zu erwartenden hohen C-14-Wert zu untersuchen, und so wäre beim Sintflut-Impakt ein plötzliches Emporschnellens des C-14-Gehaltes in Form eines steilen Zackens zu erwarten – und dieser zeigt sich auch auf einer von den

Tollmanns modifizierten Karte. (Sie haben die Kurve näher an die Einzelmessungen angepasst. Karte von B. Kromer und B. Becker aus dem Jahr 1990.) Der Zacken setzt knapp vor neuntausendfünfhundert Jahren ein und liegt demnach rund neuntausend Jahre vor dem Abfassen des Tollmannschen Buches.[111]

An dieser Stelle muss aber die Frage angesprochen werden, ob die Tollmanns möglicherweise einen Fehler gemacht haben. Es geht um die Behauptung, dass während des von ihnen ermittelten Impakts der C-14-Gehalt erhöht gewesen sein soll. Den Grund dafür gibt das hier wiedergegebene Zitat:

„Eine andere Möglichkeit zur Erfassung des genaueren Sintflutdatums hat sich eröffnet, während wir unser Manuskript abfassten. Da man weiß, dass bei einem Impakt auch die Ozonschicht weitgehend zerstört wird und aus diesem Grunde die eindringende kosmische Strahlung stark zunimmt, ist mit Sicherheit ein rasches Anwachsen des radioaktiven Kohlendioxidisotops ^{14}C zu erwarten. Die Neutronen, die durch diese Höhenstrahlung produziert werden, reagieren nämlich mit dem Stickstoffoxid ^{14}N der Luft unter Bildung von ^{14}C."[112]

Dieses Zitat wird (allerdings ziemlich polemisch) kritisiert.[113] Der Kernpunkt dieser Kritik ist die Aussage, dass es für die kosmische Strahlung keine Rolle spielt, ob sie auf zweifach gebundenen Sauerstoff (O_2) oder auf dreifach gebundenen (also Ozon) trifft. Denn – so wurde mir auch an anderer Stelle bestätigt – in einem solchen Ozon-„Loch" befände sich weniger Ozon und dafür mehr Sauerstoff. Wie also soll hier die kosmische Strahlung besser durchdringen können? Einzig die UV-Strahlung dringt in diesem Falle ungehindert durch, und meines Wissens reagiert diese nicht mit ^{14}N, so dass die Frage im Raum steht, woher der erhöhte C-14-Spiegel kommen soll.

---

111 Tollmann und Tollmann 1993, S. 248f
112 Tollmann und Tollmann 1993, S. 258
113 http://doernenburg.alien.de/alternativ/fun/fun03.php

Diese Anmerkung möchte ich hier im Raum stehen lassen und darlegen, wie die Tollmanns auf Datum und Uhrzeit kommen.

Sie berufen sich wiederum auf die Überlieferungen von Indianerstämmen und berichten, dass die Chipewyan, ein Stamm der Tinnè-Indianer in Nordwest-Kanada, den Zeitpunkt des Eintrittes der Großen Schneeflut angeben – im Monat September. Die Láxuwa-Sage der Yámana in Feuerland sagt aus, dass das, was die Tollmanns auch in diesem Zusammenhang den „Impakt-Winter" nennen, zur Zeit der Ankunft des Láxuwa-Frühlingsvogels geschah, der auf den Frühlingsbeginn fiel. Da die beiden Gebiete fast antipodisch zueinander liegen, sei die „Gegenprobe" voll aufgegangen.

Die Tollmanns erklären, dass die Sintflut der Bibel bei Neumond eintrat (ohne allerdings eine Stelle zu nennen). Zudem sprechen sie von *zwei* Versionen des biblischen Sintflutberichtes, in denen jeweils der Neumond herrschte. Hierzu muss ich allerdings sagen, dass mir nur eine Stelle bekannt ist und ich dort keinen Hinweis auf Neumond finde.

Doch die Tollmanns ermittelten auch noch die Tageszeit. Sie stützen sich auf das Gilgamesch-Epos und schließen aus der Zeile: „Kaum, dass ein Schimmer der Morgens graute, stieg schon auf von der Himmelgründung (sie wird von den Tollmanns mit dem Horizont gleichgesetzt) schwarzes Gewölk. In ihm donnert Adat (lt. Tollmann der Wettergott), (…) die Annunaki (lt. Tollmann Geister der Tiefe) hoben Fackeln empor, mit ihrem grausen Glanz das Land zu entflammen", dass der Impakt mit all seinen Folgen im Nahen Osten frühmorgens eingetreten sei.[114]

Die Südseeinsulaner von Tahiti überliefern, dass bei Sonnenuntergang die Flut anstieg.

So kommen die Tollmanns auf folgendes Datum: Frühmorgens (bezogen auf Vorderasien) bzw. um etwa drei Uhr früh MEZ bei Neumond zu Herbstbeginn (auf der nördlichen Halbkugel) im Sep-

---

114 Die Tollmanns berufen sich hier auf: Schott, A.: Das Gilgamesch-Epos. Neu herausgegeben von W. v. Soden. Stuttgart 1984, S.97, (11.Tafel, 96-104)

tember des Jahres 7553 v. Chr. plus/minus wenige Jahre. Verursacht wurde er durch einen aus südöstlicher Richtung kommenden, siebenfach geteilten Kometen.[115]

Wir erinnern uns daran, dass der Impaktor nach Muck und Marsh von Nordwesten kam.

Bei der Festlegung des Zeitpunktes hat es den Anschein, als ob die Tollmanns auf Biegen und Brechen ein Datum erhalten wollten.

Die Tollmanns haben sich auch mit dem Thema Atlantis auseinandergesetzt. Sie können sich vorstellen, dass es tatsächlich einst einen Mikrokontinent im Atlantik gegeben haben könnte. Sie schreiben, der Untergang dieser Insel sei unter Impakt-Bedingungen durchaus einleuchtend[116]:

„Atlantis lag an einer der verwundbarsten Stellen in der labilsten, größten Nahtstelle der Erde, der mittelatlantischen Grabenbruch-Riftzone."[117]

Atlantis hätte auf einer geologischen Schwächezone erster Ordnung gelegen, wo die extrem dünne Erdkruste, die dünnste des ganzen Globus, unter permanenter Zugspannung stünde. Dazu sei sie von einem dichten aktiven Netz riesiger Längs- und ebenso bedeutender Querbrüche durchsetzt. Dieser außergewöhnliche Krustentypus lagere noch zusätzlich auf einer oft Dutzende Kilometer breiten Lavakammer – einem dünnflüssigen rund einhundertzwanzig Grad heißen Basaltkissen. Bei solchen instabil gelagerten, kühlen und daher dichteren und schweren Krustenschollen über der heißen, spezifisch leichteren Lava müsse es bei einem Weltenbrand zu einem Zusammenbruch kommen. Dabei tauchten die schwereren Krustenfragmente in die heiße, flüssige Lavamasse ab, die über der versunkenen Scholle, also Atlantis und die südlichen und nördlichen

115 Tollmann und Tollmann 1993, S. 261ff
116 Tollmann und Tollmann 1993, S. 499
117 Tollmann und Tollmann 1993, S. 499

benachbarten Schollen dieser Hochzone des Rückens, überquellend zusammenschlüge.

In der entscheidenden Region im Mittelatlantik, im Bereich der Azoren, befände sich ein „Hot Spot (eine heiße Stelle)" – eine der wenigen der Erde. Aus ihm steigen heiße Magmaquellen aus der Tiefe des Erdmantels auf, die zusätzlich für eine Mobilität der Lava sorgen. Der Bereich der Azoren markiere mit seinen aktiven Vulkanen diesen Hot Spot des Mantels, der sowohl am Schnittpunkt als auch am Tripelpunkt von drei aktiven Schollen des Ozeanbodens, die sich in Bewegung befinden, liegt.

Die Tollmanns argumentieren weiter, dass auf dem Ozeanboden normalerweise regelmäßige ungestörte Magnetstreifen verlaufen. Diese Magnetstreifen seien dem Ozeanboden beim Abkühlen des austretenden Basalts entlang dem Mittelatlantik durch die hierbei erfolgende neue Magnetisierung der Eisenminerale aufgedrückt worden. Die Karten der Magnetstreifen des Atlantikbodens würden jedoch tatsächlich im Bereich nordöstlich bis südwestlich der Azoren keine solche Regelmäßigkeit im Streifenmuster zeigen, das ansonsten überall im Nord- und Mittelatlantik nachgewiesen sei. Im Bereich des Azoren-Rückens fehlte außerdem weithin die sonst übliche Sedimentbedeckung über der basaltischen Kruste des Ozeans, was für einen solchen Basaltaustritt in der jüngsten Erdgeschichte sprechen könnte. Dieses Gebiet sei tatsächlich das tektonisch und vulkanisch aktivste und instabilste im Atlantik. Die Tollmanns halten es für denkbar, dass Atlantis nicht nur von den Auswirkungen des Impakt-Bebens betroffen war, sondern in seinem Nahbereich eines ihrer sieben Kometenfragmente des zerfallenden Sintflut-Kometen einschlug, denn diese Region läge genau in der Verlängerung der von Südosten nach Nordwesten zielenden Einschlagsrichtung des Impakts im Südwestpazifik und des Impakts im zentralen Indischen Ozean.[118]

---

118 Tollmann und Tollmann 1993, S. 499ff

Die Tollmanns sprechen die etymologischen und kulturellen Gemeinsamkeiten der Altkulturen beiderseits des Atlantiks an und
halten es für ein Erbe ihrer „Meister", der Atlanter.[119] Die Tollmanns
schreiben:

„Atlantis wird aber zur Gewissheit, wenn man nicht nur das Wissen der modernen Geologie (Impakt, Riftzone, Hot Spot) berück-
sichtigt, sondern vor allem jenes auf der Gegenküste, die Berichte
aus Mexiko, mit offenem Blick und dem sicheren Wissen um die
Möglichkeit detaillierter langfristiger Traditionen betrachtet."[120]

Am Ende ihres Kapitels über Atlantis schreiben die Tollmanns:

„Atlantis ist deshalb so in Vergessenheit geraten und von der förm-
lichen Wissenschaft abgelehnt worden, weil nicht nur Atlantis völlig
ausgelöscht wurde, sondern durch die Sintflutsagen auch seine übrigen Kolonien vernichtet wurden. Und auch die anderen Völker mit
ihren Frühkulturen in den frühen Tiefebenen des Mittelmeerraumes
und darüber hinaus, die Zeugnis hätten geben können, wurden bei
der Sintflut weitgehend ausgerottet, so dass nur wenige Unwissende
im Bergland übrig blieben."[121]

Man kann den Tollmanns nur zustimmen, wenn sie es bekla-
gen, das Atlantis von der orthodoxen Wissenschaft abgelehnt wird,
und auch die Gründe könnten durchaus zutreffend sein. Ein wenig
verwundert jedoch, dass sie einem „Mikrokontinent" nur eine basaltische, ausgesprochen dünne Kruste zubilligen, zumal es andere
Befunde gibt, die wir im vorhergehenden Kapitel besprochen haben.
   Klaus Aschenbrenner ist sich sicher, dass der Impakt etwa 9500
v. Chr. stattfand. Er bezieht sich auf neuere Messungen. Zunächst

119 Tollmann und Tollmann 1993, S, 504
120 Tollmann und Tollmann 1993, S. 504
121 Tollmann und Tollmann 1993, S. 505f

beruft er sich auf Meeresmuscheln und die Knochen eines Mee-
ressäugetieres. Sie sollen in einer dicken Schlammschicht von der
großen Flutwelle am Fuße der Giseh-Pyramiden abgelagert worden
sein. Mit Hilfe der Radiokarbonmethode konnte man Aschenbrenner
zufolge sämtliche Funde auf ein Alter von elftausendsechshundert
plus/minus dreihundert Jahren bestimmen.[122]

Diese äußerst interessante Darstellung wird ebenfalls auf der Web-
seite des Anthropologen Martin Gray[123] erwähnt.

Doch wenden wir uns nun Aschenbrenners weiteren Belegen zu.

Vor elftausendfünfhundert Jahren setzte, so schreibt er, nach einer
tausendjährigen Abkühlungsphase im Erdklima, der so genannten
jüngeren Dryaszeit, eine plötzliche starke Erwärmung ein. Eine
Forschergruppe der Universität Kopenhagen fand vor nicht allzu
langer Zeit heraus, dass damals innerhalb nur eines Jahrhunderts
ein Temperaturanstieg um zwanzig Grad Celsius erfolgte. Dieses
Phänomen ließe sich nicht mit normalen Naturvorgängen verein-
baren. Ein Impakt wäre aber sehr wohl eine Erklärung, denn in
diesem Falle gelangen große Mengen von Kohlendioxid, anderen
Gasen und Wasserdampf in die Erdatmosphäre, die eine Reflexion
der eingestrahlten Sonnenwärme behindern. So kommt es in der
Folge zu einem Treibhauseffekt, und dieser bewirkt eine starke und
lange anhaltende Temperaturzunahme.

Nun wäre ein ausgeprägter Folgevulkanismus zu erwarten; und
dies war in jener Zeit tatsächlich der Fall. Auch in Deutschland
kam es zu gewaltigen Vulkanausbrüchen. Es handelt sich um die
zahlreichen Eifelmaare, die sich in jener Zeit bildeten. Große Mengen vulkanischen Gesteins wurden mit großer Kraft ausgestoßen,
und der größte dieser Krater ist heute der Laacher See. Gewaltige
Bimssandmengen wurden bis in eine Entfernung von achtzig Kilometern geschleudert. Nun konnte man aufgrund von zwölf pflanz-
lichen Makrofossilien mittels der C-14-Methode den Zeitpunkt der

---

122 Aschenbrenner 2001, S. 148
123 http://www.sacredsites.com/africa/egypt/great_pyramid.html

Vulkanausbrüche bestimmen: Sie ereigneten sich vor etwa elftausendzweihundertdreißig Jahren.

Aschenbrenner beruft sich weiterhin auf die Bohrkernuntersuchungen des Grönlandeises, insbesondere die Bohrung in Summit in Zentralgrönland, die bis in eine Tiefe von dreitausendachtundzwanzig Metern reichte.[124]

Er schreibt: „Bedeutsam für uns sind vor allem die Messungen der vorhandenen Säurekonzentration sowie des Ammonium-, Wasserstoffperoxid- und Formaldehydgehalts in den Bohrkernen.

Entsprechend der im Eis enthaltenen Säuremenge ändert sich dessen elektrische Leitfähigkeit. Die mit zwei unterschiedlichen Messverfahren, der ECM (electrical conductivity measurement) und der DEP (dielectric profiling method), erhaltenen Messkurven zeigen eine deutliche Konzentrationszunahme vor 11 500 Jahren."[125]

Aschenbrenner bildet eine Kurve ab, die K. Fuhrer, J. C, Moore, A. Neftel, E. W. Wolf und u.a. erstellten, welche die Angaben belegt.

Er führt weiter aus: „Die Messwerte entstammen der Bohrkerntiefe zwischen 1620 und 1627 Metern. Dieser sieben Meter lange Eisabschnitt umfasst einen Zeitraum von nur einhundertzehn Jahren. Dadurch ist es möglich, auch relativ kurzfristige Veränderungen in der Erdatmosphäre, wie sie beispielsweise bei einem Impakt auftreten, zu erfassen.

So werden auf diese Weise auch die Folgen größerer Flächenbrände erkennbar. Ein sicheres Indiz für das Verbrennen größerer „Biomassen" ist nämlich das plötzliche Ansteigen des Ammoniumgehalts (NH4+) im Eis. Verantwortlich hierfür sind chemische Umsetzungen mit dem Ammoniak (NH3), das bei Großbränden in die Atmosphäre gelangt. Gleichzeitig bilden sich bei den Verbrennungsvorgängen beträchtliche Mengen an Kohlenwasser-

---

124 Aschenbrenner 2001, S. 149
125 Aschenbrenner 2001, S. 150

stoffen, die allerdings durch den Luftsauerstoff oxidiert werden, und zwar zu organischen Säuren, Wasserstoffperoxid (H_2O_2) und Formaldehyd (HCHO). Tatsächlich machen sich diese chemischen Verbindungen (…) zum gleichen Zeitpunkt vor 11 000 Jahren in Form stark erhöhter Messwerte bemerkbar. Wie wir sehen, hat der durch den Kometeneinschlag hervorgerufene „Weltenbrand" seine Spuren auch im Grönlandeis hinterlassen."[126]

Wenn die erhaltenen Daten tatsächlich so genau sind, scheint Aschenbrenners Schluss, dass der Impakt, der Atlantis zerstörte, etwa 9500 v. Chr. stattfand, sehr naheliegend. Das deckt sich einmal mehr mit Platons Daten!

126 Aschenbrenner 2001, S. 150

III.

Edgar Cayce – Israel, Atlantis und der Nil

„Der Nil (oder Nol damals) ergoss sich in das, was jetzt der Atlantische Ozean ist, und zwar auf der Seite des Landes, wo auch der Kongo ins Meer mündet."[127]

Vielleicht wird sich der eine oder andere Leser jetzt fragen: „Was hat Edgar Cayce in einem Atlantis-Buch verloren? Schließlich war er Okkultist und kein Wissenschaftler!" So schrieb auch der Professor für Klassischen Studien Edwin S. Ramage: „(...) Diese Mystiker – Leute wie Helena Blavatsky oder Edgar Cayce – werden hier besser ignoriert, denn sie haben zu der Lösung der Atlantis-Frage wenig oder nichts beigetragen. Sie verwendeten Atlantis lediglich für ihre eigenen Zwecke: Es ist ein Unglück, dass ihre Ideen noch nicht endgültig begraben wurden."[128]

Nun ist es so, dass gerade Edgar Cayce – oft „Der schlafende Prophet" genannt – seine Atlantis-Readings kaum zu eigenen Zwecken gelesen haben kann. Er schrieb kein einziges Buch, er geriet rein zufällig in die Atlantis-Frage hinein, war gewissermaßen ein „Atlantis-Forscher wider Willen", und dazu kommt, dass seine Aussagen über Vergangenheit oder Zukunft, über die wir zu seiner

---

127 Aus dem Edgar-Cayce-Reading (Nr. 5748/6, A/15, 13. Juli 1925), nach Edgar Evans Cayce, Gail Cayce-Schwartzer und D. G. Richards, S. 105
128 Ramage 1978, S. 51

Zeit noch nichts wussten, eine vergleichsweise hohe Trefferquote erzielten. Doch wer war dieser Edgar Cayce überhaupt?

Cayce wurde am 18. März 1877 auf einer Farm in Hopkinsville (Kentucky) geboren. Seine außergewöhnliche Fähigkeit kam bereits recht früh zum Vorschein. Der junge Edgar Cayce konnte seine Hausaufgaben ausführen, indem er auf seinen Büchern schlief. Er war einundzwanzig Jahre alt, als sich bei ihm eine schrittweise Stimmbandlähmung entwickelte, auf Grund der er immer wieder seine Stimme verlor. Die Ärzte konnten die Ursache für sein Leiden nicht finden, und so versetzte er sich auf den Rat seiner Freunde in den gleichen hypnotischen Schlaf, unter dem er zuvor seine Hausaufgaben gemacht hatte. In diesem Zustand konnte er eine Behandlung empfehlen, die seine Halsmuskulatur wieder kräftigte und so seine Stimme wiederherstellte. Bald fand man heraus, dass er diese Fähigkeit auch für andere einsetzen konnte. Wenn Einzelne mit einer Frage zu ihm kamen, versetzte er sich in seinen Trancezustand und gab die Antworten. Diese Sitzungen wurden als „Readings" bekannt. Seine seherischen Readings gehören heute zu den umfangreichsten und beeindruckendsten Aufzeichnungen intuitver Informationen, die von nur einer einzelnen Person stammen. Während der ersten Jahre beschäftigte Cayce sich ausschließlich mit medizinischen Problemen. Im weiteren Verlauf erweiterte er seine Readings, in denen es nun auch um Themen wie Meditation, Träume, Wiedergeburt und Prophezeiungen ging. Seine Niederschriften waren die Grundlage für über dreihundert beliebte Buchtitel über Cayces Werk in englischer Sprache, von denen zahlreiche auch in Deutsch erschienen.

Edgar Cayce gab über vierzehntausend Readings zu mehr als zehntausend verschiedenen Themen für Menschen auf der ganzen Welt.

Cayce war ein tiefgläubiger Mensch im christlichen Sinn und Sonntagsschullehrer. Edgar Cayce starb am 3. Januar 1945 in Virginia Beach an den Folgen eines Schlaganfalls.[129]

---

129 http://www.cayce.de/biographie.de

Jess Stearn schreibt über den *Schlafenden Propheten*: „Edgar Cayce wird allgemein als das begabteste Medium der Neuzeit angesehen. In Trance vermochte er präzise Aussagen über Menschen und Ereignisse zu machen, von denen er bei normalem Tagesbewusstsein nicht die geringste Ahnung hatte."[130]

Sein jüngster Sohn Edgar Evans Cayce erinnert sich daran, dass sein Vater nie Geld hatte, und wenn er über etwas Geld verfügte, schien es ihm wie Sand aus den Fingern zu rinnen. Nie versuchte er, aus seiner Fähigkeit Geld zu machen. Anfangs misstraute Cayce seiner Begabung, denn er fürchtete, Fehldiagnosen zu stellen, die den Ratsuchenden schaden könnten. Doch Edgar Evans Cayce bemerkte, dass die Menschen immer Erleichterung empfanden, wenn sie den Empfehlungen folgten. Edgar Cayce erinnerte sich nie an irgendetwas, was er in seinem tranceartigen Zustand gesagt hatte. Seine Readings wurden zunächst stenographiert, später jedoch mit der Schreibmaschine abgeschrieben. So wusste er, wenn er am Ende des Readings aufgefordert wurde, zu erwachen, niemals mehr die Fragen, die ihm gestellt wurden.

Ironischerweise kommen wir jetzt an den Punkt, an dem Edgar Cayce sich von den Ratsuchenden ausgenutzt fühlte. Nicht er – wie Ramage behauptet – nutzte die Ratsuchenden aus, sondern bei einigen Readings war es umgekehrt! Die Personen suchten nach persönlichem Gewinn und fragten nach dem Ausgang von Pferderennen oder suchten Rat in Börsen- oder Immobilien-Angelegenheiten. Nach diesen Readings hatte Cayce oft Kopfschmerzen, fühlte sich müde und war nervös. Als Cayce erfuhr, in welcher Weise er benutzt wurde, hörte er zunächst auf, Readings zu geben, und wandte sich seinem eigenen Beruf – der Photographie – zu. Hier hatte er es einmal mit einem Brand zu tun, der ihn in Schulden stürzte. Ein anderes Mal (war es ein Wink des Schicksals?) explodierte eine Büchse, die mit

130 Stearn 1967

einem Blitzlichtpulver gefüllt war. Dieses verätzte die Augen von Edgar Cayces ältestem Sohn Hugh Lynn. Die Ärzte sagten, er würde wahrscheinlich nie mehr richtig sehen können und rieten sogar zur Entfernung eines Auges. Nun gab Edgar Cayce wieder ein Reading – für seinen Sohn. Die Behandlung, die auf die im Reading gegebenen Ratschläge erfolgte, rettete nicht nur beide Augen, sondern stellte sein Augenlicht vollständig wieder her. Nun kehrte Cayce wieder zu den Readings zurück. Aber er wollte die Probleme mit den selbstsüchtigen Ratsuchenden vermeiden und bestand darauf, dass zukünftige Readings nur von seiner Frau Gertrude durchgeführt wurden. Sie war es nun, die Fragen stellte und am Ende Cayce aufforderte, zu erwachen. Edgar Evans Cayce erinnert sich, dass es im Lauf der nächsten Jahre Tausenden von Menschen, nachdem sie den Ratschlägen aus den Readings folgten, besser ging. Die Berichte und Krankengeschichten sind alle bei der „Association for Research and Enlightenment" (kurz A.R.E)[131] einzusehen, die 1931 von Edgar Cayce gegründet worden war. Auch Edgar Evans Cayce wurde nach einer schweren Rugby-Verletzung durch zwei Readings geheilt. Die Heilungs-Readings machen etwa sechzig Prozent von allen Readings aus. Die zweitgrößte Kategorie, mit etwa zwanzig Prozent, waren die Lebensreadings, die sich hauptsächlich mit psychologischen Themen befassten. Es ging um Berufsprobleme, Lebensziele, Ehebeziehungen.

Das erste Lebensreading wurde in den zwanziger Jahren einem Mann namens Arthur Lammers gegeben. Er wollte von Cayce ein Horoskop bekommen, doch in dem Reading wurde gesagt, dass die Wirkungen von Sternen und Planeten auf das Leben der Person einen weitaus geringeren Einfluss ausübe als das vergangene Leben auf das jetzige. Cayce begann dann, Lammers über dessen früheres Leben zu berichten.

Als Cayce erwachte und hörte, was er in Trance gesprochen hatte, war er, gelinde gesagt, überrascht, wie sein Sohn berichtet. Im Wach-

---

131 Die AR.E. finden Sie auf der Seite http://www.edgar-cayce.com

zustand wusste Cayce nichts über Esoterik und über Reinkarnation – genauso wie er nichts über Medizin wusste. Wie sollte dies mit seinen Bibellehren und seinen christlichen Wurzeln zusammenpassen, fragte er sich. Edgar Cayce war Christ, er wusste nichts über den Hinduismus oder den Buddhismus, und abstrakte Fragen über philosophische Probleme hatten ihn nie interessiert.[132] Edgar Evans Cayce erinnert sich:

„Als Cayce in den Jahren 1923 und 1924 heftig an dieser neuen Information aus seinem Unterbewussten zweifelte, war ich erst fünf bzw. sechs Jahre alt. Es entgingen mir all die lebhaften Diskussionen zwischen Lammers und Cayce, wie auch die langen philosophischen Familiendiskussionen."[133]

Die Freundschaft zwischen Cayce und Lammers ging so weit, dass Lammers ihm eine Wohnung in Dayton/Ohio stiftete, um seinen Wissensdurst zu befriedigen. Edgar Evans Cayce fragte sich, was seinen Vater davon überzeugt hatte, dass diese neuen Lebensreadings einen Wahrheitsgehalt hatten. Er vermutete, dass es die Art war, in der die Readings christliche Ideale in den Rahmen der Reinkarnation integrieren konnten. Er hielt es aber auch für denkbar, dass die Übereinstimmung der Informationen, die völlig unbekannten Personen erteilt wurden, mit verifizierbaren Fakten ein Grund dafür gewesen sein könnte.

Auf jeden Fall führte Cayce weiter Lebensreadings durch, um den jeweiligen Personen zu helfen, Fragen und Probleme über das gegenwärtige Leben zu beantworten.[134]

Edgar Evans Cayce sagte:

---

132 Edgar Cayce Evans (so steht der Name auf dem Buchcover – in der erweiterten englischen Ausgabe des Buches („Mysteries of Atlantis revisited") ist der Name korrekt geschrieben – im Weiteren wird in den Fußnoten der Namen „Cayce" für Edgar Evans Cayce verwendet), Gail Cayce Schwartzer, D. G. Richards 1990, S. 7ff

133 Cayce, Cayce-Schwartzer, Richards 1990, S. 12f

134 Cayce, Cayce Schwartzer, Richards, S. 13ff

„Cayces Aussagen über Atlantis sind aus seinen Lebensreadings abgeleitet. Für mich als Ingenieur ist es schwierig, diese Story aufzutischen. Ich kann die Geschichte selbst kaum verdauen, obwohl ich zur Familie gehörte, selbst sowohl Lebens- als auch Körper-Readings erhielt und bei vielen anderen Readings zuhörte. Ich kann Ihnen nur sagen, dass die Beweise für die Genauigkeit der Körper-Readings unumstößlich sind. Es gibt zu viele Berichte von Patienten und Ärzten, die den empfohlenen Behandlungen folgten und gute Ergebnisse erzielten. Die Beweise dafür sind in der A.R.E.-Bücherei in Virginia Beach gesammelt und stehen dem Publikum zur Verfügung. Ich weiß, dass auch viele von den Lebens-Readings den Personen, die um sie nachsuchten, halfen. Wir können mit einiger Berechtigung annehmen, dass auch sie relativ genau sind.

Das beweist nicht, dass die atlantischen Lebens-Readings zutreffen, aber die Daten, die in den letzten Jahren in Bezug auf frühere Veränderungen auf der Erde, Klimaveränderungen, Polsprünge und die Migration der Menschen in prähistorischen Zeiten gewonnen wurden, weisen eher auf die Genauigkeit der Readings hin als auf ihre Falschheit. Die faszinierende Story Edgar Cayces über Atlantis ist zumindest einer ernsthaften Betrachtung würdig."[135]

Dem können wir uns nur anschließen. Auch wenn Edgar Cayces Geschichte über Atlantis sich von Platons Erzählung etwas unterscheidet, so können wir doch auch Gemeinsamkeiten erkennen. Zuvor wollen wir uns jedoch noch ansehen, was Edgar Evans Cayce und seine Mitstreiter zu den Quellen Cayces schreiben. Die Autoren fragen sich selbst, was sie mit der ominösen Geschichte Cayces über Atlantis anfangen sollen. Sie glauben, dass Cayce bei verschiedenen Gelegenheiten Informationen aus verschiedenen Quellen bezogen hat. Als mögliche Quellen führen sie an:

---

135 Cayce, Cayce Schwartzer, Richards 1990, S. 18f

„Unbewusste Erinnerungen an Material, von dem Cayce gelesen oder gehört hatte. Viele seiner Bibelzitate kamen mit Sicherheit aus dieser Quelle.

Hellseherische Beobachtungen von Menschen und Ereignissen. Telepathische Kommunikation zwischen Cayces Bewusstsein und dem anderer Individuen. Die Qualität dieser Informationen hängt natürlich von dem Wissen der betreffenden Individuen ab, ob sie nun am Leben oder schon tot sind.

Die Akasha-Chronik, von der Cayce sagte, dass es einer besonderen Einstimmung bedürfe, um sie zu lesen. Man kann es auch anders sehen: Cayces unbewusste Wahrnehmung konnte sich in der Zeit bewegen und vergangene Ereignisse ebenso wie zukünftige Wahrscheinlichkeiten sehen.

Weitere Einflüsse waren mit Sicherheit Cayces eigene physikalische, mentale und emotionale Zustände, wie auch der Zustand der Person, die gerade das Reading erhielt. Insofern war die Übermittlung von übersinnlicher Information möglicherweise ebenso gestört, wie eine elektrische Interferenz Radio- und Fernsehsendungen stören kann."[136]

Als *Akasha-Chronik* bezeichnet man eine Chronik im Jenseits oder im übersinnlichen Bereich, die man sich als imaginäre allumfassende historische Bibliothek vorstellen kann, die in einer Geheimsprache abgefasst ist. Beweise für die Existenz einer solchen Bibliothek gibt es nicht. In der Vergangenheit gab es jedoch einzelne Personen, die behauptet haben, sie könnten durch eine Art „Innere Schau" in dieser Bibliothek lesen. Die Akasha-Chronik wird auch oft als „Weltgedächtnis" bezeichnet. Das mag unglaubwürdig klingen, doch wir werden noch sehen, dass Cayce in einigen Dingen ganz offensichtlich Recht hatte, und es gibt keine rationale Erklärung, wie er an seine Informationen gekommen sein könnte, es sei denn,

136 Cayce, Cayce Schwartzer, D. G. Richards 1990, S. 264

man bemüht jedes Mal den Zufall, der jedoch, angesichts der hohen Trefferquote Cayces, in seinem Fall überstrapaziert würde.

Cayce erzählt nicht nur von einer Zerstörung von Atlantis, sondern gleich von drei wichtigen (!) Zeiträumen, in denen Katastrophen, wie Vulkanausbrüche, Erdbeben, Flutwellen und das Sinken des Landes, stattfanden. Demnach müsste es Cayces Geschichte von Atlantis zufolge noch weitere Katastrophen gegeben haben; doch diese drei Hauptereignisse fanden um etwa 50 000 v. Chr. (in der Folge wurde ein Teil des Kontinents zerstört), um 28 000 v. Chr. (hier wurde das Land in zwei Inseln gespalten) und um 10 000 v. Chr. statt, als die letzten Inseln versanken (dies sei die Zerstörung, auf die Platon sich beruft).[137]

Cayce beschrieb die Entwicklung der Zivilisation seit der Zeit, in der die menschlichen Wesen die Erde betraten, und das war Cayce zufolge vor über zehn Millionen Jahren, bis in die Zeit um 10 000 v. Chr., als die letzten Reste von Atlantis im Meer versanken.

Edgar Evans Cayce und seine Mitautoren versuchten, die siebenhundert Readings, in denen Atlantis erwähnt wird, zeitlich zu ordnen, um sie diesen drei Zeiträumen der Zerstörung zuordnen zu können. Dies erwies sich jedoch als gar nicht so einfach, zumal oft keine Angaben über die jeweilige Zeit der Zerstörung gemacht wurden. Die Autoren kamen schließlich zu dem Schluss, dass einundzwanzig Readings mit der Zeit der ersten Zerstörung verbunden waren, zweiundfünfzig mit der Zeit der zweiten und dreihundertfünfundzwanzig mit der Zeit der dritten. Zweihundertfünfundsiebzig blieben zeitlich unbestimmt. Die Lebens-Readings, in denen Atlantis vorkommt, erstrecken sich auf eine über zwanzigjährige Zeitspanne: Das erste wurde 1923 gesprochen, das letzte 1944.[138]

Was die „Ankunft des Menschen" und ihre „Verstrickung mit der Materie" betrifft, hatte Cayce eine Philosophie, die ich bereits in meinem Buch *Erinnerungen an Atlantis* zusammengefasst und be-

---

137 Cayce, Cayce Schwartzer, Richards 1990, S. 56
138 Cayce, Cayce Schwartzer, Richards 1990, S. 56ff

schrieben habe.[139] Diese Philosophie mag ungewöhnlich erscheinen, doch Teile der alten Geographie Cayces erwiesen sich später – wie wir noch sehen werden – als richtig.

Jedenfalls sollen die Menschen gleichzeitig an fünf Orten auf der Erde erschienen sein: Die weiße Rasse in den Karpaten, die schwarze im nördlichen Teil Afrikas, die braune in Lemuria, die rote in Atlantis und die gelbe in der Wüste Gobi.[140]

Was waren die frühesten Datierungen, die in den Readings erwähnt wurden? Hierzu fanden E. E. Cayce und seine Mitautoren zwei Readings, die als Datum zehn Millionen und mehr Jahre nannten.[141]

„In dem Land, das jetzt Utah oder Nevada heißt, als die ersten Völker sich in Gruppen und Familien aufteilten, entwickelte sich diese Seelenentität und gab jenen Menschen viel, die nach ihr in dieses Land wie auch zu den Ruinen kamen, die in den Hügeln und Höhlen im nordwestlichen Teil von New Mexico gefunden werden. Dort kann man auch einige von den Zeichnungen sehen, die von dieser Entität[142] geschaffen wurden. Etwa zehn Millionen Jahre ist es her."[143]

Edgar Evans Cayce schreibt dazu:

„Um dies dem heutigen Menschen begreiflich zu machen, muss man sich darum bemühen, dass die Erdoberfläche und die Position des Menschen auf der irdischen Ebene verstanden wird, denn seit der gegenwärtigen Zeit des menschlichen Lebens auf Erden hat sich vieles immer wieder verändert. Viele Länder sind verschwunden,

139 Horn 1999, S. 123ff, längere Beschreibung der Philosophie in Sugrue 1981, S. 160ff

140 Cayce, Cayce Schwartzer u. Richards, S. 66

141 Cayce, Cayce Schwartzer u. Richards, S 60

142 Der Begriff „Entität" steht hier und in allen später zitierten Reading-Auszügen für das Vorleben des jeweiligen Klienten Edgar Cayces.

143 Reading 2665/2 vom 17. Juli 1925, nach Cayce, Cayce Schwartzer u. Richards 1990, S. 60f („Reading" steht hier wie in folgenden Fußnoten für Auszüge aus dem genannten Reading).

manche sind wieder aufgetaucht und wieder verschwunden. Zu jener Zeit gab es in Asien und Europa nur die Länder, die jetzt als Sahara, Tibet, Mongolei, Kaukasus und Norwegen bekannt sind. Dann gab es die südlichen Kordilleren und Peru in der südwestlichen Hemisphäre, wie auch die Ebene des gegenwärtigen Utah-Arizona sowie Mexiko in der nordwestlichen Hemisphäre."[144]

Den nächsten Reading-Auszug sollten wir uns gut merken, denn wir werden ihn später in diesem Kapitel genauer unter die Lupe nehmen:

„Die Wohnplätze des Menschen waren damals in der Sahara und in der Gegend des oberen Nils, wobei das Wasser damals von der Nil-Region zum Atlantik, nicht aber nach Norden floss. Das Wasser der tibetischen und kaukasischen Gegenden floss ins Nordmeer [Im Original steht „North Sea", demnach müsste die Nordsee gemeint sein. R. H.][145], das der Mongolei in den Pazifik, das auf der Nordamerikanischen Hochebene in die Nordsee [Hier steht im Original „Northern Seas"[146]]…"[147]

Die erste Zerstörung eines Teils von Atlantis scheint zufällig oder durch explosive Stoffe erzeugt worden zu sein, schreiben Cayce und seine Mitautoren.[148]

„…durch die ständige Missachtung derjenigen, die die Rasse rein, die Völker rein hielten…ließ die Menschheit zu, dass zerstörerische Kräfte von den Herrschenden eingesetzt wurden. Diese zerstörerischen Kräfte verbanden sich mit den natürlichen Stoffen der Gase und mit den elektrischen Kräften der Natur und erzeugten in der

---

144 Cayce, Cayce Schwartzer u. Richards 1990, S. 61
145 Cayce, Cayce Schwartzer und Richards 1988/1997 , S. 30
146 Cayce, Cayce Schwartzer und Richards 1988/1997, S. 30
147 Nr. 5748/1, vom 28. Mai 1925 nach Cayce, Cayce Schwartzer u. Richards 1990, S. 61
148 Cayce, Cayce Schwartzer u. Richards 1990, S. 70

sich langsam abkühlenden Erde Vulkanausbrüche. Betroffen waren die Gegenden, die heute als Sargassosee bezeichnet werden – sie sanken als Erstes in die Tiefe. Daraufhin kam es zu Auswanderungen von Völkern."[149]

Zwei Auszüge aus zwei verschiedenen Readings erwähnen diesen Zeitraum und die hohe Technologie, die sich seit dem Eintritt der Menschen auf die physische Ebene entwickelt hatte.[150] Hier der erste Auszug:

„...im Zusammenhang mit Telekommunikation...mit Maschinen, die leichter als Luft waren...mit radioaktiven Kräften."[151]

Der Auszug aus dem zweiten erwähnten Reading lautet:

„In Atlantis vor der ersten Zerstörung...war die Entität damit beschäftigt, jene Zerstörungsmaschinen zu bauen, die sowohl durch die Luft als auch unter dem Wasser dahinglitten."[152]

In einem weiteren Reading-Auszug kommt ein interessanter Umstand zur Sprache. Er lautet:

„...Im Land Atlantis...unmittelbar vor dem ersten Aufbrechen des Landes, als viele von jenen Kräften verwendet wurden, die *jetzt wiederentdeckt werden*, welche die Söhne von Belial in zerstörerische Kräfte verwandelten...Maschinen, die für Telekommunikation, Transport usw. gedacht waren."[153]

---

149 Reading 364/4, 16. Februar 1932 nach Cayce, Cayce Schwartzer u. Richards, S. 70
150 Cayce, Cayce Schwartzer u. Richards 1990, S. 71
151 Reading Nr. 1023/2, 17. Oktober 1935, nach Cayce, Cayce Schwartzer u. Richards 1990, S. 71
152 Reading Nr. 1735/2, 16. Oktober 1930, nach Cayce, Cayce Schwartzer u. Richards, S. 71
153 Reading Nr. 2560/1, 8. Mai 1941, nach Cayce, Cayce Schwarzer u. Richards, S. 71

Die Geschichte von den opponenten Kräften, den „Söhnen des Belial", die „das Böse" repräsentierten, und den „Söhnen der Gesetze des Einen" (die für das „Gute" stehen), zieht sich durch Cayces Geschichte über Atlantis wie ein roter Faden. Aber was konnte mit den Kräften gemeint sein, die „jetzt wiederentdeckt würden"?

E. E. Cayce und seine Mitautoren denken an eine Entdeckung aus dem Jahr 1940, der zufolge die Spaltung von Uran nicht von U-238, sondern von U-235 kam. Im Dezember 1942 wurde die erste anhaltende und kontrollierte Produktion in Chicago durchgeführt. Seit 1941 sind die Nebenprodukte der Atomenergie sehr nützlich gewesen. So wurden beispielsweise viele der modernsten medizinischen Methoden aus dieser Technologie entwickelt.[154]

Die Atomkraft – ein Segen und ein Fluch schon vor fünfzigtausend Jahren auf Atlantis? Die Aussagen von Cayce klingen schier unglaublich. Oder gab es einst eine Kultur, die schon in etwa auf unserem technischen Niveau war und dann zerstört wurde? Gehörte zu dieser Welt von vorgestern Atlantis?

Die Zerstörung von Atlantis begann offensichtlich mit dem Versuch, eine große Anzahl von Tieren zu töten, die zu einer Bedrohung geworden waren.[155]

Viele Menschen sollen bei dieser ersten Zerstörung umgekommen sein, doch viele wanderten in andere Länder aus. Aus den Readings geht hervor, dass viele Menschen in der damaligen Zeit einen hohen Entwicklungsstand bezüglich der Technologie aufweisen konnten. Viele Menschen sollen mit Maschinen, mit elektrischen und chemischen Kräften, mit Strahlung und Erhitzung und auch mit mechanischen Geräten gearbeitet haben.[156]

Jahrtausende nach der ersten Zerstörung geriet das Land erneut ins Chaos.[157]

---

154 Cayce, Cayce Schwartzer u. Richards, S. 71
155 Cayce, Cayce Schwartzer u. Richards, S. 72
156 Cayce, Cayce Schwartzer u. Richards, S. 75
157 Cayce, Cayce Schwartzer u. Richards, S. 76

Bei der zweiten Zerstörung soll das Land in drei Hauptinseln und einige kleinere Inseln aufgespalten worden sein. Die großen Inseln nannte Cayce Poseidia, Aryan und Og.[158]

In einem weiteren Reading-Auszug aus der Zeit der zweiten Zerstörung heißt es:

„...In Atlantis, als dort die Aktivitäten stattfanden, die das zweite Chaos im Land verursachten. Damals war die Entität in etwa das, was man heute als Elektroingenieur bezeichnen würde: Denn die Entität wendete jene Kräfte zur Lenkung von Flugzeugen, Schiffen und was man heute als Strahlen bezeichnen würde, an, und zwar ebenso sehr für zerstörerische wie auch für konstruktive Zwecke."[159]

Flugzeuge in Atlantis? Dies erscheint ziemlich utopisch. Doch wenn wir uns verschiedene Überlieferungen ansehen, so scheint diese Aussage, die in einem Reading getroffen wurde, vielleicht doch nicht ganz so abwegig.

So klingen Passagen aus den alten indischen Veden sehr nach Fluggeräten. R. Cedric Leonard zitiert eine Reihe von Übersetzungen, in denen die sagenhaften „Vimanas" als Fluggeräte gedeutet werden können.[160]

„Während Dhurva Maharaja den Weltraum durchquerte, sah er hintereinander all die Planeten unseres Sonnensystems, und auf dem Weg sah er all die Halbgötter in ihren Vimanas Blumen auf ihn regnen wie Regen."[161]

Hier könnte man sogar an ein Weltraumfahrzeug denken!

---

158 Cayce, Cayce Schwartzer u. Richards, S. 77
159 Reading 1574/1, 19. April 1938, nach Cayce, Cayce Schwartzer u. Richards, S. 79
160 Leonard 2005, S. 64ff, http://atlantisquest.com/Vimana.html
161 Leonard 2005, S. 71, aus dem Bhagavata Purana

„Er reiste in dieser Weise durch die verschiedenen Planeten, als die Luft frei in jede Richtung durchkam. In diesem großen und herrlichen Vimana, das nach Belieben durch die Luft fliegen konnte, übertraf er selbst die Devas."[162]

(Deva ist eine indische Bezeichnung für die „Gott dienenden" Götter.)

In diesem wohl etwas sachlicheren Bericht scheint es fast so, als ob hier etwas wie ein Düsenjäger geflogen würde.

„Bhima flog in seinem Wagen vorwärts, strahlend wie die Sonne und laut wie Donner...Der fliegende Streitwagen schien wie eine Flamme an einem Sommernachts-Himmel... Es sauste dahin wie ein Komet. Es war, als ob zwei Sonnen schienen. Dann erhob sich der Streitwagen, und all die Himmel hellten sich auf."[163]

In diesen poetischen Zeilen lesen wir, dass der fliegende Wagen „laut" war, was eigentlich weniger zur Poesie passte. Hier könnte man durchaus auf den Gedanken kommen, dass es sich um das Geräusch eines Flugzeugmotors gehandelt habe.

„Und der gefeierte Arjuna, der nacheinander Regionen des Himmels passiert hatte, betrachtete am Schluss die Innenstadt von Indra. Und dort erblickte er tausende von himmlischen Wagen, die an ihren betreffenden Plätzen [Leonard spekuliert hier auf einen Flughafen, R. H.] stationiert und fähig waren, überall hin zu gehen, wo sie wollten, und er sah zehntausende von solchen Wagen sich in jede Richtung bewegen."[164]

---

162 Leonard 2005, S. 71, aus dem Bhagavata Purana
163 Leonard 2005, S. 71, aus dem Mahabharata.
164 Leonard 2005, S .71, aus dem Mahabharata

Dies waren nur vier der zahlreichen Zitate, die Leonard aufführt.[165] Manchmal wird auch der in amerikanischen Mythen vorkommende *Donnervogel* als Fluggerät gedeutet. So schreibt Christian Brachthäuser:

„Der Donnervogel mit seinen gewaltigen Ausmaßen, seinen Furcht einflößenden flammenden Augen, aus denen Blitze herausschossen, sowie seinen tosenden Flügelschlägen war eine mythische Personifikation des Donners. Auf den ersten Blick offenbart sich de facto eine Vielzahl von Aspekten, die die Symbolkraft dieser Wettererscheinung unterstreichen. Es scheint keine Geheimnisse um diese übernatürliche Wesen zu geben, doch wie erklärt man sich dann folgende Punkte:

In einigen Überlieferungen wird ausdrücklich betont, dass der Donnervogel leibhaftig von Menschen am Himmel gesehen wurde, und zwar ohne Erwähnung eines begleitenden Gewitters. Offensichtlich wurde also zuweilen zwischen einem Gewitter und der Wahrnehmung eins Donnervogels differenziert.

In manchen Berichten wird erwähnt, dass der Donnervogel zu seinem Schutz in einer Höhle untergebracht war. Aber welches Gewitter muss in einer Höhle untergebracht werden? Und aus welchem Grund?

In einer Erzählung, (…) steigt ein Mensch oder zumindest eine menschenähnliche Gestalt aus dem Federkleid eines scheinbar gelandeten Donnervogels. Aber welchem Gewitter kann eine humanoide Kreatur entsteigen?"[166]

Brachthäuser hält es nicht für ausgeschlossen, dass es sich bei diesem Donnervogel um ein Fluggerät außerirdischer Mächte gehandelt haben könnte.[167] Mindestens genauso legitim ist der Gedanke, dass der Donnervogel in unseren Kontext passen und sich in den

---

165 siehe auch http://www.atlantisquest.com/Excerpt.html
166 Brachthäuser 2003, S. 87
167 Brachthäuser 2003, S. 88ff

indianischen Mythen Erinnerungen an frühere Flugzeuge wider-spiegeln könnten.

In *Das Erbe von Atlantis* habe ich noch weitere Belege dafür zusammengestellt, die für Fluggeräte in der Welt von vorgestern sprechen könnten.[168] Hierbei geht es unter anderem um Grabbeilagen, die stark an Flugzeugmodelle erinnern, sowie um Sagen aus China.

Den deutlichsten Eindruck hinterlassen sicherlich die Vimanas. Die Verse aus den heiligen indischen Schriften könnten ein Hinweis darauf sein, dass Cayce Recht hatte und es in der Welt von vorgestern Flugzeuge gab. Mit aller Vorsicht und bei aller gebotenen Skepsis sollte man diese Möglichkeit nicht vollkommen ablehnen.

Leonard schreibt in der Einleitung zum Vimana-Thema:

„Selbst der Ezechiel der Bibel könnte Kontakt mit einigen dieser einzigartigen Luftschiffe gehabt haben, die er für ‚Cherubim-Visionen' hielt."[169]

Sicherlich kann zu Ezechiels (Hesekiels) Zeiten ein atlantisches oder ein anderes Flugzeug aus der Welt von vorgestern nicht mehr existiert haben. Interessant ist jedoch, dass Cayce diesen Vergleich selbst verwendete:

„...im atlantischen Land während der Perioden des Auszugs aufgrund der Voraussage oder Fügung von Aktivitäten, die gegen destruktive Kräfte eingesetzt wurden. Unter diesen, die nicht nur in Yukatan, sondern auch in den Pyrenäen oder im Ägyptischen Land waren, für die Art von Beförderung und Kommunikation durch Luftschiffe dieser Periode waren solche, wie sie Ezechiel zu einer viel späteren Zeit beschrieb."[170]

---

168 Horn 2001, S. 39f und 68
169 Leonard 2005, S. 64
170 Reading Nr. 1859-1, vom 7. April 1939 nach Edgar Evans Cayce 1968/1999, S. 92. Die betreffenden Bibelstellen finden Sie im biblischen Buch Ezechiel (Hesekiel) 1:15-25 und 10:9-1.

Dieser Reading-Auszug lässt sich zeitlich nicht genau einordnen. Nach E. E. Cayce scheint es irgendwann in die Zeit zwischen 50 000 und 10 000 v. Chr. zu gehören.

Erst lange nach Cayce kamen andere Autoren auf die Idee, das von Hesekiel beschriebene Objekt als ein außerirdisches Raumschiff zu deuten und Modelle herzustellen. Doch das wäre ein anderes Thema.

Kommen wir nun wieder auf die von Edgar Evans Cayce, Gail Schwartzer Cayce und D. G. Richards zusammengesetzte Geschichte Cayces über Atlantis zu sprechen und setzen wieder bei der zweiten Zerstörung ein.

Cayce benutzt bei der Beschreibung der technischen Errungenschaften der Atlanter die Begriffe „Tuaoi-Stein", „Feuerstein" und „Kristalle". Diese Schlüsselelemente sollten später den Untergang von Atlantis hervorrufen.[171]

Cayce sagte:

„Es hatte die Form einer sechsseitigen Figur, in der das Licht als Kommunikationsmittel zwischen dem Unendlichen und dem Endlichen erschien. Es war das Mittel, durch das mit jenen Kräften kommuniziert werden konnte, von denen die Energien ausstrahlten, also dem Zentrum, von dem aus die Strahlenaktivität die verschiedenen Formen des Übergangs oder der Fortbewegung in jener Zeit lenkten.

Es war einem Kristall ähnlich, hatte aber eine etwas andere Form. Es sollte nicht mit einem einfachen Kristall verwechselt werden, denn es gab viele Generationen dazwischen. In der atlantischen Zeit lenkte man mit diesem Stein Flugzeuge oder sonstige Fortbewegungsmittel, man bewegte sich damit in der Luft, im Wasser oder unter dem Wasser fort. Aber die Kraft, aus der diese Fahrzeuge gelenkt wurden, ruhte in dieser zentralen Kraftstation, dem Tuaoi-Stein, er war der Strahl, der die Fortbewegung ermöglichte.

171 Cayce, Cayce Schwartzer und Richards 1990, S. 80

Im Anfang war dies die Quelle, aus der auch spiritueller und mentaler Kontakt herrührte."[172]

Ein weiterer Reading-Auszug steht in einem unmittelbaren Zusammenhang mit dem eben genannten und muss aus diesem Grunde ebenso wiedergegeben werden. Zudem muss gesagt werden, dass E. E. Cayce und seine Mitstreiter den Reading-Auszug für wichtig halten, da Cayce darin die vergangenen Verkörperungen der Person, für die das Reading gehalten wurde, mit deren Möglichkeit in der Gegenwart verbindet[173]:

„Ja, wir haben die Aktivitäten der Gegenwart während jener Inkarnation. Wie angegeben, hatte die Entität mit jenen Menschen zu tun, die während dieser Inkarnation mit mechanischen Geräten und ihrer Anwendung befasst waren. Und wir sehen, dass es eine Zeit war, in der es viel gab, woran man gegenwärtig nicht einmal denkt.

Und den Feuerstein setzte diese Entität sowohl für konstruktive als auch für zerstörerische Kräfte ein.

Es wäre günstig, irgendeine Beschreibung dieses Steines zu geben, damit die Person in der Gegenwart besser versteht, wie durch die Aktivität des Steines sowohl konstruktive als auch zerstörerische Kräfte entstanden.

Der Stein wurde in einem Bauwerk aufbewahrt, dessen Innenseite, wie wir heute sagen würden, mit nicht-leitenden Metallen oder nicht-leitendem Stein überzogen war… Etwas in der Art von Asbest, mit den vereinten Kräften von Wakelit oder anderen nicht-leitenden Stoffen, die jetzt in England unter einem Namen hergestellt werden, der vielen bekannt ist, die mit solchen Dingen zu tun haben."[174]

In der Tat eine ausführliche Beschreibung des Steins. Und der

---

172 Reading Nr. 2072/10 vom 22. Juli 1940 nach Cayce, Cayce Schwartzer und Richards 1990, S. 80f
173 Cayce, Cayce Schwartzer u. Richards 1990, S. 81
174 Cayce, Cayce Schwartzer u. Richards 1990, S. 81f

Versuch, Vergleiche mit der heutigen Zeit anzustellen, wird durchaus deutlich. Weiter heißt es im Reading:

„Das Bauwerk über dem Stein war oval, eine Art Dom, der aber geöffnet und geschlossen werden konnte, so dass die Aktivität des Steines durch die Sonnenstrahlen oder die Sterne empfangen werden konnte. Die Konzentration der Energien, die von feurigen Körpern ausgehen...wobei diese Körper Elemente beinhalten, die in der Erdatmosphäre vorkommen, andererseits aber auch Elemente, die dort nicht vorkommen. Die Konzentration durch Prismen oder Gläser, wie man heute sagen würde, geschah in einer Weise, dass die Energie auf Geräte einwirkte, die mit den verschiedenen Mitteln der Fortbewegung verbunden waren. Das hatte eine gewisse Ähnlichkeit mit der Fernlenkung von Fahrzeugen durch Radiostrahlen, wie wir sie heute kennen. Aber im Unterschied dazu wirkte die Kraft, die durch den Stein angetrieben wurde, auf die Motoren in den Fahrzeugen selbst.

Zur Vorbereitung musste man die Kuppel zurückrollen, damit die Anwendung dieser Kraft nur wenig oder gar nicht behindert wurde, so dass also die verschiedenen Fahrzeuge durch den Raum getrieben werden konnten, sei es nun im Radius der natürlichen Sichtweise oder aber unter Wasser oder zu Lande. Die Herstellung dieses Steines war zu dieser Zeit in den Händen weniger Eingeweihter, und die Entität gehörte zu denjenigen, die die Strahlungswirkungen lenkten, welche für das Auge zwar unsichtbar waren, aber die Fortbewegung ermöglichten. Das bezog sich auf alle Fahrzeuge, ob sie sich nun in die Luft erhoben oder ob sie sich auf der Erde fortbewegten oder auch auf oder unter dem Wasser.

Sie wurden also durch die Konzentration der Strahlen aus dem Stein angetrieben, der in der Mitte der Kraftstation oder des Kraftwerkes (wie man heute sagen würde) aufbewahrt war...“[175]

175 Reading Nr. 440/5 vom 20. Dezember 1933, nach Cayce, Cayce Schwartzer und Richards 1990, S, S. 82f

E. E. Cayce sagt, in dem vollständigen Reading hieße es, dass Kraftwerke dieser Art in verschiedenen Gegenden von Atlantis lagen. Unabsichtlich seien sie zu hoch eingestellt gewesen und hätten so zur zweiten Zerstörung, in deren Verlauf das Land in Inseln aufgespalten wurde, geführt.

E. E. Cayce betont aber dazu, dass diese Kraftquelle auch für medizinische Zwecke verwendet wurde und vergleicht sie mit den Lasern, wie sie heute in der Chirurgie angewandt werden. Sie müssen wohl – wenn Cayce Recht hatte – ein richtiger Jungbrunnen gewesen sein, denn es heißt:

„Durch diese Art des Feuers wurde auch der Körper von Individuen regeneriert, durch die Anwendung von Strahlen aus dem Stein, die Einflüsse, die für den tierischen Organismus zerstörerisch waren. Deshalb konnte sich diese Person oft verjüngen und blieb in jenem Land bis zur endgültigen Zerstörung."[176]

Einiges von der Technologie überlebte wohl die zweite Zerstörung, denn es heißt:

„...In Atlantis, als es die Versuche gab, nach der zweiten Zerstörung und dem Auseinanderbrechen des Landes oder Kontinentes die alten Aktivitäten wiederherzustellen...wurde Elektrizität materiell angewendet."[177]

Auf die Frage, ob es tatsächlich in der Welt von vorgestern Elektrizität gegeben haben könnte, werden wir in einem späteren Kapitel eingehen.

---

176 Reading Nr. 440/5, vom 20. Dezember 1933, nach Cayce, Cayce Schwartzer und Richards 1990, S. 83
177 Reading Nr. 1861/2 vom 23. November 1939, nach Cayce, Cayce Schwartzer und Richards 1990, S. 84

Abschließend zum Thema „zweite Zerstörung von Atlantis" wollen wir einen weiteren Reading-Auszug erwähnen:

„In jenem Land, das heute Atlantis heißt, gab es damals die Versuche, das Chaos zu beruhigen, das durch die zerstörerischen Kräfte ausgelöst worden war; Vulkanausbrüche, die Spaltung des Landes und der Übergang von einem gemäßigten zu einem dürren Klima."[178]

Wir hatten ja bereits gesagt, dass sich die meisten Readings über Atlantis auf die Zeit der letzten Zerstörung beziehen. In den Readings aus dieser Zeit geht es oft um Auswanderungen in andere Länder. Ein Beispiel:

„In Atlantis, als die Inseln auseinanderbrachen und die Information ausgegeben war, dass alle, die sich retten wollten, in die verschiedenen Weltgegenden ausreißen mussten, für die die Führer die Erlaubnis erteilt hatten. Die Entität gehörte zu denen, die als Erste zu den heutigen Pyrenäen gelangte und später dann in Ägypten ankam, nachdem dort bereits atlantische Aktivitäten etabliert worden waren."[179]

Die Katastrophe wurde also vorhergesehen. Die Menschen *wussten*, dass es zu einer Zerstörung des Landes kommen würde. Waren sie spirituell hoch veranlagt?

Fortbewegungsmittel gab es Cayce zufolge in jener Zeit offensichtlich auch noch, wie der folgende Reading-Auszug sagt:

„...In Poseidia vor der letzten Zerstörung...gab es kontrollierte Aktivitäten im Bereich der Kommunikation mit vielen Ländern, es

178 Reading Nr. 884/1 vom 9. April 1935, nach Cayce, Cayce Schwartzer und Richards 1990, S. 84
179 Reading Nr. 633/2, vom 26. Juli 1935, nach Cayce, Cayce Schwartzer und Richards. S. 86

gab Fahrzeuge, die sich durch die Luft oder das Wasser fortbewegten. In ihnen brachte die Entität viele Menschen nach Iberien, später
dann nach Ägypten, und zwar nachdem festgesetzt worden war, dass
die Berichte dort aufbewahrt werden sollten."[180]

Mit diese Berichten, die nach Ägypten gebracht werden sollten,
werden wir uns im nächsten Kapitel befassen, in dem es auch um
Überlieferungen gehen soll, die in dieser Sache mit den Readings
erstaunlich konform gehen.

Kommen wir nochmals zum Thema die „Endgültige Zerstörung
von Atlantis":

„Die letzte Zerstörung der letzten Inseln ging wie die beiden ersten vielleicht mit einem Polsprung und einer Klimaveränderung
wie auch mit Vulkanausbrüchen und Erdbeben einher. Wir haben
darüber keine Einzelheiten, sondern nur die Information, dass das
Versinken des Landes langsam vonstatten ging und viele seiner
Einwohner Zeit hatten, in andere Länder auszuwandern. Cayce hat
für das letzte Verschwinden der letzten Insel kein genaues Datum
angegeben. Es heißt, dass Menschen bereits um 10 500 v. u. Z. aus
Atlantis flohen, andere Daten, die mehr an 10 000 v. u. Z. liegen,
erwähnen Menschen, die nach Ägypten flohen und Berichte mit sich
führten. Das letzte Verschwinden fand wahrscheinlich nach 10 000
v. u. Z. statt..."[181]

Die Autoren berufen sich hier auf einen Reading-Auszug, in dem
es heißt:

„In einer vergangenen Inkarnation war diese Entität in diesem

---

180 Reading Nr. 955/1 vom 20. Juli 1935, nach Cayce, Cayce Schwartzer und.
    Richards, S. 87
181 Cayce, Cayce Schwartzer und Richards, S. 89 f.

schönen Land Alta oder richtiger Poseidia...und zwar im Haushalt des Herrschers dieses Landes...Das war fast zehntausend Jahre bevor der Prinz des Friedens kam."[182]

Bei diesem Zitat handelt es sich übrigens um eines der ersten, in denen Atlantis erwähnt wurde, wie E. E. Cayce und seine Mitautoren feststellen.[183]

Bei dieser Darstellung bemerken wir einen gewaltigen Unterschied zu Platon. Von einem Untergang an einem schrecklichen Tag und in einer schlimmen Nacht ist hier nicht die Rede. Vielmehr scheint Cayce von einem Zeitraum von etwa fünfhundert Jahren auszugehen!

Hier ist man geneigt, diese ohnehin recht abenteuerliche Geschichte von Cayces Atlantis ganz oder teilweise in Frage zu stellen. E. E. Cayce war ja selbst, wie wir gesehen haben, recht kritisch, was die Quellen seines Vaters und deren möglichen Quellen betraf.

Umso erstaunlicher ist es, dass sich eine der unwahrscheinlichsten Aussagen über die Welt von vorgestern möglicherweise bestätigt hat. Edgar Evans Cayce behauptet, dass Cayces Aussage, der Nil sei einst in den Altantischen Ozean geflossen, vor kurzem durch Satellitenfotografie und Radar bestätigt worden sei.[184]

Die Reading-Auszüge sagen:

„Die Wohnstätte der Menschen war damals in der Sahara und der Gegend am Oberen Nil, als das Wasser in den heutigen Atlantik floss, nicht aber nach Norden."[185]

„...Der Nil (oder Nol damals) ergoss sich in das, was jetzt der

---

182 Reading Nr. 288/1 vom 20. November 1923, nach Cayce, Cayce Schwartzer und Gail Richards 1990, S. 90

183 Cayce, Cayce Schwartzer und Gail Richards 1990, S. 90

184 Cayce, Schwartzer, Richards 1990, S. 105f

185 Reading. Nr.5748/1 vom 28.Mai 1925 nach Cayce, Cayce Schwartzer, Richards 1990, S. 105

Atlantische Ozean ist, und zwar auf der Seite des Landes, wo auch der Kongo ins Meer mündet."[186]

„...Dieses Land, das jetzt als Ägypten bezeichnet wird (das war, bevor die Berge im Süden sich erhoben haben und als der Fluss, der heute Nil heißt, in das mündete, was jetzt der Atlantische Ozean ist)."[187]

E. E. Cayce und seine Co-Autoren schreiben, dass diese Ansicht jener der heutigen Wissenschaftler sehr ähnlich sei und berufen sich auf einen Bericht von R. Kerr. In seinen Ausführungen sprach E. E. Cayce nüchtern von 250 000 Jahre alten Lagerplätzen und erwähnte nebenbei, dass der Nil einst in den Atlantik floss.[188] Sollte eine solche Entdeckung nur so nebenbei beschrieben werden? Zur Überprüfung könnte ein Artikel von Richard Kerr dienen.

Kerr stellt dort eine neue Hypothese vor, die besagt, dass einst Flusssysteme von Ausmaßen des Amazonas den afrikanischen Kontinent umspannten. Es geht von der Nähe des heutigen Roten Meeres aus – entlang dem Weg des heutigen Nils durch die östliche Sahara. Das tote Flusssystem war allem Anschein nach durch Satelliten-Fernerkundung entdeckt worden.[189]

Dass die Sahara einst ein fruchtbares Land war, überrascht heute niemanden mehr, man kann es auf jeder Satellitenkarte sehen, und es wird auch häufig erwähnt.[190]

---

186 Reading Nr. 5748/6, A/15 vom, 13. Juli 1925 nach Cayce, Cayce Schwartzer, Richards 1990, S. 105
187 Reading Nr. 276/2, 20. Februar 1931 nach Cayce, Cayce Schwartzer, Richards 1990, S. 105
188 Cayce, Cayce-Schwartzer, Richards 1990, S.106
189 Richard A. Kerr, *Ancient River System Across Africa proposed.* In: Science Vol. 233, September 1986, S. 940
190 Horn 1999, S. 127 f

Es war 1981, als ein zuvor nicht gesehenes Netzwerk von Fluss-tälern unter den trockensten Stellen der Sahara, an denen Libyen, Ägypten und der Sudan aufeinander treffen, enthüllt wurde. Die SIR (Shuttle-Imaging-Radar)-Signale durchbrachen einen oder zwei Meter dunklen Sandes und reflektierten in unterschiedlichen Ausmaßen die Tal-Aufschüttung, den zugrundeliegenden Fels und das einzementierte Sediment, was enthüllte, dass das Gebiet, von dem man einst dachte, es sei ein Flachland ohne bedeutende Flüsse, stattdessen durch Flusstäler, die zehn bis dreißig Kilometer breit und Hunderte von Kilometern lang sind, geschliffen zu sein schien. Radar-Bilder des heutigen Nil-Tals, dreihundert Kilometer im Osten, weisen eine starke Ähnlichkeit zu diesen verschütteten Tälern auf.

Nur: Man kannte die Quelle dieser Flüsse nicht und wusste nicht, wohin die Flüsse flossen. Die Forscher kamen schließlich auf die Idee, dass die Red Hills im fernen nordöstlichen Afrika zwischen dem Roten Meer und dem heutigen Nil die wahrscheinlichste Quelle waren.[191]

„Die Red Sea Hills erhoben sich vor etwa vierzig Millionen Jah-ren um zwei Kilometer, als eine Spalte Afrika von Arabien teilte, um das Rote Meer zu bilden. Anhand der Radar-Flüsse, die das „Missing Link" lieferte, könnte Wasser von den Red Sea Hills in das ferne nordöstliche Afrika, durch das Chad-Basin [nach Kerr ein ausgetrockneter seichter See, R. H.], und dann durch den Betue Trough, eine lineare Senke, die am Boden der Ausbuchtung von West-Afrika liegt, hinaus in den 4500 Kilometer entfernt liegen-den Atlantik geflossen sein, als die Öffnung des Südatlantik einen Graben (zu graben) begann, ihn aber nicht offen halten konnte."[192]

Kerr beschreibt, dass diese Route eine unwahrscheinliche zu sein scheint, wenn man auf eine moderne Karte schaut. Als Erklärung

191 Kerr 1986, S. 940
192 Kerr 1986, S. 940

gibt er an, dass die augenfälligen Hindernisse jünger sind als das vorgeschlagene Trans-Afrikanische-Fluss-System.

Gegen Ende seines Berichts erklärt er:

„Vor sechs Millionen Jahren trocknete das Mittelmeer aus und ließ den uranfänglichen Nil südwärts ein schluchtgroßes Tal schleifen. In der farbenfreudigen Sprache der Geologen köpfte dieser Piratensturm das ältere atlantikwärts fließende System, in dem er ihm das Quellwasser für das Mittelmeer raubte."[193]

Lässt man die „farbenfreudige Sprache" der Geologen beiseite, sieht man als Laie das, was Edgar Cayce gesehen hatte: Das Quellwasser des alten Flusses wurde umgelenkt – es floss nicht mehr in den Atlantik, sondern ins Mittelmeer. Laienhaft ausgedrückt: Der Nil hat seinen Lauf geändert! Wer darauf beharrt, dass es sich streng genommen um zwei verschiedene Flüsse handelt, kann sich in Erinnerung rufen, dass der Nil, als er noch in den Atlantik floss, bei Edgar Cayce „Nol" hieß. Wir haben also auch aus Cayces Sicht einen neuen Namen für den neuen (umgelenkten) Fluss. Und der Zeitrahmen stimmt auch! Es ist verwunderlich, dass diese Übereinstimmung zwischen Cayce und der modernen Wissenschaft nicht mehr Anerkennung erfährt. Auch die Wendung in Cayces Reading „das, was heute der Atlantische Ozean ist" ist interessant. Dieser war damals zumindest wesentlich schmaler. Und – wenn wir Edgar Cayce folgen – nahm Atlantis damals (ursprünglich) einen großen Platz im Atlantik ein, wie das folgende Reading belegt:

„Der Platz…den der Kontinent von Atlantis einnahm, liegt zwischen dem Golf von Mexiko auf der einen und am Mittelmeer auf der anderen Seite. Beweise für diese verlorene Zivilisation sind in

---

193 Kerr 1986, S. 940

den Pyrenäen und Marokko, Britisch Honduras, Yukatan und Amerika zu finden. Dort sind einige herausragende Anteile…das muss zu einer Zeit – oder einer anderen – Teil dieses großen Kontinents gewesen sein. Die britischen Westindischen Inseln, oder die Bahamas, sind ein Teil davon, das wir in der Gegenwart sehen können. Falls die geologische Erfassung in einigen von ihnen gemacht würde, hauptsächlich oder im Besonderen in Bimini und im Golfstrom bis zu dieser nahen Umgebung, könnte dies noch festgestellt werden."[194]

Wenn Atlantis tatsächlich einst beinahe den gesamten Atlantischen Ozean eingenommen hätte, ergäbe die Bemerkung „das, was jetzt der Atlantische Ozean ist", noch mehr Sinn. Doch gerade dieser Punkt ist sehr fragwürdig. Nach den derzeitigen Erkenntnissen in der Plattentektonik ist ein solch großer Kontinent im Atlantik praktisch nicht vorstellbar. Umso erstaunlicher ist es, dass Cayce in Bezug auf den Nil (neben anderen Aussagen und Prophezeiungen) Recht hatte. Vor wenigen Jahrzehnten schien dies jedoch auch undenkbar…

Erstaunlich war auch eine Aussage, an deren Eintreten zu seiner Zeit wirklich nicht zu denken war:

„[Durch Russland] kommt die Hoffnung der Welt. Nicht in Hinsicht auf das, was manchmal Kommunismus oder Bolschewismus genannt wird – nein. Sondern Freiheit – Freiheit! Dass jeder Mensch für seinen Artgenossen leben wird. Der Grundsatz wurde dort geboren. Es wird Jahre dauern, bis es Form annimmt; dennoch kommt aus Russland die Hoffnung der Welt."[195]

Tatsächlich kam die Hoffnung für die Welt aus Russland. Bedingt durch Gorbatschows Politik fiel letztlich der eiserne Vorhang, und der kalte Krieg war beendet. Gorbatschows Politik führte langfristig

194 Reading 364-3. Nach Cayce 1968/1999, S. 52f
195 ://www.near-death.com/experiences/cayce11.html und http://www.dreamscape. com/morgana/phoebe.htm

zum Ende des Kommunismus in Russland und zu einer neuen Freiheit für die Osteuropäer – eingeschlossen Ostdeutschland.

Cayce sagte außerdem:

„Denn Veränderungen kommen, das kann sicher sein – eine Entwicklung oder Revolution in den Ideen des menschlichen Denkens. Deren Grundlage für die Welt wird schließlich aus Russland kommen. Nicht der Kommunismus, nein. Sondern eher das, was die Basis desselben ist, was Christus lehrte – seine Art von Kommunismus."[196]

„Nicht der Kommunismus." Edgar Cayce sagte den Fall des Sowjetregimes voraus. Und das 1944. Zu der Zeit nach dem angekündigten Ende des Kommunismus scheint sich Russland in einer Phase der langfristigen Veränderungen zu befinden. („Denn Veränderungen werden kommen.")

Die A.R.E. deutet an, dass Cayce auch die staatliche Wiederherstellung Israels vorausgesagt haben könnte.

Die Grundlage dieser Andeutung ist eine Prophezeiung, die Edgar Cayce für die Zukunft machte:

„Unfriede wird in diesem Zeitabschnitt entstehen. Beobachte sie nahe der Davisstraße bei den dortigen Versuchen, die Lebensader für das Land zu erhalten. Achtet auf sie in Libyen und in Ägypten, in Ankara und in Syrien, durch die Meerengen über jenen Gebieten oberhalb von Australien."[197]

(Die Davisstraße ist die Meerenge zwischen der kanadischen Baffininsel und Grönland, die die Labradorsee mit der Baffin Bay verbindet.)

---

196 http://www.near-death.com/experiences/cayce11.html und http://www.dreamscape.com/morgana/phoebe.htm
197 http://www.dreamscape.com/morgana/phoebe.htm

Am 14.09.1969 schickte eine unbekannte Person einen Brief an Hugh Lynn Cayce und erklärte ihre Interpretation des genannten Readings[198]:

„Ich schrieb Ihnen vor etlichen Monaten über die Wichtigkeit der Davisstraße, die eine der Prophezeiungen ihres Vaters war:
,Unfriede wird in diesem Zeitabschnitt entstehen. Beobachte sie nahe der Davisstraße bei den dortigen Versuchen, die Lebensader für das Land zu erhalten.'
Beigelegt ist ein Artikel aus der New York Times, der zeigt, dass es bereits Ärger gibt über die N.W Passage, einer Route, die die Davisstraße beinhaltet. Obwohl die Straße eine Lebensader für Amerika werden wird, hauptsächlich um Öl von Alaska in die USA zu bringen, scheint es so, dass die Kanadier dabei sind, uns Probleme zu bereiten. Eine andere Prophezeiung, die gerade wahr wird, betrifft die neue Regierung in Libyen. ,Unfriede wird in diesem Zeitabschnitt entstehen. Achtet auf sie in Libyen und in Ägypten, und in Syrien...' (3976-26; April 28, 1941). ,In der nahen Zukunft wird Libyen wahrscheinlich die anderen arabischen Länder in den Krieg mit Israel ziehen.'
Die Prophezeiungen ihres Vaters werden in dieser Zeit schnell wahr. ..."[199]

Danach folgte der Gruß. Angemerkt wird der Hinweis auf einen New-York-Times-Artikel vom 9.12.1969, in dem es um einen kanadischen Konzern und um U.S.-Schiffe ging, die arktische Gewässer nutzten; dieser beinhaltete das obige Schreiben und den Bezug auf das Reading 3976-26.[200]

---

198 Das Reading trägt die Nr. 3976-26 und stammt vom 28. April 1941
199 http://www.edgarcayce.org/am/cayceisraelreadi.html und ein Beitrag von Tom Hebert in der Internet-Yahoo-group „CayceReadings"
200 http://www.edgarcayce.org/am/cayceisraelreadi.html und ein Beitrag von Tom Hebert in der Internet-Yahoo-group „CayceReadings"

Nun wird das Reading in dem Brief ziemlich zerpflückt, und der Hinweis auf Israel ist im Orginal-Reading nicht zu finden. Offensichtlich stammt er von der unbekannten Person, die es offensichtlich so aussehen lassen wollte, als gehöre der Hinweis zur Prophezeiung, wie auch immer sie darauf kam. Woher sollte diese Person eine solche Information haben? Ist diese Person jemand, der beim Erteilen des Readings dabei war? Dann müsste sie allerdings in den Protokollen auftauchen. Offensichtlich hat Cayce *nicht* vorausgesagt, dass die arabischen Länder in einen Krieg mit dem (zur Zeit des Readings noch nicht wiederhergestellten Israel) treten würden.

Überraschend präsentierte mir Tom Hebert, ein Mitglied der Yahoo-Group „cayce_readings", einen weiteren Reading-Auszug;

„3976-13 vom 11.04.1933:
Frage: Was soll aus denn Juden werden?
Antwort: Sie sollten auf den Ruf hören, der von den Alten erteilt worden ist. Ihre Sammlung in ihrem EIGENEN Land."

Hat Edgar Cayce tatsächlich die staatliche Wiederherstellung Israels vorausgesagt?

Einige von Edgar Cayces in Erfüllung gegangenen Prophezeiungen und einige wenige, die sich (bisher) noch nicht erfüllt haben, wollen wir uns hier aus Platzgründen sparen. Sie lesen Sie beispielsweise in *Erinnerungen an Atlantis*[201] oder bei Felix R. Paturie[202].

Cayce hat einige Veränderungen für die Zukunft vorhergesagt, in denen massive geologische Veränderungen angekündigt werden, die durchaus als große Katastrophen angesehen werden dürfen. Sie seien der Vollständigkeit halber an dieser Stelle kurz aufgeführt:

„Die Erde wird in den westlichen Teilen Amerikas aufbrechen. Die größeren Teile Japans müssen im Meer untergehen. Der obere

201 Horn 2001, S.117
202 Paturie 1993, S. 36f

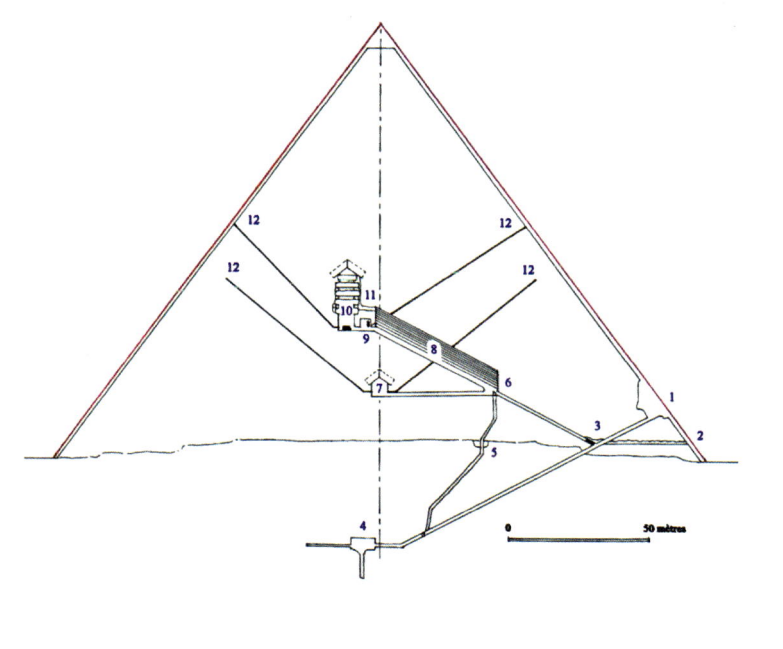

Querschnitt durch die große Pyramide von Giseh.

1. ursprünglicher Eingang
2. heutiger Eingang
3. Blockiersteine
4. unterirdische Kammer
5. „Grotte"
6. Eingang zum „Schacht der Diebe". 7. Königinnenkammer
8. Große Galerie
9. Vorkammer zur Königskammer
10. Königskammer
11. Entlastungskammern
12. Schächte
(Quelle: Wikipedia. Public Domain)

 Foto einer Crookes-Röhre. Stellen die Reliefs von Dendera ein derartiges Gerät dar? (Quelle: Howard Stone, StoneVintageRadio.com, mit freundlicher Genehmigung.)

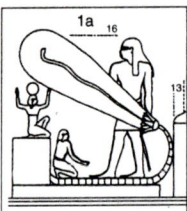
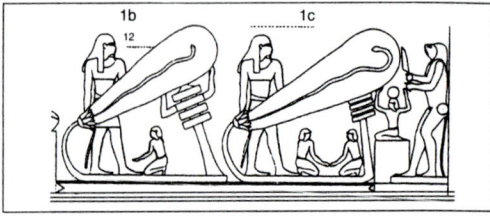
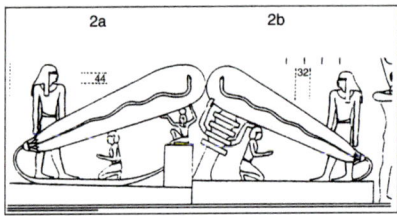
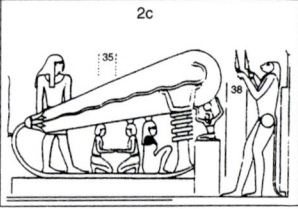

Abbildung aller sechs „Glühbirnenreliefs" im Tempel von Dendera. Oben: Kapelle G, links Südwand, rechts Nordwand nach Chassinat, Dendera II, Planches 144 und 150. Unten: Krypta Süd 1C, links Südwand, rechts Nordwand. (Chassinat, Dendera V/2; Planche 431. Zusammengestellt von Markus Pössel für sein Buch *Phantastische Wissenschaften*, S. 50 (sh. Literaturverzeichnis) und von dort übernommen mit freundlicher Genehmigung von Markus Pössel. (Pössel führt in seinem Literaturverzeichnis „Chassinat, É: Le temple de Dendera, 6 Bände. IFAO: Kairo 1934-1970" als Quelle an.)"

Abbildung jenes Dendera-Reliefs, auf das sich Berlitz und Dunne beziehen und auf das auch Habeck und Krassa zuerst aufmerksam wurden. (Quelle: Reinhard Habeck, mit freundlicher Genehmigung)

Nach diesem Relief aus dem Tempel von Dendera fertigte der Diplom-Ingeneur Walter Garn später zwei funktionsfähige Modelle im Sinne der Elektrothese an. (Quelle: Reinhard Habeck)

Dipl.Ing.Walter Garn fertigte zwei funktionsfähige Modelle eines „Glühbirnenreliefs" im Hathor-Tempel an. (Quelle: Reinhard Habeck)

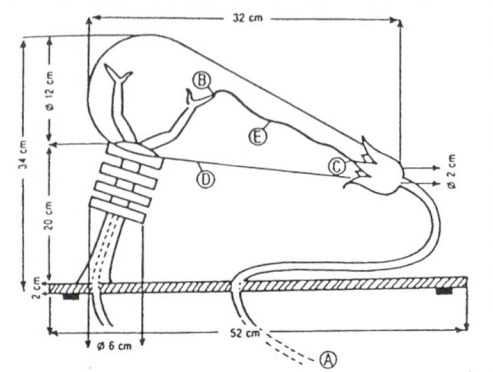

Wir wissen heute, dass man mit sogenannten Ejektoren (Strahlpumpen) (A) relativ hohe Vakua erzeugen kann, speziell wenn die Pumpen in Kaskade – das ist die Reihenschaltung gleichgearteter Teile – vorliegen. Evakuiert man eine Glasbirne, in die zwei Metallteile hineinreichen (B), (C), so tritt bereits bei wesentlich niedrigeren Spannungen, je nach Größe des Glasballons (D), eine Entladung auf. Bei einem Druck von etwa 40 Torr (40 mm Quecksilbersäule) schlängelt sich ein Leuchtfaden von einem Metallteil zum anderen (E). Wird weiter evakuiert, verbreitert sich die Schlangenlinie, bis sie zuletzt die ganze Glasbirne ausfüllt. Dies wiederum entspricht exakt den Abbildungen in den unterirdischen Kammern des Hathor-Heiligtums.

(Quelle: Reinhard Habeck)

Mehrere Kolosse auf der Osterinsel. (Foto: Walter-Jörg Langbein)

Die Maya-Pyramide des Zauberers von Uxmal. (Foto: Walter-Jörg Langbein)

Das Bild zeigt zwei Moais (Kolosse) auf der Osterinsel. (Foto: Walter-Jörg Langbein)

Das Bild zeigt Zahnräder bei den Maya, die das Rad nicht gekannt haben sollen. (Foto: Walter-Jörg Langbein)

1. Bild VOR DER KATASTROPHE Die Inselscholle liegt zwischen den **Kon**-inentalschollen breitflächig über dem Meeresspiegel. Rechts und links **von** hr durch übergequollenes Ergußgestein verschlossene Reißlinien.

2. Bild WÄHREND DER KATASTROPHE Aus den aufgebrochenen **Reiß**-inien quellendes Bodenmagma wird vom verdampfenden Meerwasser **hoch**-gerissen und verblasen. Der Magmapegel beginnt sich zu senken. **Stickgase** und Meeresfluten überschwemmen die Kontinente.

3. Bild NACH DER KATASTROPHE Die Magmaoberfläche ist unterhalb **der** Inselscholle maximal eingedellt und beachtlich abgesenkt. Die Inselscholle st isostatisch mitgesunken und dadurch ein unterseeisches Landmassiv ge-worden; zwei Berggipfel sind Felseneilande geworden. Die Kontinentalschollen sind mit den Innenrändern eingesunken und stehen etwas schräg. **Dadurch** Küstensenkungen an diesen und Hebungen an den Gegenrändern.

Sima [Basalt, Gabbro]

Sima-Verschlußmaterial

Sial [Granit]

Der Untergang der Insel Atlantis nach Otto Muck. (Muck 1956: Atlantis. Die Welt vor der Sintflut).

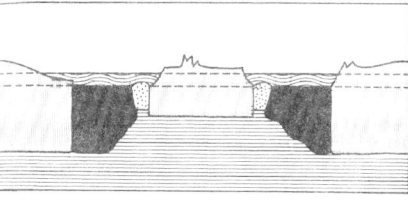

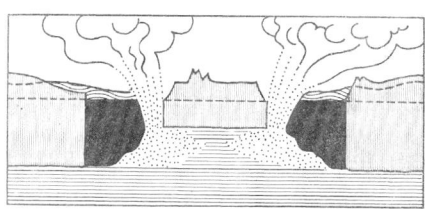

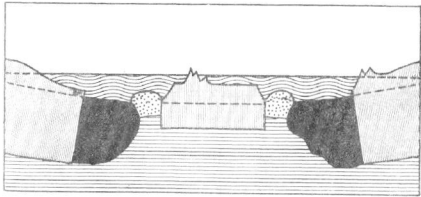

Die Sonnenpyramide in Teotihuacán, Mexiko, von der Mondpyramide aus gesehen.
(Foto: Lars Fischinger)

Die Sonnenpyramide in Teotihuacán.
(Foto: Lars Fischinger)

Erosionsspuren an der Einfassungsmauer der
Sphinx.
(Foto: Lars Fischinger)

Erosionsspuren an der Einfassungsmauer der
Sphinx.
(Foto: Lars Fischinger)

Die Sphinx von Giseh vor der Chephren-Pyramide.
(Foto: Lars Fischinger)

Oben links: Die Sphinx vor der Großen
Pyramide von Giseh.
(Foto: Lars Fischinger)

Unten links: Die Sphinx von Giseh vor der
Chephren-Pyramide.
(Foto: Lars Fischinger)

Oben rechts: Der Tempelberg in Jerusalem. Hat
Edgar Cayce die staatliche Wiederherstellung Israel
vorausgesehen?
(Foto: Lars Fischinger)

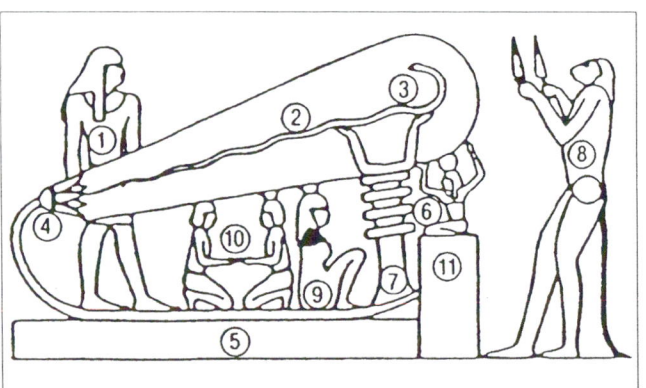

1 Priester   2 ionisierte Dämpfe   3 elektrische Entladung (Schlange)
4 Birnenfassung (Lotos)   5 kabelartiger Strang (Lotosstengel)
6 Luftgott   7 Isolator (Djed-Pfeiler)   8 Lichtbringer Thot mit Messern
9 Ausdruck für »Spannung«   10 entgegengesetzte Spannung
(Haarpolarität +)   11 Energiespeicher (elektrostatischer Generator ?)

Reliefsymbole Elektrothese (Quelle: Reinhard Habeck)

Teil Europas wird sich im Handumdrehen verändern. Land wird vor der Ostküste Amerikas erscheinen....

Es wird Umbrüche in der Arktis und der Antarktis geben, die zu den Ausbrüchen von Vulkanen in den heißen Zonen führen, und es wird dann ein Verschieben der Pole geben – so dass es dort, wo es kalt oder subtropisch gewesen ist, tropischer werden wird, und Moos und Farne werden wachsen...

Und dies wird in dem Zeitabschnitt in '58 bis '98 beginnen, wenn Sein Licht wieder in den Wolken gesehen werden wird."[203]

Hier scheint es einen Hinweis auf die Wiederkunft Christi zu geben. Über „Umbrüche in der Arktis und der Antarktis" brauchen wir kaum etwas zu sagen. Von der Schmelze großer Eisblöcke und der vielerorts heute erwähnten Klimaveränderung konnte Cayce auch nichts wissen.

Ein Aufbrechen der Gebiete im westlichen Amerika ist bei den besonderen tektonischen Gegebenheiten in Kalifornien (St.Andreas-Spalte, wo die pazifische und die nordamerikanische Platte aufeinander treffen) nicht ganz unwahrscheinlich. Zumindest fürchtet man dort seit Jahren das „Big One" – das große Erdbeben.

Die Stelle bezüglich des Landes, das vor der Ostküste von Amerika erscheinen soll, wird oft in Richtung „Wiederauftauchen eines Teiles von Atlantis" interpretiert.

Was den Untergang des größten Teils Japans betrifft, so scheint das die unwahrscheinlichste Voraussage in diesem Reading zu sein, obwohl es in Japan immer wieder zu Erdbeben kommt, doch gerade hier gab es vor kurzem Aufsehen.

Am 16.07.2007 kam es in Nordjapan zu einem Beben der Stärke 6,8, bei dem mindestens sechs Menschen umkamen und mehr als siebenhundert verletzt worden. In der weltweit größten Atomanlage Kashiwatzaki-Kariwa brach in einem Transformator ein Brand aus, der später gelöscht werden konnte.

---

203 Reading 3976-15 vom 19. Januar 1934 nach Cayce 1968/1999, S. 158f

Nach dem Beben stellte sich heraus, dass die Sicherheitsnormen für Kashiwatzaki-Kariwa sowie für andere Anlagen nicht ausreichen. Nicht einer der zehn Betreiber von Atomkraftwerken in Japan hat sich auf den Ausbruch von Feuer und Erdbeben eingestellt.[204]

Ich zitiere aus heise.de:

„Wenn die japanischen Kraftwerke nicht stabil genug in einem Land sind, das extrem erdbebengefährdet ist, dann hatte man womöglich jetzt nur Glück und ist an einer Katastrophe vorbeigeschliddert, aber dann dürfte die Zukunft der Atomkraft in Japan nicht mehr so strahlend sein. Herausgestellt hatte sich nämlich, dass die Atomanlage nicht nur für Erdbeben dieser Stärke nicht ausgelegt war, sondern dass unter ihr eine Verwerfungslinie liegt, von der man aber nichts gewusst hat. Das Epizentrum des Bebens lag nur einige Kilometer entfernt. Glück war vielleicht auch, dass drei der sieben Reaktoren zur Zeit des Erdbebens heruntergefahren waren."[205]

So wird die Wahrscheinlichkeit, dass Cayces düstere Prophezeiung doch noch eintreten könnte, ein Stück weit größer.

Einige Prophezeiungen gingen aus Reading-Auszügen hervor, in denen Fragen gestellt werden:

„Frage 12: Wie bald werden die Veränderungen in der Aktivität der Erde beginnen offenbar zu werden?
Antwort 12: Wenn es das erste Aufbrechen einiger Gegebenheiten in der Südsee (das ist der Südpazifik, um sicher zu gehen) gibt, und ebenso jene, die sich als Sinken oder Steigen von jenem, was beinahe

204 http://www.heise.de/tp/blogs/2/93026
205 http://www.heise.de/tp/blogs/2/93026

gegenüber liegt, oder im Mittelmeer und im Aetna (Ätna?[206])-Gebiet, offenbaren. Dann könnten wir wissen: Es hat begonnen.

Frage 14: Wird es irgendwelche physikalischen Veränderungen an der Erdoberfläche in Nord-Amerika geben?

Antwort 14: Über das ganze Land werden wir viele physikalische Änderungen von einem kleineren oder größeren Grad finden. Die größeren Veränderungen, die wir in Amerika finden werden, wird die nördliche Atlantische Küste sein. Achtet auf New York!"[207]

Der Ätna war in den letzten Jahren recht aktiv, wie wir wissen. Cayce machte noch weitere Prophezeiungen:

„Hinsichtlich Begebenheiten in der Geographie der Welt, der Länder, kommen hier die Veränderungen allmählich an. Viele Teile der Ostküste werden zerstört sein, ebenso viele Teile der Westküste, ebenso wie die zentralen Teile der Vereinigten Staaten....

In den nächsten paar Jahren wird Land sowohl im Atlantik als auch im Pazifik erscheinen. Und was jetzt die Küstenlinie von manchem Land ist, wird das Bett des Ozeans sein. Selbst manche von den Schlachtfeldern der Gegenwart [1941] werden Ozean sein, werden Meer sein, die Buchten, die Länder über die die neue Ordnung getragen wird auf ihrem Handel, also einer mit dem anderen..."[208]

Mit Land, das im Pazifik erscheinen wird, meint Cayce sicher Teile von Lemuria, das nach seinen Trance-Aussagen ein versunkener Kontinent im Pazifik sein soll. Doch hören wir weiter in Cayces Prophezeiungen hinein:

„Teile der jetzigen Ost-Küste New Yorks, oder New York City selbst, werden in der Hauptsache verschwinden. Dies wird eine ande-

---

206 im Original: Etna
207 Reading Nr. 311-8, MS-7, vom 9. April 1932, nach Cayce 1968/69, S. 159
208 Reading Nr. 1152-11, MS-3 vom 13. August 1941 nach Cayce 1968/1999, S. 159f

re Generation sein, allerdings hier; obwohl die südlicheren Teile von Carolina, Georgia verschwinden werden. Dies wird viel eher sein…

Die Wasser der Seen [Großen Seen] werden sich eher in den Golf [Golf von Mexiko] entleeren als den Wasserweg, über den neulich solche Diskussionen geführt wurden…[St. Lawrence Seaway]…

Dann wird das Gebiet, in dem die Entität (…) jetzt beheimatet ist [Virginia Beach] unter den sicheren Gebieten sein – ebenso wie Teile dessen, was jetzt Ohio, Indiana und Illinois ist und vieles von dem südlichen Teil Kanadas und dem östlichen Teil von Kanada; zur gleichen Zeit das westliche Land, vieles von diesem wird zerstört worden sein in diesem Land, wie selbstverständlich in anderen Ländern."[209]

Die Ostküste New Yorks und New York selbst werden allgemein als sicher eingestuft. Doch am 3. Mai 2000 erhielt ich über eine Atlantis-Mailingliste eine AP-Meldung aus Falmouth, Massachusetts. In dieser Meldung heißt es, dass Wissenschaftler Erdrisse im Atlantik entdeckt hätten, die eine Flutkatastrophe auslösen könnten. „Bedroht eine Super-Welle New York?", fragte sich die *Bild am Sonntag* vom 7. Mai 2000.

Was dahinter steckt: Auf Sonar-Aufzeichnungen wurden Erdrisse – die *Bild am Sonntag* spricht von dem größten Riss als einem solchen mit fünfzig Kilometer Länge – unter der nordamerikanischen Kontinentalplatte, die unter dem Meeresboden des Atlantiks weiter verläuft, entdeckt. Die Risse befinden sich entlang einem etwa vierzig Kilometer großen Abschnitt der Küsten von Virginia und North Carolina. Diese Gebiete und die untere Chesapeak Bay seien dem Risiko eines Hurrikans am meisten ausgesetzt. Wenn die Risse in Bewegung gerieten, verschöben sich einige hundert Millionen Tonnen Gestein, und die Folge wäre eine Tsunami-Welle – der AP-Bericht spricht von fünfeinhalb Meter hohen Wellen. Es wird nicht ausgeschlossen, dass riesige Wasserwellen – die *Bild am Sonntag*

---

209 Reading Nr. 1152-11, MS-3 vom 13. August 1941 nach Cayce 1968/1999, S. 159f

spricht sogar von Wellen von fünfzehn bis zwanzig Metern – New York City erreichen könnten, und dann bestünde die Gefahr, dass Teile New Yorks verschlungen würden. In der Mai-Ausgabe der *Geology* berichteten Neal Driscoll von der Woods Hole Oceanographic Institution, Jeffrey Weissel von der Columbia University und John Goff von der University of Texas von ihren Erkenntnissen und erklärten, dass der Kontinentalschelf mit hoher Wahrscheinlichkeit unstabil ist. Die Risse könnten auf ein lawinenartiges Absinken hindeuten, wobei riesige Wellen entstehen. Hierdurch könne der Ozeanboden in Schieflage geraten. Laut Driscoll ist es nicht sicher, ob die Risse fossile Gebilde oder noch aktiv sind. Driscoll zufolge ist sicher, dass sich vor 16 000 oder 18 000 Jahren eine Tsumami-Welle, die durch ein Erdbeben oder eine vulkanische Eruption verursacht wurde, ereignete.

Der SAT 1-Text vom 29.08.2001 erinnert daran, dass – für den Fall, dass der Vulkan Cumbre Vieja auf den Kanarischen Inseln (auf der Insel La Palma) ausbräche – ein Tsunami erwartet würde, durch den riesige bewohnte Flächen vernichtet würden. Dann wurde das „Horror-Szenarium" des Londoner Wissenschaftlers Simon Day vorgestellt: Er sagte, dass vierzig Meter hohe Wellen Miami und New York auslöschen würden, während zwölf Meter hohe Wellen den Südwestens Englands mit einer Geschwindigkeit von 800 km/h überschwemmen würden.

Wir wollen uns einen letzten Reading-Auszug anschauen, der sich mit Prophezeiungen über Veränderungen auf der Erdoberfläche beschäftigt:

„Die Erde wird an mehreren Plätzen aufbrechen. Der frühere Teilbereich wird eine Veränderung in der äußerlichen Erscheinung der Westküste Amerikas erfahren. Es wird offenes Wasser im nördlichen Teil Grönlands geben. Es wird neues Land geben, das der Karibischen See gegenüberliegend gesehen wird, und trockenes Land wird erscheinen – Süd-Amerika wird von den obersten Teilen bis zum

Ende geschüttelt werden, und in der Antarktis gegenüberliegend Tierra Del Fuego, Land, und eine Straße rauschenden Wassers."[210]

Das Besondere an den Prophezeiungen ist, dass sie laut Cayce offensichtlich nicht zwangsläufig (in ganzem Ausmaß) auftreten müssen. Hierzu schreibt Jess Stearn:

„Vielleicht lassen sich die Zerstörungen durch Gebete verhindern, wie Cayce immer wieder gesagt hat. Vielleicht müssen sie gar nicht eintreten."[211]

Cayce und Stearn sahen diese Angelegenheit, insbesondere den Verweis auf die Gebete, mit der „christlichen Brille". Man kann aber auch mehrschichtig denken, wenn man beispielsweise dem Autor Joseph Murphy folgt. Er schreibt:

„Nicht der Gegenstand oder Inhalt seines Glaubens ist es, der die Gebete eines Menschen wirksam gestaltet. Die Erhörung tritt vielmehr dann ein, wenn das Unterbewusstsein des Betreffenden auf seine Gedanken oder Vorstellungen reagiert. Dieses Gesetz des Glaubens entfaltet seine Wirkung in allen Religionen der Welt und verleiht ihnen ihren psychologischen Wahrheitsgehalt. Christen, Buddhisten, Mohammedaner und orthodoxe Juden werden in gleicher Weise erhört, und das nicht etwa, weil sie einer bestimmten Religion oder Konfession angehören und gewisse Rituale, Zeremonien, Formeln, Liturgien, Gebete und Opferhandlungen vornehmen und berücksichtigen, sondern einzig und allein deshalb, weil sie geistig und seelisch von der Überzeugung durchdrungen sind, ihre Gebete würden erhört werden."[212]

---

210 Reading 3976-15 vom 19. Januar 1934 Nach: Cayce 1968/1999, S. 160
211 Stearn 1967, S. 301
212 Murphy 1987, S. 17

Hier kann man möglicherweise einen „wissenschaftlichen Mechanismus" erkennen, wie „beten" tatsächlich funktioniert. Lassen wir jetzt die Frage, ob Cayces Prophezeiungen tatsächlich eintreten werden oder nicht, beiseite und wenden uns einem anderen Thema zu. In den Readings heißt es, dass Berichte von dem in der Zerstörung befindlichen Atlantis in andere Länder, beispielsweise nach Ägypten, gebracht wurden, wo sie laut Cayce eines Tages aufgefunden werden können. Dies wäre dann der Beweis für eine kulturell äußerst hochstehende Kultur in der Welt von vorgestern. Tatsächlich gibt es Sagen und Legenden, die diese Sicht der Dingen insofern unterstützen, als dass sie es ähnlich beschreiben. Und darauf wollen wir im nächsten Kapitel eingehen.

IV.

Verstecktes Geheimwissen
in den Pyramiden von Giseh?

„Die Position ist wie folgt: Wenn sich die Sonne über das Wasser
erhebt, so fällt die Linie des Schattens zwischen die Vorderbeine
der Sphinx, die später als Wache an diesen Punkt gesetzt wurde.
Die Kammer darf von den Verbindungsgängen unter der rechten
Vorderpfote der Sphinx erst dann betreten werden, wenn die Zeit
erfüllt ist, wenn es im Bewusstsein der Menschen zu Veränderungen
kommen muss."[213]

Weitgehend unbeachtet und von der Fachwelt abgelehnt, existiert
eine Zusammenstellung aus dem Mittelalter, die sich mit den ägyptischen Pyramiden – vorzüglich jenen von Giseh – beschäftigt. Diese
Schrift wurde vom arabischen Historiker Al-Makrizi zusammengestellt, der die Aussagen verschiedener Autoren in seine Schrift
aufnahm. Diese Schrift ist der *Hitat*.

So berichtet Al-Makrizi unter Bezugnahme auf den Lehrer Ib-
rahim b. Wasif Sah al Katib und dessen Werk *Nachrichten von
Ägypten und seinen Wundern* über Saurid, den Sohn des Sahluk:

„Er war der Erbauer der beiden großen Pyramiden bei Misr, die
man dem Saddad b. Ad zuschreibt; die Kopten bestreiten aber im

---

213 Edgar Cayce-Reading-Nr. 378/16 vom 29. Oktober 1933 nach Cayce, Cayce-
   Schwartzer, Richards 1988, S. 191

Hinblick auf die Macht ihrer Zauberei, dass die *Aditen* in ihr Land eingedrungen seien. – Die Ursache der Erbauung der beiden Pyramiden war, dass dreihundert Jahre vor der Sintflut Saurid folgenden Traum hatte: Die Erde kehrte sich mit ihren Bewohnern um, die Menschen flüchteten in blinder Hast; und die Sterne fielen herab, und einer (sc. Stern) stieß gegen den anderen unter grauenhaftem Krachen."[214]

Wenn man sich den gesamten *Hitat* ansieht, so fällt auf, dass häufig (wenn auch nicht immer) diese beiden Namen – Saurid und Saddad – im Zusammenhang mit den beiden großen Pyramiden genannt werden, die wohl mit der so genannten Cheops- bzw. Chephren-Pyramide identisch sind. Saurid wird an manchen Stellen mit „Hermes" gleichgesetzt, und manchmal werden die beiden getrennt, doch in engem Zusammenhang zu einander genannt.

Das „Herabfallen von Sternen" erinnert an die Offenbarung des Johannes. Dort heißt es in Kap 8 V. 10:

„Und der dritte Engel posaunte; und es fiel ein großer Stern vom Himmel, der brannte wie eine Fackel und fiel auf den dritten Teil der Wasserströme und über die Wasserbrunnen."[215]

Sollte man hier an den Einschlag eines astronomischen Körpers denken? Ein Körper, der sich (nach der Aussage des Hitat) in mehrere kleine Teile aufspaltete? Schwingen auch in der Bibel noch Urerinnerungen mit? Die Wendung „Die Erde kehrte sich um" lässt auf eine gewaltige Katastrophe schließen. War auch die Sintflut, die ja auch in dieser Hitat-Passage sowie in der Bibel erwähnt wird, eine Folge dieser Katastrophe, von denen wir ja auch im zweiten Kapitel deutliche Hinweise finden konnten?

---

214 Graefe 1968, S. 50
215 Luther-Text von 1914, nach Scofield (Hrsg.)

Und wer sind die Aditen, dieses geheimnisvolle Volk, über das sich die Autoren der in den Hitat aufgenommenen Quellen streiten, ob sie in Ägypten eingedrungen sind oder nicht?

Im Koran wird dieses Volk „Ad" mehrfach erwähnt. So lesen wir in der 11. Sure:

„Und zu Ad (sandten Wir) ihren Bruder Hud. Er sprach: ‚O mein Volk, dienet Allah; ihr habt keinen anderen Gott als Ihn. Ihr seid nichts als Erdlichter. O mein Volk, ich verlange dafür keinen Lohn von euch; siehe mein Lohn ist bei dem, der mich erschuf. Begreift Ihr das denn nicht? Und, o mein Volk, bittet euren Herrn um Verzeihung für euch; alsdann bekehret euch zu Ihm. Niedersenden wird Er auf euch den Himmel in Regengüssen. Und wird eure Kraft mehren mit Kraft und wendet euch nicht ab in Sünden.' Sie sprachen: ‚O Hud, nicht kamst du mit einem deutlichen Zeichen zu uns, und wir wollen unsere Götter nicht auf dein Wort verlassen, und wir glauben dir nicht. Wir können nur sagen, dass dich einer unserer Götter mit einem Übel heimgesucht hat.' Er sprach: ‚Siehe, ich nehme Allah zu Zeugen und bezeuge es selber, dass ich nichts zu schaffen habe mit den Götzen, die ihr neben ihn setztet. So planet wider mich all- zumal; alsdann wartet nicht. Siehe, ich vertraue auf Allah, meinen Herrn und euren Herrn. Kein Tier auf Erden, das Er nicht an seiner Stirnlocke hielte. Siehe, mein Herr ist auf rechtem Wege. Und wenn ihr den Rücken kehrt, so habe ich euch (die Botschaft) überbracht, mit der ich zu euch entsandt ward, und nachfolgen lassen wird euch mein Herr ein ander Volk; und ihr könnt ihm nichts schaden; siehe, mein Herr gibt acht auf alle Dinge. Und als Unser Befehl kam, erret- teten Wir Hud und diejenigen, die mit ihm glaubten, durch Unsere Barmherzigkeit; und Wir erretteten sie von harter Strafe. Und jene Ad verleugneten die Zeichen ihres Herrn und rebellierten wider seine Gesandten und folgten dem Befehl eines jeden widerspenstigen Gewaltigen. Und es folgte ihnen in dieser Welt Fluch; und am Tag der Auferstehung (wird zu ihnen gesprochen): ‚Ist's nicht, dass Ad seinen Herrn verleugnete? Ist's nicht (dass gesprochen ward:) ‚Fort mit Ad, dem Volke Huds.'?"[216]

Hier wird sicherlich auf die biblische Sintflutgeschichte und wohl auch auf ältere Schriften (Gilgamesch-Epos?) Bezug genommen. Doch interessant ist die Erwähnung des Volkes „Ad"[217], das um seines Unglaubens willen vernichtet wurde. Von einem solchen Volk erzählt uns weder die Bibel noch das Gilgamesch-Epos etwas. Wir finden diese Erwähnung nur im arabischen Raum. Ein ganzes Volk, das durch die Sintflut vernichtet wurde – denkt man da nicht unwillkürlich an das legendäre Atlantis, dessen Untergang, wie wir im 2. Kapitel sahen, oft mit einem Meteoriteneinsturz und der Sintflut in Verbindung gebracht wird?[218]

An anderer Stelle des Hitat wird auf die Katastrophe näher eingegangen. Als Autor der nachfolgenden Stellen ist Kadi Abu Abdullah Muhammad b. Salama al Kudaid benannt. Der wiederum beruft sich auf eine Papyrus-Rolle, die man im Kloster Abu Hirmis[219] gefunden haben will. Sie soll auf der Brust eines Toten in Leichentüchern gelegen haben. Die Schrift war in einem alten Koptisch abgefasst. Ein Mönch soll die Schrift übersetzt haben und teilte den Findern mit, dass sie im ersten Jahr der Regierung Kaiser Diokletians geschrieben worden sei.[220]

„Wir haben sie von einer Schrift abschreiben lassen, die im ersten Jahre der Regierung des Kaisers Philippus abgeschrieben wurde, und Philippus hat sie von einem goldenen Blatte abschreiben lassen,

---

216 Der Koran, Sure 11, V. 50-60
217 Berlitz brachte einmal das Land „Ad" aus dem Koran mit Atlantis in Verbindung (Berlitz o. J., S. 20)
218 sh. Horn 1999 u. Horn 2001
219 Der Begriff „Abu Hirmis" steht in diesem Zusammenhang für ein Kloster; an mehreren anderen Stellen des Hitat steht er für die beiden großen Pyramiden (Haus des Hermes).
220 Graefe 1968, S. 67f

in dessen Schrift jeder Buchstabe einzeln für sich stand",[221] heißt
es weiter. Diese urälteste Schrift soll von zwei koptischen Brüdern
gedeutet worden sein, die von einem zu den ältesten Bewohnern
Ägyptens gehörenden Mann abstammten.[222] Weiter heißt es:

„Keiner außer ihm von den Ägyptern entging der Sintflut, und er
nur deshalb, weil er sich zu Noah – über ihm sei Heil! – begab und
auf ihn vertraute, während sich sonst keiner seiner Landsleute zu
ihm begab. Noah nahm ihn in der Arche mit; und als das Wasser
der Sintflut sich verlaufen hatte, begab er sich in Begleitung mehrere
Söhne Hams, des Sohnes Noahs, nach Ägypten und lebte dort bis
zu seinem Tode. Seine Kinder aber erbten die Kenntnis der ältesten
Schrift der Ägypter, und wir haben sie in ununterbrochener Folge
von ihm ererbt.
Ihr Alter betrug, da Philippus sie abschreiben ließ, 1372 Jahre.
Derjenige, der sie auf das goldene Blatt abschrieb, hatte nach dem,
was Philippus fand, die Schrift dort [in lauter einzeln stehende
Buchstaben] zerteilt(?). Ihr Alter belief sich, da er sie abschrieb,
auf 1785 Jahre."[223]

In der Folge wird der Inhalt der Abschrift beschrieben:

„Wir betrachten, was die Sterne ankündigten und sahen, dass ein
Unheil vom Himmel herabkommen und aus der Erde hervordringen
werde; und als uns klar geworden war, dass das Ereignis eintreten
werde, schauten wir nach, was es sei, und fanden, dass es eine Was-
serflut sei, die über die Erde und alles Lebendige und alle Pflanzen
auf ihr Verderben bringen werde. Als wir nun zu der sicheren Erkenntnis gelangt waren, sprachen wir zu unserm Könige Saurid b.
Sahluk: „Lass ‚afrutanat' (?) und ein Grab für Dich und ein Grab

221 Graefe 1968, S. 68
222 Graefe 1968, S. 68
223 Graefe 1968, S. 68f

für Deine Angehörigen bauen!" Darauf wurde für sie die östliche Pyramide gebaut, für seinen Bruder Hugib die westliche und für den Sohn des Hugib die „mit Mauerbekleidung versehene" Pyramide. Auch wurde ,afrutanat' (?) im unteren und oberen Ägypten gebaut. Dann verzeichneten wir auf ihren Wänden die Kunde von den Geheimnissen der Gestirne und den Ursachen ihrer Veränderungen sowie von den Fertigkeiten, der Geometrie und der Medizin, und anderem derart, was nützt und schadet, der Quintessenzen nach, klar für den, der unsere Sprache und Schrift kennt."[224]

Doch nun wird es ernst:

„Diese Katastrophe wird die ganze Welt treffen. Das wird geschehen beim Eintritt des Herzens des Löwen in die erste Minute des Hauptes des Krebses. Die Sterne werden, wenn es dort eintritt, an folgenden Punkten des Himmels stehen:

Die Sonne und der Mond in der ersten Minute des Hauptes des Widders, Saturn auf $1^0 28$ im Widder, Jupiter in den Fischen auf $29^0 28'$, Mars in den Fischen auf $29^0 3'$, Venus in den Fischen auf 28^0 und einigen Minuten, Merkur in den Fischen auf 27^0 und einigen Minuten, Merkur in den Fischen auf 27^0 und einigen Minuten und al-Gauhaza in der Waage. Das Apogäum des Mondes wird im Löwen auf 5^0 und einigen Minuten liegen.

Darauf schauten wir nach, ob nach diesem Unheil noch ein Ereignis kommen werde, das Unglück über die Welt bringen, und wir erkannten aus den Sternen, dass eine Katastrophe vom Himmel auf die Erde herabkommen, und dass es das Gegenteil der ersten Katastrophe sein werde, und zwar ein Feuer, das die ganze Welt verbrennen würde. Als wir darauf nachschauten, wann sich dies verderbliche Ereignis begeben werde, sahen wir; es wird stattfinden, wenn das Herz des Löwen in die letzte Minute des 15. Grades

---

224 Graefe 1968, S. 69

des Löwen eintritt. Und es wird die Sonne mit ihm in einer Minute stehen, „verbunden" mit Saturn, der um 120^0 entfernt im Schützen steht: Jupiter wird im Anfang des Löwen stehen, am Ende seines „ihitrak", und mit ihm Mars, auf 1^0. Der Mond wird im Wassermann, der Sonne gegenüber, stehen, zusammen mit ad-Danab auf 22^0 und es wird eine gewaltige Verfinsterung der Sonne stattfinden......Merkur wird in seiner größten Entfernung vor ihr stehen......Was Venus anbelangt, so wird sie rechtläufig, was Merkur anbelangt, so wird er rückläufig sein."[225]

Weiter wird berichtet, dass alles Lebendige auf der Erde dann der Vernichtung anheimfallen würde, wenn „das Herz des Löwen 2/3 seiner Umläufe(?) durchlaufen" haben würde. Dann würden sie die „Verbände des Himmelsgewölbes" auflösen und auf die Erde herabstürzen. Dies sei am zweiten Tag, nachdem sich das Himmelsgewölbe zuerst bewegt haben soll, der Fall.

Mit diesen Aussagen soll die Papyrus-Rolle geendet haben, und weiter heißt es noch im Text, dass der König, Hugib, und Karuras, der Sohn des Hugib, nach deren Tod in den o. g. Pyramiden bestattet worden seien.[226]

Hat man es mit dieser Stelle mit einer abenteuerlichen Geschichte oder einem auf Tatsachen beruhenden Bericht zu tun – einer Legende mit einem wahren Kern? An dieser Stelle beeindruckt zunächst die genaue Beschreibung der Gestirne. Man könnte sich fragen: „Wurden hier einfach Zahlen eingegeben, um einer erfundenen Geschichte Beweiskraft zu verleihen?" Doch warum heißt es an machen Stellen lapidar „und einigen Minuten", während an anderer Stelle präzise Daten angegeben werden? Ging man so raffiniert vor, um den Bericht glaubwürdig zu machen? Würde man, wenn man ein Märchen erfindet, so vorgehen? Oder ist es nicht wahrscheinlicher, dass wir es hier mit altem Wissen zu tun haben? Gab es

---

225 Graefe 1968, S. 69f
226 Graefe 1968, S. 70f

die Sintflut, von der zahlreiche Erzählungen künden, tatsächlich? Sind darüber hinaus Katastrophen wie Meteoreinschläge die Norm auf unserem Planeten? „Ein Feuer, das die ganze Welt verbrennen würde", klingt nach dem Weltenbrand, der nach einem gewaltigen Meteoriteneinschlag auftreten würde. Die Beschreibung ist nicht übertrieben. Allerdings müssen wir uns auch fragen, *wann* diese hier erwähnte Sintflut stattgefunden haben soll, denn der babylonische Tierkreis wurde – so wird allgemein angenommen – frühestens zweihundert Jahre vor Christus entdeckt. Die Sintflut wird von allen ihren Verfechtern deutlich früher angesetzt, wie wir auch im 2. Kapitel gesehen haben, wo es um die Sintflut als Impakt-Folge geht. Woher wusste man also, wenn dieser Bericht vor der Sintflut geschrieben worden ist, Bescheid über die Tierkreiszeichen? Da alles dafür spricht, dass die alten Ägypter zwar hohe Kenntnisse in der Astronomie besaßen und sogar einen Tierkreis kannten, wäre zu vermuten, dass der Text *nachträglich* geschrieben worden ist, also nicht vor der Katastrophe. Vielleicht hat man hier Erinnerungen zusammengetragen und mit dem Einbau der Zeichen aus dem babylonischen Tierkreis etwas nachgeholfen. Allerdings gibt es – wie der unabhängige Ägyptologe John A. West schreibt, alte Quellen, die behaupten, dass die Alten Ägypter die Präzession kannten. Dabei beruft er sich auf den Elsässer Philosophen René Aor Schwaller de Lubicz.[227]

Die Präzession entsteht dadurch, dass die (gedachte) Erdachse nicht gerade steht, sondern eine Taumelbewegung durchführt. Dadurch tritt der Frühlingspunkt (Der Punkt, an dem die Sonne am Tag der Tag- und Nachtgleiche im Frühjahr steht) jedes Jahr vor einem sich allmählich verändernden Hintergrund der Tierkreiszeichen auf.)

In etwa 2160 Jahre ist das Äquinoktium (Die Tag- und Nachtgleiche) durch ein Tierkreiszeichen gewandert, und volle 25 920 Jahre vergehen, bevor der Frühlingspunkt den vollen Kreislauf der

---

227 West 2000 (Die Schlange...), S. 133

Tierkreiszeichen durchschritten hat. Diesen Zyklus nennen wir das *Platonische Jahr* oder das *Große Jahr*. Der Durchlauf der Präzession durch die Frühlings- und Herbstpunkte gibt den Zeitaltern ihren Namen. So befinden wir uns derzeit im Zeitalter der Fische. Es begann ungefähr um 140 n. Chr. Um 2000 v. Chr. begann das Zeitalter des Widders, und davor kam das Zeitalter des Stieres. Es setzte etwas vor 4000 v. Chr. ein. So kann man weiter zurückrechnen. Demnächst kommt das Zeitalter der Wassermanns auf uns zu.

West hat sich intensiv mit den Studien des eben genannten Schwaller de Lubicz beschäftigt, der während seines fünfzehnjährigen Aufenthaltes in Luxor viel Material über die wissenschaftlichen und spirituellen Entwicklungen in Ägypten sammelte. Basierend auf Schwallers Arbeiten schreibt er:

„Auch wenn keine altägyptischen Tierkreisdarstellungen gefunden wurden, lieferte Schwaller de Lubicz ausreichend Belege dafür, dass die Zeichen des Tierkreises von den frühesten Zeiten an existierten und die ägyptische Symbolik durchdrangen und leiteten. Man muss nur wissen, wo und wie man danach suchen soll."[228]

Interessant ist auf jeden Fall, dass wir – wenn wir *zurück*rechnen – tatsächlich auf den Untergang von Atlantis und die nachfolgende Sintflut in die Zeit zwischen dem Zeitalter des Löwen und jenem des Krebses gelangen.

Murry Hope schreibt dazu: „Da die Evolution selten, falls überhaupt, jemals stillsteht, kann das Zeitalter des Löwen sehr gut eine Verschiebung in Richtung Patriarchat gebracht haben, zumindest aber eine Gleichstellung der Gottgestalten und der menschlichen Geschlechter. Der Löwe ist als Zeichen der Könige bekannt, daher verwundert es nicht, wenn Platon uns eine so lebendige Beschreibung

---

228 West 2000 (Die Schlange…), S. 77

der Königlichen Periode von Atlantis geben kann, die offensichtlich bis weit ins Zeitalter des Krebses hinein andauerte, ebenso wie viele Menschen sich heute noch hartnäckig an die langsam abnehmenden Reste des Fische-Einflusses klammern.

Viele Forscher sind der Meinung, dass große Katastrophen unweigerlich am Ende der Sternzeichen-Zeitalter erfolgen; die letzte, die eine größere Verschiebung der Achsenrotation unseres Planeten bewirkte, geschah gegen Ende des Krebs-Zeitalters und war für die große Flut verantwortlich. Da das Zeichen des Krebses vom Mond beherrscht wird, ist die Beteiligung dieses Himmelskörpers offensichtlich…!"[229]

Wenn wir Mucks These folgen, spielte der Mond, wie wir gesehen haben, tatsächlich eine Rolle bei dem Meteoriteneinsturz.

Wir leben heute (etwa) am Beginn des Wassermann-Zeitalters. Zuvor stand die Sonne im Zeichen der Fische, wo sie etwa zweitausend Jahre verblieb. Wenn wir zurückrechnen, können wir das Krebs-Zeitalter grob(!) auf die Zeit 8000 bis 10 000 und das Löwe-Zeitalter auf 10 000 bis 12 000 v. Chr. ansetzten.

In dieser Zeit finden wir das Szenario von Muck und die Vermutung Aschenbrenners wieder, und, was noch wichtiger ist, es stimmt auch mit Platon überein.

Man könnte die Stelle aus dem Hitat auch so verstehen, dass das Geschehen in der Zeit zwischen dem Löwe- und dem Krebs-Zeitalter stattfand. Tatsächlich wurde Edgar Cayce nach dem Zeitalter der Erbauung der großen Pyramiden gefragt und kam auf eine Zeit, die für uns überraschend, aber mit dem Übergang vom Löwen ins Krebs-Zeitalter identisch ist.

Als Beleg dafür sollen hier einige Reading-Auszüge wiedergegeben werden:

---

229 Hope 1999, S. 38

„Frage 5: Wann wurde der Bau der Großen Pyramide wirklich begonnen und beendet?

Antwort 5: Der Bau dauerte hundert Jahre, er wurde zur Herrschaftszeit von Araaraarts Zeit zusammen mit Hermes und Ra begonnen und vollendet.[230]

Frage 6: Und wann war das bezogen auf unsere Zeitrechnung?

Antwort 6: 10.490 bis 10.390, bevor der Prinz des Friedens nach Ägypten kam."[231]

Hier muss man auf die Umstände in dieser Zeit eingehen, wie sie von Cayce bzw. nach E. E. Cayces Sammlung und Ordnung der Readings gesehen wurde. In Ägypten scheint in der Zeit zwischen 10 000 und 11 000 v. Chr. ein Stamm aus der karpatischen Region eingefallen zu sein. Einer der Führer dieses Stammes war Ra-Ta, eine frühere Inkarnation Edgar Cayces. Ra-Tas religiöse Lehren fanden große Beachtung. Schließlich geriet der Priester in ein Spannungsfeld zwischen den Herrschern und den eingeborenen Ägyptern. Ra-Ta wurde Opfer einer politischen Intrige, und nach einer Rebellion durch die Einheimischen wurde er in das heutige Abessinien (Äthiopien) verbannt, wo er neun Jahre lang verblieb. Auf der Höhe der Verwirrung kamen Flüchtlinge aus Atlantis nach Ägypten. Sie waren in den Wissenschaften weiter fortgeschritten als die Ägypter. Sie hatten wenig mit den Ureinwohnern Ägyptens gemein, und so begannen sie, ihre alte Kultur wieder aufzubauen. Die Führer der herrschende Klasse sowie die Führer der ägyptischen Rebellen merkten schnell, dass die Atlanter mit ihren ausgezeichneten wissenschaftlichen Kenntnissen und radikalen Unterscheidungen zwischen sozialen und wissenschaftlichen Gesichtspunkten eine Be-

---

230 Edgar-Cayce-Reading Nr. 5748/6, vom 1. Juli 1932 nach Cayce, Cayce Schwartzer, Richards 1988, S. 191
231 Edgar Cayce-Reading Nr. 195/14 vom 18. Juli nach Cayce, Cayce Schwartzer, Richards 1988, S. 192

drohung sein würden. Schließlich wurde beschlossen, den Priester aus seiner Verbannung zu holen. Nur er könnte die Aktivitäten der verschiedenen rivalisierenden Gruppen in Einklang bringen und das Chaos beenden. Dies war erfolgreich, und die Menschen in den zivilisierten Gebieten der Welt konnten sich an einem Zeitabschnitt von moralischer, mentaler, spiritueller und körperlicher Entwicklung erfreuen.[232]

An anderer Stelle lesen wir, dass der Führer der Kaukasier Arart hieß. Die Große Pyramide und die Sphinx sollen während der Regierung seines Sohnes Araar-aart gebaut worden sein. Dies soll kurz vor dem Sinken von Atlantis gewesen sein.[233]

„Dann mit Hermes und Ra... begann der Bau der heute so genannten Pyramide von Giseh."[234]

Edgar Evans Cayce schreibt zusammen mit seinen Mit-Autoren: *„Die alten arabischen Historiker sagen, dass Hermes zusammen mit Ra die Große Pyramide erbaut hat."*[235] Leider macht er keine weiteren Angaben und nennt keine Quelle.

Es ist aber anzunehmen, dass er sich auf ein anderes Buch, dessen Verfasser er ist, *Edgar Cayce on Atlantis*, bezieht. Dort berichtet er von einer jungen Frau, die er „Miss Blank" nennt (den wahren Namen hält er zurück, und verweist auf die Möglichkeit der Anfrage.) Diese junge Frau betrieb Recherchen bezüglich der Sphinx und Ägypten, las Cayces Readings und arbeitete sich in die ägyptische Geschichte ein. Schließlich flog sie nach Ägypten, um Archäologen zu befragen und Museen zu besuchen.[236]

Bezüglich unserer Frage fand sie Folgendes heraus:

---

232 Cayce 1968/1999, S, 120f
233 Cayce 1968/199, S. 150
234 Edgar Cayce-Reading Nr. 282/43 vom 8. November 1939 nach Cayce, Cayce Schwartzer, Richards 1988, S. 192
235 Cayce, Cayce-Schwartzer, Richards 1990 , S. 223
236 Cayce 1968/1999, S. 150f

„In Howard Vyses *Pyramids of Giseh* Vol. II, in dem Bericht über arabische Historiker, findet sich die Angabe: „Hermes baute die Pyramiden." Andere Verfasser schreiben Hermes ebenso zu, der Architekt der Großen Pyramide zu sein.

Ibn Batuta: „Hermes, der Architekt der großen Pyramide, um Wissenschaft während der Flut zu bewahren…"

Watwaki: „Hermes erbaute die Pyramide…"

Makrimi: „Hermes und seine Frau herrschten in den beiden Pyramiden…" Als Beispiel Sorar: „Pyramiden gebaut von Hermes."

Isis (Vol. 30, 1939, S. 17-37): „The Treaties on the Egyptian Pyramids" von S. al-Suyuti zitiert Al-Dimishgi: „Einige sagen, Hermes baute die Pyramiden." "[237]

Nach den Cayce-Readings wurden die Pyramiden relativ kurzfristig vor der Sintflut erbaut. Der Hitat bietet eine interessante Parallelstelle. Al-Makrizi schreibt:

„Es gibt Leute, die sagen: Der erste Hermes, welcher der „Dreifache" in seiner Eigenschaft als Prophet, König und Weiser genannt wurde (er ist es, den die Hebräer Henoch, den Sohn des Jared, des Sohnes des Mahalalel, des Sohnes des Kenan, des Sohnes des Enos, des Sohnes Seths, des Sohnes Adams – über ihm sei Heil – nennen, und das ist Idris), der las in den Sternen, dass die Sintflut kommen werde. Da ließ er die Pyramiden bauen und in ihnen Schätze, gelehrte Schriften und alles, worum er sich sorgte, dass es verloren gehen und verschwinden könnte, bergen, um die Dinge zu schützen und wohl zu bewahren.

Es heißt, der Erbauer der Pyramiden sei ein König mit Namen Saurid b. Sahluk b. Sarjak gewesen, während andere behaupten, die beiden Pyramiden, die al-Fustat gegenüber liegen, habe Saddad b. Ad infolge eines Traumgesichts erbaut."[238]

---

237 Cayce 1968/199, S. 152
238 Graefe 1968, S. 77

Im Anschluss an den zitierten Text wird der Versuch unternommen, die Aditen mit dem Amalekitern gleichzusetzen, die allerdings erst zur Zeit des biblischen König Davids auftraten. Weiter fällt auf, dass Hermes sowohl hier als auch bei Cayce, Saurid dagegen (hier getrennt von Hermes genannt) nur in den arabischen Überlieferungen und „Ra" nur bei Cayce auftaucht. Sollte Cayce aus dem Hitat zitiert haben, ist diese Diskrepanz nur schwer nachzuvollziehen, zumal er sich im Wachzustand nicht für derartige Themen interessierte. Bemerkenswert ist, dass diese Stelle den Erbauer der drei großen Pyramiden mit dem biblischen Henoch und dem arabischen Idris gleichsetzt.

Bevor wir auf die versteckten Schätze zurückkommen, die auch an einer anderen Stelle des Hitat geschildert werden, müssen wir kurz einen Blick auf die Frage werfen, ob nicht feststeht, dass die großen Pyramiden von Giseh in der 4. Dynastie (also um 2500 v. Chr.) von den Pharaonen Cheops und Chephren erbaut wurden, wie wir es in der gängigen Literatur immer wieder lesen.

Grundsätzlich gilt, dass die „Cheops-" und die „Chephren"-Pyramide keinerlei Inschriften tragen. Zuschreibungen erfolgten überwiegend auf der Basis der umliegenden Pyramiden-Komplexe.[239] Bei der so genannten Cheops-Pyramide (über Cheops selbst weiß man nur wenig) gibt es eine Ausnahme: In einigen Entlastungskammern oberhalb der Königskammer (in der selbst keine Inschriften gefunden wurden) wurden Steinmetzzeichen und eine Kartusche gefunden, in denen der Name „Chufu" (der ägyptische Name von Cheops) geschrieben steht.[240] Dies scheint für Cheops (der griechische Name des Khufu) bzw. Khufu (Chufu) als den Erbauer der Pyramide zu sprechen. Zudem finden sich dort etliche Steinmetzzeichen, die den Begriff „Chufu" enthalten. Und dies ist tatsächlich ein Problem, da, bevor Oberst Richard Howard-Vyse, der 1837 diese oberen Entlastungskammern, in denen die Zeichen gefunden wur-

---

239 West 2000 (Die Heiligtümer) 2000, S. 30, 166
240 West 2000 (Die Heiligtümer) 2000, S. 162

den, sie gewaltsam mit Hilfe von Sprengstoff geöffnet hatte, niemand Zutritt zu den Kammern hatte. Dies ist in der Tat ein Problem bei unserer Betrachtung, doch es gibt Ansätze, die es lösen könnten. Wir werden im übernächsten Kapitel darauf zurückkommen.

Was die Sphinx betrifft, die auch von Chephren (Chafre) erbaut worden sein soll, liegt eine Untersuchung des Geologen Dr. Robert M. Schoch aus dem Jahr 1993 vor, die die Sphinx aufgrund von Wassererosionen auf ein Alter von etwa 5000 bis 7000 v. Chr. schätzt.[241] West geht sogar von 10 000 v. Chr. aus.[242] Vielfach wurden Versuche unternommen, die Expertise Schochs in Zweifel zu ziehen, doch Schoch und West haben gute Argumente, um Schochs These zu stützen, wie wir im nächsten Kapitel sehen werden.

Nun kommen wir auf den Hitat-Text zurück, der oben zitiert wurde. Wenn wir hier weiterlesen, erfahren wir, dass Saurid ob seines Traumes mit Kummer erfüllt wurde. Niemandem erzählte er seinen Traum, doch er wusste, dass der Welt etwas Bedeutungsvolles zustoßen würde. Und wenige Tage später hatte er einen zweiten Traum:

„Die Fixsterne stießen in der Gestalt weißer Vögel zur Erde nieder, entführten die Menschen und schleuderten sie zwischen zwei große Berge; die beiden Berge deckten sich über sie, und die leuchtenden Sterne wurden finster und dunkel."[243]

Jetzt beschloss König Saurid, die Obersten seiner Wahrsager zu versammeln, denen er seine Träume erzählte. Auch sie waren der Meinung, dass ein bedeutungsvolles Ereignis vor der Tür stünde. Nun berichtet Philemon, der oberste der Wahrsager, von einem eigenen Traum:

---

241 Schoch 1999, S. 33ff
242 West 2000 (Die Schlange...) 2000, S. 282
243 Graefe 1968, S. 50

„Ich saß mit dem Könige mitten auf dem Turm, der zu Amsus steht. Da senkte sich das Himmelsgewölbe herab, bis es unseren Köpfen nahe kam und sich über uns befand, wie wenn uns eine Kuppel umschlösse. Der König hob seine Hände zum Himmel empor, die Sterne aber hatten sich in mannigfaltigen und verschiedenartigen Gestalten auf uns gestürzt. Und es flohen die Leute voll Schrecken nach dem Schloss des Königs, ihn um Hilfe bittend; und er erhob seine Hände bis zur Höhe seines Hauptes und befahl mir, ein Gleiches zu tun. Wir waren in gewaltiger Furcht befangen, da plötzlich sahen wir den Himmel an einer Stelle sich öffnen, ein strahlendes Licht trat hervor, und die Sonne ging über uns auf. Da flehten wir zu ihr um Hilfe, und sie sprach zu uns: ,Das Himmelsgewölbe wird an seinen alten Ort zurückkehren!'"[244]

Philemon schildert einen weiteren Traum:

„Die Stadt Amsus kehrte sich mit ihren Bewohnern um, wobei die Götzenbilder auf ihre Köpfe fielen, und Männer stiegen vom Himmel herab, die eiserne Keulen in den Händen trugen und damit auf die Menschen einhieben. Als ich sie fragte: Warum tut ihr solches mit den Menschen?', antworteten sie: ,Weil sie nicht an ihren Gott geglaubt haben.' Da fragte ich: ,So ist gar keine Rettung für sie geblieben?', worauf sie erwiderten; ,Doch; wenn einer gerettet werden will, so möge er sich an den Herrn des Schiffes halten!'"[245]

Nun forderte der König offensichtlich astrologische (oder astronomische [?]) Berechnungen an, denn es heißt; „Nehmet die Höhe der Sterne und sehet, ob etwas Neues sich begeben wird!" Sie kamen nun zu dem Resultat, „dass eine Sintflut kommen würde und danach ein Feuer, das aus dem Sternbild des Löwen hervorkommen würde, um die Erde zu verbrennen."

244 Graefe 1968, S. 50f
245 Graefe 1968, S. 51

Der König war besorgt. Würden dieses Katastrophen auch sein Land betreffen? Die Wahrsager bejahten. Der größte Teil des Landes würde von der Sintflut heimgesucht und später von einer Dürre betroffen sein.[246] Werden hier Impakt-Folgen beschrieben? Das Land würde aber wieder blühen, ein fremder König von der Gegend der Nilquellen (diese Übersetzung scheint nicht sicher) würde ins Land eindringen.

„Da befahl er [der König], die Pyramiden zu bauen und Kanäle für sie (?) herzustellen, durch die der Nil selbst zu einem bestimmten Ort gelangen und dann nach gewissen Punkten im Westlande und in Oberägypten fließen sollte; auch füllte er sie an mit Talismanen, Wundern, Schätzen, Götzenbildern und mit den Leichnamen ihrer Könige."[247]

Im weiteren Verlauf wird der Bau der Pyramiden beschrieben, und danach heißt es:

„Daraufhin ließ er [der König, d. V.] in der westlichen Pyramide dreißig Schatzkammern aus farbigem Granit anlegen; die wurden angefüllt mit reichen Schätzen, mit Geräten und Bildsäulen aus kostbaren Edelsteinen, mit Geräten aus vortrefflichem Eisen, wie Waffen, die nicht rosten, mit Glas, das sich zusammenfalten läßt, ohne zu zerbrechen, mit seltsamen Talismanen, mit den verschiedenen Arten der einfachen und der zusammengesetzten Heilmittel und mit tödlichen Giften.
In der östlichen Pyramide ließ er die verschiedenen Himmelsgewölbe und die Planeten darstellen sowie auf Bildern anfertigen, was seine Vorfahren hatten schaffen lassen;…
In die farbige Pyramide endlich ließ er die Leichname der Wahrsager in Särgen aus schwarzem Granit bringen; neben jedem Wahr-

246 Graefe 1968, S. 51f
247 Graefe 1968, S. 52

sager lag ein Buch, in dem seine wunderbaren Künste und Werke, sein Lebenslauf, was er zu seiner Zeit verrichtet hatte und was vom Anfang bis zum Ende der Zeiten war und sein wird, beschrieben war..."[248]

Weiter wird noch beschrieben, dass der König Hüter der Pyramiden einsetzte und „durch körperlose Geister den Zutritt zu den Pyramiden verwehrte".

Sicher finden wir in dieser Geschichte eine Reihe von Übertreibungen. Interessant ist jedoch der Hinweis auf die Wissenschaft der Ägypter und das „Glas, das sich zusammenfalten lässt, ohne zu zerbrechen." (Etwas in der Art von Plastikfolie?)

Weiter interessant ist der Hinweise auf das verborgene und vermutlich verlorengegangene Wissen, das in diesen Pyramiden versteckt sein soll.

Es gibt weitere Überlieferungen, die auf Saurid und die versteckte Wissenskammer hinweisen. Der mittelalterliche Historiker Akbar al-Masudi berichtet von einem König namens *Surid*, der zwei große Pyramiden bauen ließ und den Priestern befahl, darin schriftliche Hinweise ihrer Weisheit, Technik, Künste und Wissenschaften niederzulegen, damit sie den Späteren, die die Schriften verstünden, zum Wohle seien. In den Pyramiden sollen zudem Positionen und Zyklen der Gestirne – zusammen mit Listen der historischen Ereignisse und der Voraussagen für die Zukunft – niedergelegt sein.[249]

Hier scheint es sich um die gleiche Ur-Quelle zu handeln wie im Text aus dem Hitat. Der (leicht) veränderte Name scheint der einzige Unterschied zu sein.

Auch hier finden wir wieder eine Parallele bei Edgar Cayce. Dessen Anhänger suchen seit Jahrzehnten nach der geheimnisvollen „Halle der Aufzeichnungen".

248 Graefe 1968, S. 54
249 Freksa 1999, S. 29

Hierzu ein paar Reading-Auszüge:

„…Die Entität gehörte zu denen, die in den Gräbern bestattet wurden, die noch entdeckt werden müssen…aber gegenüber der Sphinx und in nächster Nähe von den Menschen, die auf dieser Erhebung begraben wurden."[250]

„Die Entität war unter jenen, die bei dem Bau von einigen dieser noch vorhandenen Bauwerke mitgeholfen haben, wie auch bei der Bauplanung der Halle der Aufzeichnungen, die noch entdeckt werden muss, wo viel ans Licht kommen wird."[251]

„Die Entität schloss sich den Menschen an, die die Aufzeichnungen teilweise in Buchstaben des alten oder frühen Ägyptens, teilweise in einer neuen Form der Atlanter, abfassten. Diese Aufzeichnungen werden vielleicht in einigen wenigen Jahren entdeckt werden, vor allem wenn das Haus oder die Grabkammern der Berichte geöffnet wird."[252]

Im gleichen Reading lesen wir:

„Diese Wahrheiten wurden auf Tontafeln niedergeschrieben und zusammen mit der Entität im Grab der Aufzeichnungen aufgeschichtet."

„Frage 7: Wo sind diese Tafeln oder Aufzeichnungen aus jener ägyptischen Inkarnation, die ich untersuchen könnte? Antwort 7: Im Grab der Aufzeichnungen, wie gesagt. Denn das Grab dieser Entität war damals Teil der Halle der Aufzeichnungen,

---

250 Edgar Cayce-Reading Nr. 1717/1 vim 25. Juni 1930 nach Cayce, Cayce Schwartzer, Richards 1990, S. 189

251 Edgar Cayce-Reading Nr.519/1 vom 20. Februar 1934 nach Cayce, Cayce Schwartzer, Richards 1990, S. 189

252 Edgar Cayce-Reading Nr.2531/1 vom 17. Juli 1941 nach Cayce, Cayce Schwartzer, Richards 1990, S. 189

die noch nicht entdeckt worden ist. Sie liegt zwischen der Sphinx und dem Tempel bzw. der Pyramide, und zwar in einer eigenen Pyramide." [253]

„Diese und viele andere Entdeckungen können unter der linken Vorderpfote des ausgestreckten Tieres unter dem Fundament gefunden werden, nicht aber in dem unterirdischen Gang, der viele Jahre und Jahrhunderte später von einem Herrscher geöffnet wurde, sondern im wirklichen Fundament." [254]

Im einem weiteren Reading-Auszug heißt es:

„Die Position ist wie folgt: Wenn sich die Sonne über das Wasser erhebt, so fällt die Linie des Schattens zwischen die Vorderbeine der Sphinx, die später als Wache an diesen Punkt gesetzt wurde. Die Kammer darf von den Verbindungsgängen unter der rechten Vorderpfote der Sphinx erst dann betreten werden, wenn die Zeit erfüllt ist, wenn es im Bewusstsein der Menschen zu Veränderungen kommen muss." [255]

Sind wir nicht in einer Zeit, in der es im Bewusstsein des Menschen zu Veränderungen kommen muss? Ist der Zeitpunkt möglicherweise nahe, an dem die „Halle der Aufzeichnungen" gefunden werden wird – immer vorausgesetzt, Cayce hätte – zumindest in Teilen – Recht gehabt?

253 Edgar Cayce-Reading Nr. 2329/3 vom 1. Mai 1941 nach Cayce, Cayce Schwartzer, Richards 1990, S. 190
254 Edgar Cayce-Reading-Nr. 953/24 vom 12. Juni 1926 nach Cayce, Cayce-Schwartzer, Richards 1990, S. 190
255 Edgar Cayce-Reading Nr. 378/16 vom 29. Oktober 1933 nach Cayce, Cayce-Schwartzer, Richards 1990, S. 191

V.

Das geologische Alter der Sphinx

„Die Sphinx-Einfriedung war wahrscheinlich mindestens die Hälfte des Zeitabschnitts zwischen 2500 und 1400 v. Chr. im Sand vergraben."[256]

Was es mit diesem Zitat auf sich hat und warum es so besonders ist, darauf werden wir später in diesem Artikel zurückkommen. Zunächst muss einmal erklärt werden, wie die These, die große Sphinx von Giseh[257] sei wesentlich älter als gedacht, sowie die Annahme von Wassererosionsspuren auf ihr und in der Sphinx-Einfriedung (der Einfassungsmauer) eigentlich zu Stande kam.

Der Erste, der beobachtet hatte, dass die starke Erosion am Körper der großen Sphinx von Giseh auf Wasser und nicht auf Wind und Sand zurückzuführen war, war der bereits erwähnte Schwaller de Lubicz. Derjenige, der dessen Ideen in neuerer Zeit an die Öffentlichkeit brachte, war der Ägyptologe John Anthony West. Im Falle einer Wassererosion müsste die Sphinx West zufolge aber zu einer deutlich früheren Zeit erbaut worden sein, als ihr heute zugestanden wird. Die letzte große Nilflut wird auf 10 000 v. Chr. geschätzt. Heute wird im Allgemeinen angenommen, die Sphinx

---

256 Schoch, Robert M.: *Redating the Great Sphinx of Giza*. In: KMT1992, Abdruck auf: http://www.antiquityofman.com/Schoch_redating.html, Anm. 7

257 Dieses gewaltige Gebilde ist zwanzig Meter hoch, dreiundsiebzig Meter lang und der Kopf ist mit Kopfschmuck vier Meter breit. Die Sphinx ist aus massivem Kalkstein gemeißelt. (Schoch 2002, S. 294)

sei zwischen 2700 v. Chr. und 2600 vor Christus durch Chephren oder Cheops (letzteres ist die Theorie des deutschen Ägyptologen Rainer Stadelmann) errichtet worden. Der Gedanke, die Sphinx sei älter als das dynastische Ägypten, wurde allerdings bereits von den Theosophen, dem Mystiker George Iwanowitsch Gurdjieff und anderen unorthodoxen Gelehrten vertreten.

West schreibt, dass Fotographien deutlich Art und Ausmaß der Erosionsspuren an der Sphinx und der angrenzenden Tempelanlage zeigen.

Erosion durch Wind und Sand können West zufolge vollkommen ausgeschlossen werden, da die Sphinx über lange Perioden bis zum Hals von Sand bedeckt war und ihr so der Wüstenwind nichts anhaben konnte. Sie musste ständig wieder ausgegraben werden: 1918 vom italienischen Abenteurer G. B. Gaviglia, 1853 von dem französischen Archäologen Auguste Mariette, 1888 von Gaston Maspero (ebenso französischer Archäologe), und 1916 schrieb der Baedeker, dass die Sphinx wieder im Sand stecke. Es dauerte jeweils nur zwanzig bis dreißig Jahre, bis die Vertiefung um die Sphinx wieder vom Sand bedeckt war. Das bedeutet, dass die Sphinx der Sand- und Winderosion selten ausgesetzt war, es sei denn, sie wurde ständig freigeschaufelt. Im Mittleren Reich wurde die Sphinx nicht erwähnt. Erst auf einer Steinstele, die Thutmosis IV. um 1400 v. Chr. zwischen den Tatzen der Sphinx aufstellen ließ, heißt es, die Sphinx sei Thutmosis in einer Vision erschienen und habe ihm die Krone Ägyptens versprochen, wenn er dafür sorge, dass sie vom Sand befreit würde. Thutmosis tat so und wurde Pharao. West glaubt, dass die Sphinx zuvor im Sand steckte und es nicht üblich war, sie freizulegen, denn ansonsten hätte Thutmosis seine Tat wohl nicht an die große Glocke gehängt. Aufgrund der Zeit des Chaos, die in der 1. Zwischenzeit (etwa vierhundert Jahre nach Chephren) bis zur Zeit des Thutmosis IV. herrschte, war die Sphinx vermutlich im Sand verborgen – das heißt, sie war etwa tausend Jahre lang von Sand bedeckt.

West beschreibt noch weitere Zeiten, in denen sie im Sand festgesessen haben müsse, und kommt zu dem Schluss, dass sie von der Zeit Thutmosis I. bis zur Epoche der Ptolomäer, die ca. elfhundert Jahre gedauert hat, achthundert Jahre im Sand gesteckt haben muss, und von der christlichen Epoche, ab etwa 300 n. Chr. bis zur Gegenwart, fünfzehnhundert Jahre im Sand festsaß. Von Chephren bis zur Gegenwart steckte die Sphinx also etwa dreitausenddreihundert Jahre im Sand.

Typische Wind- und Sanderosionsspuren lassen sich erwartungsgemäß nur im Nacken und am Kopf der Sphinx finden.[258] Als West das letzte Kapitel seines Manuskriptes für sein 1993 erstmals erschienenes Buch *Serpents in the sky* (Deutscher Titel: *Die Schlange am Firmament*) fertiggestellt hatte, erfuhr er von einer Untersuchung, die durch den Geologen K. Lal Gauri, Direktor des Stone Conservation Laboratory der University of Louisville, Kentucky, und dem Archäologen Mark Lehner, der der University of Chicago angehörte und als Field Director des American Research Center in Ägypten tätig war, durchgeführt wurde. Finanziert wurde dieses Unternehmen durch niemand geringeren als die Edgar-Cayce-Foundation. Hierbei ging es nicht um die Chronologie-Frage, sondern einzig um die Art der Verwitterung. Wichtig für uns ist hierbei, dass in dem Untersuchungsbericht die Standarderklärung, die Verwitterung der Sphinx beruhe auf der Wirkung von Sand, aufgegeben wurde. Lehner stellte weiterhin fest, dass drei große Reparaturmaßnahmen an der Sphinx vorgenommen worden waren. Weiter behauptet Lehner, dass die Sphinx, abgesehen von den letzten drei Jahrzehnten, seit dieser Restaurierung nicht mehr nennenswert verwittert sei. Lehners Berechnungen lassen eine Zeitspanne von etwa fünfhundert Jahren zu, während die Sphinx von ihrem ursprünglichen zu ihrem gegenwärtigen Erscheinungsbild erodierte. Untersuchungen von Gauri ergaben, dass die Verwitterung durch Wasser, das mit den natürlichen Salzen im Kalkstein reagierte, hervorgerufen wurde.

---

258 West 2000 (Die Schlange…), S. 233ff.

Man sah also selbst ein, dass die Sphinx durch Wasser verwittert worden sei. Aber Gauri machte Grundwasser für die Verwitterung der Sphinx verantwortlich. Er glaubt, dass es aus dem Boden in den Sphinx-Körper steigt. Leider führt er nicht aus, wie die Erosionswirkungen zustande kommen.

West sieht einen deutlichen Widerspruch in den Untersuchungsergebnissen: Lehner sagte ja, dass es seit der ersten Restaurierung zu keiner nennenswerten Verwitterung mehr gekommen sei. Demnach konnten – wenn wir von der herkömmlichen Datierung und Chronologie ausgehen – die Erosionskräfte nur fünfhundert Jahre lang wirken. West fragt sich, wo sich in der übrigen Zeit das Grundwasser des Dr. Gauri befand und wie es in den Sphinx-Körper kriechen und innerhalb von nur fünfhundert Jahren in dessen Flanken zwei Kanäle von sechzig Zentimetern hinterlassen konnte, während in den restlichen viertausend Jahren plötzlich nichts Derartiges mehr geschah. Dabei muss beachtet werden, dass die Wände des Grabens um die Sphinx nie restauriert wurden. Sie weisen Erosionsspuren auf, die mit jenen der Sphinx absolut identisch sind.

Als weiteres Argument führt West aus, dass bis zur Errichtung des Assuan-Staudamms die jährlichen Nilschwemmen den Grundwasserspiegel regulierten. Das heißt, er war damals noch besser zu berechnen. Im Lauf der Jahrtausende kam es zur Ablagerung von Schwemmsand, und dadurch hob sich der Boden des Schwemmwassergebiets in tausend Jahren um drei Meter. So stieg der Grundwasserspiegel entsprechend an. Das heißt: Bei der angenommenen Erbauung der Sphinx vor fünftausend Jahren hätte er etwa fünfzehn Meter unter seinem derzeitigen Niveau gelegen.

Das wiederum bedeutet, dass – nach Gauris Argumentation – das in jenen Tagen über siebzehn Meter tief unter der Sphinx liegende Grundwasser in dessen Körper gestiegen sein müsse, als die Sphinx aus dem Felsblock gehauen wurde. Dies müsste wiederum zu einer Erosion von etwa zehn Zentimetern pro Jahrtausend geführt haben. Die Verwitterung kam dann zum Stillstand, während der Wasserspiegel viereinhalb Jahrtausende wieder anstieg. Schließlich war nach Lehner ja das endgültige Stadium der Verwitterung zum Zeitpunkt der ersten Restauration praktisch erreicht gewesen.[259]

West führt noch weitere Ungereimtheiten auf, die den Tal- und den Totentempel betreffen, die die gleichen Verwitterungserscheinungen wie die Sphinx aufzeigen; aber auf diese weiteren Ungereimtheiten wollen wir an dieser Stelle nicht eingehen.

Nun holte West den Geologen Robert M. Schoch mit ins Boot. Auch Schoch erkannte die Schwachstelle in der Argumentation von Lehner und Gauri und meinte ebenfalls, dass die dokumentierten Erosionsschäden typisch für Wasser seien – doch er blieb höchst skeptisch. Nachdem Schoch sich 1990 allerdings vor Ort begab, musste er seine Meinung ändern. Er musste erkennen, dass die Sphinx durch Wasser verwittert wurde – allerdings nicht durch Grundwasser und auch nicht durch Überschwemmungen, wie West vermutet hatte. Nein – Regenwasser hätte die Erosionsschäden an der Sphinx verursacht. Schoch sprach sogar von „heftigen Regenfällen".

Um die Theorie Schochs verifizieren zu können, wurde ein Team zusammengestellt, und im April 1991 ging es an die Arbeit. Zu diesem Team gehörte auch der Geophysiker Thomas L. Dobecki, zwei weitere Geologen, ein Ozeanograph und der Projektleiter Boris Said, Produzent ungewöhnlicher Dokumentarfilme, der für ein geplantes Video verantwortlich sein sollte. Nun wurde Schoch immer sicherer: Die Sphinx konnte nur durch Regenwasser erodiert sein. Er beschäftigte sich auch mit vom Wind erodierten Objekten im Süden (Sakkara) und anderen unverwitterten Gräbern aus dem Alten Reich und musste erkennen, dass diese und die Sphinx nicht aus der gleichen Zeit stammen konnten. Was aber die Sphinx betrifft, so könne nur Wasser, das in Kaskaden die Ebenen hinunter in den

---

259 West 2000 (Die Schlange...), S. 273ff

Sphinx-Graben gelaufen sein, diese tiefen senkrechten Risse und die flachen Aushöhlungen verursacht haben. Dobecki entdeckte auf seismographischem Weg auch „Anomalien" oder „Höhlen" tief im Felsen zwischen den Tatzen und an den Flanken der Sphinx. Man denke an Edgar Cayce und die *Halle der Aufzeichnungen*, doch es ist nicht sicher, ob diese Höhlen von Menschenhand gemacht sind.[260]

In seinem Buch *Die Heiligtümer des Alten Ägyptens* äußert sich West deutlicher:

„(…) die seismographischen Messungen wiesen mehrere unterirdischen Kavernen oder Hohlräume im unmittelbaren Areal der Sphinx nach. Aufgrund ihrer regelmäßigen Form und/oder strategischen Platzierung konnte man sie schwerlich als natürlich vorkommende geologische Kammern (genannt Karsterscheinungen) bezeichnen. Am interessantesten war ein rechteckiger Raum von etwa 12 x 15 Metern, der sich fünf Meter unterhalb der Oberfläche zwischen den Tatzen der Sphinx befindet.

Diese unterirdische Kammer ist provokant, doch in bestimmten New-Age-Kreisen rief sie besonders große Aufregung hervor. Der berühmte amerikanische Heiler Edgar Cayce hatte im Trance-Zustand vorausgesagt, dass der *Saal der Überlieferungen* [oder: Die *Halle der Aufzeichnungen*, R. H.), der die Geschichte des verlorengegangenen Kontinents Atlantis berge, zwischen den Tatzen der Sphinx gefunden werden würde. Unnötig darauf hinzuweisen, dass diese und andere durch Trance inspirierte Interpretationen Altägyptens auf die Fachvertreter der Ägyptologie nur wenig Eindruck machten. Aber die Seismographen arbeiten nicht im Trancezustand, und hier gab es einen offenbar künstlich angelegten Hohlraum oder eine Kammer unter den Tatzen der Sphinx – genau wie Cayce vorhergesagt hatte. Was enthält diese Kammer? Wir wissen es immer noch nicht. Zurzeit (also im Jahr 1994) ist unser Antrag, unsere

---

260 West 2000 (Die Schlange…), S. 277ff

Forschungen auf der nächsten Stufe fortführen zu dürfen, noch nicht entschieden."[261]

Da auch viele Jahre nach Abfassung dieser Zeilen nichts über diese Folgemission bekannt wurde, schrieb ich an den Autor und erhielt als Antwort, dass man diese Forschung etwas in den Hintergrund gestellt habe, dass es aber ihr erstes Anliegen sei, eine aus Freiwilligen bestehenden „Geo-Gruppe" nach Ägypten zu bringen, um die Wasser-Erosions-Frage ein für alle Mal zu klären. Erst danach würde es möglich sein, eine Genehmigung für die Fortführung der Untersuchung für diese Kammern zu erhalten.[262]

Doch nun werden wir zu Schochs Untersuchung von 1991 zurückkehren. Er und das Team dehnten damals ihre geologischen Untersuchungen auf andere Objekte aus, und einige Monate später hielt man die Auswertung von Dobeckis Seismogramm in den Händen; und insgesamt, alle Faktoren berücksichtigend, kamen Schoch und Dobecki zu dem Schluss, dass die Sphinx spätestens 5000 bis 7000 v. Chr. erbaut worden sein müsse. „Spätestens" deshalb, weil Erosion keine lineare Erscheinung ist, denn mit fortschreitender Verwitterung verlangsamt sich der Prozess.[263]

Schoch betonte anfangs ebenfalls, dass die Sphinx noch früher als 7000 v. Chr. errichtet worden sein könnte.[264] Später modifizierte Schoch seine Anschauung leicht. Er schreibt:

„Die seismologischen Daten liefern uns eine Messskala. Es hat viertausendfünfhundert Jahre gedauert, bis die unterirdische Verwitterung des jüngeren westlichen Bodens der Sphinx-Senke eine Tiefe von 1,2 Metern erreicht hatte. Da die Verwitterung an den anderen drei Seiten um fünfzig bis hundert Prozent tiefer ist, ist die Annahme vernünftig, dass diese Ausgrabung fünfzig bis hundert

261 West 2000 (Die Heiligtümer...), S. 577f
262 E-Mail-Mitteilung von John A. West an den Autor am 07.06.2007
263 West 2000 (Die Schlange...), S. 281f
264 Schoch 1999, S. 42

Prozent – oder ungefähr 2200 bis 4500 Jahre – älter als das Westende ist. Wenn wir Chephrens Regierungszeit als das Datum für den westlichen Teil der Senke annehmen, dann kommen wir mit dieser Rechnung für die Entstehung der Sphinx auf einen Zeitraum zwischen 4700 und 7000 v. Chr. (...)
Diese Schätzung fügt sich gut in die Klimageschichte des Giseh-Plateaus und korreliert mit der Art und dem Ausmaß der Oberflächenverwitterung und Erosionsspuren. Diese Zeitangabe könnte jedoch noch nicht das letzte Wort zu diesem Thema sein."[265]

Nun kommt Schoch auf die Komplexität der Angelegenheit zu sprechen und beschreibt einen Faktor, der der nicht-linearen Erosion entgegenwirken könnte:
„Verwitterungsraten können nicht-linear verlaufen – das heißt, je tiefer die Verwitterung reicht, desto langsamer schreitet sie voran, da das darüber liegende Material einen gewissen Schutz bietet. Wenn wir das in diesem Fall annehmen, dann ist die von mir errechnete Altersbestimmung das Minimum. Wenn wir eine nicht-lineare Verwitterung unterstellen, dann stammt der älteste Teil der Sphinx aus der Zeit vor 7000 v. Chr. Doch die Klimaveränderung verkompliziert das Bild. Wenn die Bedingungen auf dem Giseh-Plateau vor der Mitte des 3. Jahrtausends v. Chr. feuchter waren als die seit damals herrschende Aridität, könnte man behaupten, dass die anfängliche Oberflächenverwitterung möglicherweise, aber nicht notwendigerweise, schneller als die spätere vorangeschritten sein könnte. Das könnte eine nicht-lineare Verwitterung ausgleichen. Einfacher ausgedrückt, die anfänglich feuchteren Bedingungen könnten zu einer späteren Verwitterung geführt haben, die scheinbar auf einen 'älteren' Zeitpunkt deuten würde, doch diesem Effekt steht die nicht-lineare Natur der Verwitterung gegenüber, die scheinbar auf ein 'jüngeres' Datum verweist. Am Ende, nach langen Stunden

---

265 Schoch 2002, S. 302f

der Analyse, bin ich zu dem Ergebnis gekommen, dass die beiden Faktoren sich gegenseitig ungefähr aufheben und eine annähernd lineare Interpretation der Daten einen Sinn ergibt. Aus diesem Grund komme ich wieder auf meine Schätzung von 5000 bis 7000 v. Chr. für den ältesten Teil der Sphinx."[266]

West kommt auf der Basis der gleichen Daten zu einem anderen Schluss. Er erinnert daran, dass Schoch den konservativsten Standpunkt überhaupt vertritt und verweist darauf, dass sich in den vergangenen Jahrzehnten viele Anschauungen in der Archäologie gewandelt hätten. West verweist auf das neue Bild, das wir heute vom Niveau der alten Zivilisationen besitzen, die ihre Blüte zwischen 10 000 und 3 000 v. Christus hatten. Das alte Jericho hatte vor achttausend Jahren bereits starke Stadtmauern, und Catal Hüyük in Anatolien besaß eine voll entwickelte Stadtkultur. West sagt, Schoch hielte es für möglich, dass die Sphinx von einer ägyptischen Entsprechung dieser Kulturen hervorgebracht wurde. Die Sahara sei zu jener Zeit schon als Wüste vorhanden gewesen, doch sie war nicht so trocken wie später, in den dynastischen Zeiten Ägyptens. Während dieser Zeit kam es zu hohen Niederschlägen, und Schoch hält es für möglich, dass es diese Regenfälle waren, die die Erosion der Sphinx verursachten.[267]

West schreibt:

„Ich bin jedoch nach wie vor überzeugt, dass die Sphinx noch vor dem Ende der letzten Eiszeit gebaut worden war. Die an der Sphinx und den angrenzenden Tempeln verwendete Technik ist allem überlegen, was in Catal Hüyük oder Jericho zu sehen ist. Hätte das alte Ägypten über diese Fähigkeiten verfügt, würden wir sie überall in der ganzen Welt finden. Die gravierende regenbedingte Verwitterung und die Tatsache, dass wir – wie unsere Gegner nicht müde werden, zu wiederholen – aus der Sphinx-Ära keine weiteren Überreste ha-

---

266 Schoch 2002, S. 302
267 West 2000 (Die Schlange…), S. 282

ben, lassen es mir plausibler erscheinen, von dem auszugehen, was nicht ins alte Bild passt. (Die fehlenden Zeugnisse liegen vielleicht tiefer verschüttet oder an bisher nicht erforschten Stellen: etwa unter den Ufern des Alten Nils, der etliche Kilometer vom heutigen Flussbett entfernt verlief, oder vielleicht sogar unter dem Boden des Mittelmeers, das während der letzten Eiszeit trockenlag.) Wäre die Sphinx nur 5000 bis 7000 Jahre jung, hätten wir wahrscheinlich weitere Überreste der Kultur, die die Sphinx schuf. Unsere Frage wird sich nur durch weitere Forschungen lösen lassen."[268]

West hatte mit seiner Behauptung, die Sphinx sei durch Wasser erodiert, allem Anschein nach schon einmal recht; und vielleicht trügt ihn seine Intuition auch diesmal nicht. Die Sphinx ist möglicherweise das Erbe einer Alten Kultur, und unwillkürlich werden wir an die Welt von vorgestern erinnert, in der nach allem, was wir bis jetzt gehört haben, Atlantis möglicherweise eine maßgebliche Rolle spielte.

Wir müssen uns an dieser Stelle mit den zahlreichen Anfeindungen beschäftigen, denen Schoch ausgesetzt war und ist. Ich beginne hierbei mit der Betrachtung eines Internet-Artikels, der in Deutschland sehr viel Beachtung erfährt. Der Autor, der Hobby-Ägyptologe Rainer Lorenz, lässt es sich nicht nehmen, in dem Teilbereich seiner Homepage[269] „Alternative" Schochs Theorie zu sezieren. Sich orientierend an dem Buch *Riddle of the Sphinx* von Paul Jordan (New York 1998, S. 153-156) nahm er die Kritik eines weiteren Geologen, Professor James A. Harrell von der University of Toledo, auf und schreibt:

„Harrell erklärte Schoch, dass die Profile an der Sphinx genauso durch periodische Anfeuchtungen des Kalksteins herrühren könnten, nicht in der Form von ablaufendem Regenwasser, sondern durch gesättigten Sand. Dieses Phänomen ist bekannt: Um 2300 v. Chr., als es

---

268 West 2000 (Die Schlange...), S, 282f
269 http://www.benben.de

in Ägypten häufige Regenfälle gab (oder alleine durch Kondenswasser!), könnte sich die Feuchtigkeit unter den Sand und bis hin zum gewachsenen Felsen selbst durchgesetzt haben, und das während die Oberfläche trocken blieb. Genau das hätte auch durch die Nilfluten entstehen können, die noch bis zum Bau des Assuan-Staudammes bis an die Sphinx heranreichten (...). Kapillare können dieses Wasser bis zu zwei Meter hoch in Sand und Felsen transportieren. Die Folge war eine Erosion durch Salzexfoliation."[270]

Auf die These der Salzexfoliation werden wir später eingehen. Hier soll es zunächst einmal um die „These vom nassen Sand" gehen und was Lorenz daraus macht. Einige Zeilen weiter unten geht Lorenz auf die Kritik Schochs an dieser Theorie ein:

„Schoch nahm die Gelegenheit wahr, auf Harrells Konter zu reagieren (KMT, Sommer 1994). Er meinte, dass nie bewiesen werden könne, dass die Sphinx für längere Zeit im Sand vergraben lag, und schon gar nicht, dass dieser feucht war und das Kondenswasser den Sand so befeuchten könnte, dass die Feuchtigkeit den gewachsenen Felsen erreichen könne, um Erosionen der genannten Art hervorrufen zu können. Jordan (p. 154) weist auf den erheiternden Umstand hin, dass genau das das Ergebnis von Dr. Gauri war, dass nämlich die Sphinx ständig von Sand bedeckt war, lange bevor die ganze Debatte überhaupt entbrannt sei! Dazu gesellt sich ein recht witziger Umstand, der nicht einmal Jordan aufgefallen zu sein scheint. Ausgerechnet West hat in seinem Buch viel Zeit darauf verwendet, um zu zeigen, dass die Sphinx für sehr lange Zeit im Sand vergraben lag! Nur hatte West damit ganz anderes im Sinn, denn damit sollte gezeigt werden, dass der Sand die Sphinx sogar geschützt hätte und die Erosion genau damit viel älter sein müsse, also aus einer Zeit, als die Sphinx – praktisch ausnahmsweise – einmal ohne Sand den Elementen ausgesetzt war oder als es dort noch gar keine Wüste –

270 http://www.benben.de/SphinxIII.html

und damit keinen Sand – gab (West, pp.190-197). West zeigt auch überzeugend, dass die Sphinx Jahrtausende unter dem Sand gelegen haben muss (seit Caviglia im Jahr 1816 ist es beweisbar) – eine Argumentation, die Schoch aus der Feder seines Kampfgefährten recht ungelegen gekommen sein muss."[271]

Das klingt recht gut – aber nicht, wenn man den angesprochenen KMT[272]-Bericht kennt. Nie hat Schoch behauptet, es könne nicht bewiesen werden, dass die Sphinx längere Zeit im Sand begraben lag. Möglicherweise bezieht sich Lorenz auf diese Stelle:

„*Gegen* Harrell, selbst Stauwasser-Bedingungen könnten Unterspülungen verursachen, falls Nil-Fluten das Hauptmittel der Erosion in der Sphinx-Einfriedung wären. Harrell scheint auch anzudeuten [„imply" im Original, R. H.], dass eine Sandumhüllung, selbst wenn sie nass ist, helfen würde, die Fels-Oberflächen bis zu einem gewissen Grad zu schützen, dennoch steht solch eine Andeutung im Widerspruch zur *Theorie vom Nassen Sand*, die er als eine Erklärung für die beobachteten Verwitterungs/Erosions-Profile eingebracht hat."[273]

An dieser Stelle steht nichts davon, dass „es nicht bewiesen werden könne, dass die Sphinx für längere Zeit im Sand gelegen hätte". Hier geht es einzig und allein um die *Theorie vom Nassen Sand* (Wet-Sand-Theory) des James Harrell. Die Stelle, auf die sich Schoch bezogen hat, war vermutlich diese:

---

271 Lorenz bezieht sich hier auf die Originalausgabe des Buches *Die Schlange am Firmament: Serpent in the sky*. Eheatin 1993

272 *KMT – A Modern Journal of Ancient Egypt* ist eine moderne Zeitschrift, die sich mit dem Alten Ägypten beschäftigt (siehe: http://www.egyptology.com/kmt/)

273 Schoch: 1994: *More Sphinx debate: „He said, I say...": Response to James A. Harrell*. In: KMT Fall 1994. Nach: http://www.antiquityofman.com/Schoch_ha-rell.html

„Die aus dem Fels geschliffenen Gräber des Alten Reichs sind höher und trockener als das Gebiet um die Sphinx, und so hätten sie hauptsächlich unter der Winderosion gelitten. Während der meisten Zeit in ihrer Geschichte waren die Sphinx und die angrenzenden Tempel unter windverwehtem Sand begraben. Dieser höchst durchlässige und undichte Bodensatz würde Regen- und Nil-Flut-Wasser aufgesaugt und gespeichert haben, dadurch die begrabenen Kalkstein-Blöcke und den Felsuntergrund für lange Zeitabschnitte feucht halten.(...)"[274]

Hier schreibt Harrell, dass die Sphinx und die angrenzenden Tempel während der meisten Zeit ihrer Geschichte unter Sand begraben lagen, während die weiter höher gelegenen Gräber – offensichtlich im Gegensatz zur Sphinx – unter Winderosion gelitten hätten. Schoch folgerte daraus zutreffend, dass Harrell einen gewissen Schutz für die Sphinx und die angrenzenden Tempel vor Winderosion sah. Ihm ging es darum zu erklären, dass dies im Widerspruch zu Harrells „Wet-Sand-Theorie" stand. Von Schochs Bewertung der Andeutung Harrells, die Sphinx hätte die meiste Zeit unter dem geschützten Sand gestanden, ist hier *nicht* die Rede.

Die Behauptung Lorenz', Schoch hätte bezweifelt, dass die Sphinx für längere Zeit im (schützenden) Sand gelegen habe, lässt sich schon durch eine Anmerkung im ersten KMT-Bericht Schochs leicht widerlegen. Schoch schreibt dort:

„Die Sphinx-Einfriedung lag wahrscheinlich für wenigstens die Hälfte des Zeitabschnittes von 2500 bis 1400 v. Chr. im Sand begraben."[275]

---

274 Harrell 1994; *The Sphinx Controversy: Another Look at the Geological Evidence*. In: KMT Vol. 5, No.2, Summer 1994, S.70-74 Nach http://65.98.58.178/~hallof/modules.php?name=Articles&file=article&sid=29

275 Schoch 1992: *Redating the Great Sphinx of Giza*. In: KMT 1992 Nach: http://www.antiquityofman.com/Schoch_redating.html

Damit ist Lorenz' offensichtlicher Versuch, West und Schoch gegeneinander auszuspielen, nicht aufgegangen.

Wichtig ist im KMT-Bericht von 1994 die folgende Zeile:

„Harrell hat nicht erklärt, warum er glaubt, dass die Sphinx-Einfriedung mit feuchtem Sand aus dem Alten Reich gefüllt gewesen sein sollte, im besonderen dafür, dass die Nil-Fluten niedriger gewesen sein sollen, als sie es heute sind. Noch hat er erklärt, wie seine „Wet-Sand"-Theorie in Betracht für das Verwitterungs/ Erosions-Profil, das in der Sphinx-Einfriedung und am Körper der Sphinx zu sehen ist, gezogen werden kann. Harrells These wird weiter erschwert durch die Tatsache, dass einige der ältesten Reparaturen an der Sphinx, die die Verwitterungs/Erosions-Features, die in der Diskussion behandelt werden, zu Zeiten des Alten Reichs datieren."[276,277]

Hören wir noch einmal Schoch an:

„James Harrell, ebenfalls Geologe, schlägt eine Abwandlung von Gauris Argumentation vor. Nach ihm ist der Übeltäter der Sand, der jahrhundertelang an der Sphinx angehäuft war und bei Niederschlägen, Nilschwemmen und durch den Kapillareffekt feucht wurde. Doch eine Überflutung hätte die Basis der Sphinx und der Einfriedung unterhöhlt, aber dafür haben wir keinerlei Anzeichen. Und nasser Sand an der Basis der Sphinx erklärt auch nicht die offenkundige und tiefe Verwitterung an den oberen Teilen der Grabenwände und am Körper des Monuments selbst. Es ist in Wahrheit kein funktionierender Mechanismus bekannt, durch den nasser Sand auf

---

276 Schoch: 1994: *More Sphinx debate: „He said, I say...": Response to James A. Harrel*. In: KMT Fall 1994 Nach http://www.antiquityofman.com/Schoch_harell. html
277 Das Alte Reich Ägyptens umfasste in etwa die Zeit 2707–2216 v. Chr., in die die 3. bis 6. Dynastie Ägyptens fällt. Zur 4. Dynastie wird beispielsweise Chephren zugeordnet.

einer Kalksteinoberfläche das Verwitterungs- und Erosionsprofil am Körper der Sphinx und an den Wänden der Einfriedung hervorrufen könnte. Sand, selbst nasser Sand, könnte eher zur Konservierung der Sphinx beigetragen haben. Außerdem kann der Kapillareffekt keineswegs mehrere Meter an angehäuftem Sand jahrhundertelang feucht halten und ist bei lockerem Sand in ariden Gebieten zudem vernachlässigbar. Ferner sollen nach Harrells Theorie die Gräber der 26. Dynastie, die in der Rückwand der Sphinx-Senke eingeschnitten sind, ein Verwitterungsprofil haben, das dem an der Sphinx und seinen Senkenwänden gleicht. Das ist jedoch nicht der Fall. Harrells *Theorie vom Nassen Sand* funktioniert einfach nicht."[278]

Hier wird der oben angedeutete Widerspruch noch einmal dargelegt. Eine Sandumhüllung würde eher zur Konservierung der Sphinx beitragen als zu deren Erosion. Genau das ist es, was Schoch sagte. Hier deutet auch er an, dass Sand eine konservierende, eine schützende Funktion ausübt, und Lorenz' Argumentation geht vollkommen ins Leere.

West sagt, dass die *Theorie vom Nassen Sand* eine „brandneue Form der Erosion" sei, die „extra zu dem Zweck erdacht wurde, die allgemein anerkannte Datierung aufrechtzuerhalten".[279]

Einige unsachliche Anmerkungen in Harrells späterem Artikel finden sich in einem Beitrag vom März 2000. Dort wird West als „Pyramid-Power-Proponent" verunglimpft, während später eine etwas polemische Äußerung folgt. Dort heißt es:

„Obwohl die gegenwärtigen geologischen und archäologischen Beweise nicht so lückenlos oder bestandskräftig sind, wie einige von uns sich das wünschen würden, ist es immer noch mehr als ausreichend, das 7000+ v. Chr.-Datum von Schoch und West (und die spätere Ansicht, dass die Sphinx von Flüchtlingen aus Atlantis, die ursprünglich von Einwanderern vom Planeten Mars gegründet wurde!, gemei-

---

278 Schoch 2002, S. 304f
279 West 2000 (Die Heiligtümer), S. 593

ßelt wurde), auszuschließen. Es ist tatsächlich überraschend, dass die Ideen von Schoch und West immer noch diskutiert werden."[280]

In diesem Zitat scheint Harrell anzudeuten, dass Schoch und West behaupten würden, die Sphinx sei ein Relikt aus Atlantis, doch eine solche Äußerung finden wir bei Schoch – der ein großer Gegner der Atlantis-Theorie ist – nirgends. West deutete in *Die Schlange am Firmament* an, dass die Sphinx seiner Meinung nach von einer älteren Kultur vor der Eiszeit gemeißelt worden sein könnte und bringt – beispielsweise in Zwischenüberschriften – den Begriff „Atlantis" ins Spiel, doch nie war konkret die Rede von „Flüchtlingen aus Atlantis" und von „Atlantern, die ursprünglich vom Mars kamen". Wenn irgendjemand einmal eine derartige Bemerkung gemacht hat, dann ist es unredlich anzudeuten, dass sie von Schoch und West kam. Immerhin gibt Harrell aber am Anfang des Zitats indirekt zu, dass seine Theorie nicht bewiesen ist.

Interessant ist dabei noch eine Aussage von Lorenz:

„Nach einer weiteren Antwort Schochs, die eigentlich nur eine Wiederholung war und hier nicht wieder aufgerollt werden muss, griff ein anderer KMT-Korrespondent, G. B. Johnsson, Harrells These des feuchten Sandes auf, die damit zur Gewissheit wurde (KMT: Herbst 1994). Er präsentiert Fotos von zwei Keramikschüsseln aus Abu Roasch. Eine lag umgedreht auf dem Sand, die andere fand man aufgerichtet und mit Sand gefüllt. Letztere war stark erodiert, während die erste sich an ihrem ursprünglichen Zustand erfreuen konnte. Damit war der von Schoch geforderte Beweis für diese Art von Erosion in aller Eindeutigkeit erbracht."[281]

Lorenz jubiliert hier – Bezug nehmend auf einen Artikel aus dem

---

280 Harrell 2000: *Comments on the Geological Evidence for the Sphinx' age.* Auf: http://www.ianlawton.com/as3.htm.
281 http://www.benben.de/SphinxIII.html

Jahr 1994 –, dass Harrells These erwiesen sei, während Harrell noch sechs Jahre später zugibt, dass seine Theorie *eben nicht* bewiesen ist!

Außerdem hat das Beispiel mit den Keramikschüsseln überhaupt nichts damit zu tun, dass die *Theorie vom Nassen Sand* an der Sphinx nicht funktioniert. Schoch sagte ja, wie wir weiter oben gelesen haben: „Es ist in Wahrheit kein funktionierender Mechanismus bekannt, durch den nasser Sand auf einer Kalksteinoberfläche das Verwitterungs- und Erosionsprofil am Körper der Sphinx und an den Wänden der Einfriedung hervorrufen könnte." Da war von Keramikschüsseln nicht die Rede.

Lorenz wirft nun die *Theorie vom schlechten Kalkstein* ins Rennen, die für ihn eine große Rolle auch im Zusammenhang mit der „Salzefloxiation" spielt.

Für Lorenz scheint festzustehen, dass der Kalkstein schlecht ist. Wie kommt er darauf? Der Internet-Autor schreibt bereits im Teil 2 seiner „Alternativ-Sphinx-Trilogie", dass die Sphinx in ihrer untersten Lage aus widerstandsfähigem Korallen/Austern-Riff- und Riffschuttbalken besteht. Das ist die Schicht I. Auf ihr bewegten sich die qualitativ schlechten, lagunären Kalk/Mergel-Wechselfolgen (Schicht II). Diese Schicht II könne in sieben Kalk/Mergel-Schichten unterteilt werden, die allesamt gleich weich sind. Lediglich der Kopf der Sphinx bestehe erneut aus hartem Kalkstein. Der weitaus größte Teil der Sphinx steht in der Schicht II dieser so genannten Mokattam-Formation.[282] Lorenz bezeichnet die Schicht II als „qualitativ schlecht".

Ursprünglich stammt die Idee vom schlechten Kalkstein von Zahi Hawass, dem Direktor des Giseh-Plateaus, der der Meinung ist, der Fels, aus dem die Sphinx geschlagen wurde, sei von so schlechter Qualität, dass er nahezu unmittelbar nach dem Behauen bereits repariert werden musste.[283]

Schoch gibt zu, dass die Sphinx tatsächlich mehrfach restauriert

282 http://www.beben.de/SphinxII.html
283 West 2000 (Die Heiligtümer…), S. 593

worden ist und stellt die Frage in den Raum, wann diese Instandsetzungsarbeiten vorgenommen wurden und welche Bedeutung ihnen zukommt. Er schreibt:

„Bei den ältesten Instandsetzungsmaßnahmen an der Sphinx wurden Kalksteinblöcke verwendet, die dem Stil der Steinmetzen im Alten Reich entsprechen. Hawass behauptet, die Reparaturen wären während des Alten Reiches ausgeführt worden, höchstwahrscheinlich kurz nachdem Chephren die Sphinx aus dem Kalksteinfels hatte hauen lassen. Lehner widerspricht dem. Er meint, Steinmetzen des Neuen Reiches hätten Blöcke aus dem Alten Reich von anderen Stätten in Giseh für die Instandsetzung verwendet. Das Problem bei Lehners These ist, dass sie keinen Sinn ergibt. Da jeder Reparaturblock passend zugeschnitten werden musste, hätte der Einsatz von vorhandenem Material gegenüber einer Neuanfertigung keine Arbeitsersparnis erbracht und viele Leitmerkmale des Alten Reiches an den Blöcken zerstört. Deshalb ist es vernünftig anzunehmen, dass Hawass recht hat und die ersten Instandsetzungsmaßnahmen an der Sphinx zur Zeit des Alten Reiches ausgeführt wurden.

Doch mit dieser Lösung steht Hawass vor einem ernsten Problem. Wie konnte die Sphinx so schnell verwittert sein, dass sie fast sofort nach ihrer Fertigstellung schon wieder restauriert werden musste? Zunächst einmal, die Sphinx ist aus einem, wie wir Geologen sagen, kompetenten Kalkstein gehauen, also aus einem Stein, der ausreichend verwitterungsbeständig ist, so dass er sich gut als Baumaterial einsetzen lässt. Ferner mussten die Gräber, die neben der Sphinx liegen und aus demselben Kalkstein im Alten Reich geschnitten wurden, nicht sofort restauriert werden, wie es bei der Sphinx der Fall war. Wie kann es sein, dass dasselbe Material am selben Ort so unterschiedlich verwittert ist?"[284]

Hier wird deutlich gesagt, das der Kalkstein, aus dem die Sphinx

284 Schoch 2002, S. 309f

gehauen wurde, „kompetent", also ausreichend verwitterungsbeständig ist.

West schreibt, dass der Kalkstein der Schicht II zwar weicher
sei als jener der Schichten I und III, aber trotzdem „kompetenter"
Kalkstein sei[285], wie wir von Schoch bereits hörten.

Schoch resümiert:

„Der Kalkstein ist nicht das Thema. Vielmehr hatte sich die
Sphinx bereits seit so langer Zeit an Ort und Stelle befunden, dass
sie zur Zeit des Alten Reiches stark verwittert war und der Instandsetzung bedurfte. Als Chephren mit der Arbeit begann, war die
Sphinx bereits sehr alt."[286]

Nun kommen wir aber zu jener Theorie, auf die die These vom
nassen Sand eigentlich aufsattelt: Der Salzexfoliations-Theorie.

Kal. L. Gauri behauptet, die Erosion der Sphinx hätte ihre Ursache nicht im Regen, sondern von diversen Folgen einer chemischen
Reaktion, die man „Exfoliation" nennt, was das Abblättern der Kalksteinoberfläche meint. Nach Gauri setzt der Tau, der sich nachts auf
dem Gestein bildet, lösliche Salze auf dessen Oberfläche frei. Daraus
entsteht eine flüssige Lösung, die durch den Kapillareffekt (eine
Erscheinung, bei der eine Flüssigkeit in eine mit ihr in Verbindung
stehende dünne Röhre bzw. Kapillare entweder hineingezogen oder
aus ihr verdrängt wird) in die winzigen Poren des Steins gezogen
wird. Am Tag, wenn es heiß wird, verdunstet die Lösung. In den
Kapillaren bilden sich nun Salzkristalle. Bei der Bildung dieser Kristalle entsteht Druck, und dieser Druck ist die Ursache dafür, dass
die Oberfläche des Kalksteins abplatzt.

Auch Schoch bezweifelt nicht, dass dieser Vorgang ein wichtiger

285 West 2000 (Die Heiligtümer...), S, 593
286 Schoch 2002, S. 310

Verwitterungsvorgang auf dem Giseh-Plateau ist. Allerdings hält er es nicht für denkbar, dass damit allein die Verwitterungsvorgänge, die in der Sphinx-Einfriedung zu sehen sind, erklärbar sind und die besonderen Verteilungsmerkmale in der Sphinx-Grube schon gar nicht. (Mit diesen besonderen Verteilungsmerkmalen meint er die intensive Verwitterung, Erosion und Abtragung am Westufer der Senke.) Die Verwitterungsprozesse, die Gauri vorschlägt, hätten ihren größten Effekt unter extrem ariden Bedingungen (Man spricht von einem ariden Klima, wenn die potenzielle Verdunstung den Niederschlag einer Region übersteigt. Der Begriff *arid* stammt aus dem lateinischen „aridus", was soll viel wie „trocken" oder dürr" bedeutet.), wenn die Sphinx den Elementen ausgesetzt sei. Wenn, so Schoch, die Sphinx und die Senke allerdings unter einer Sandschicht begraben sind – und das waren sie über lange Zeit ihres Bestehens, – sind sie im Wesentlichen vor diesen Effekten geschützt. Die von Gauri vorgeschlagene Exfoliation sollte eigentlich am ganzen Kalkstein der Sphinx wirken, doch keine andere Oberfläche zeigt die gleiche Art der Verwitterung wie die Grube der Sphinx.[287]

Schoch resümiert:

„Das Ergebnis ist eindeutig. Wenngleich ich nicht abstreite, dass das Wachstum von Salzkristallen tatsächlich die Sphinx und andere Bauwerke derzeit beschädigt, so erklärt dieser Mechanismus doch nicht die alten Abtragungsmuster am Sphinx-Körper und in der Grube, die andernorts auf dem Giseh-Plateau praktisch nirgends zu finden sind."[288]

Lorenz glaubt, einen Widerspruch in Schochs Argumentation gefunden zu haben. Er wendet ein:

„Lehner zeigte noch einen nicht unerheblichen Widerspruch in

287 Schoch 2002, S. 303f
288 Schoch 2002, S. 304

Schochs Argumentation auf, nach der der hintere Teil der Sphinx erst in der 4. Dynastie gebrochen worden sein soll. Gleichzeitig hat Schoch nämlich die darin befindlichen Ablaufrinnen als „Beweis" für länger anhaltende Regenfälle vor der geschichtlichen Zeit sehen wollen. Wie nun?"[289]

Aus Lorenz' Literaturverzeichnis geht klar hervor, dass die Quelle nur „Hawass, Zahi & Lehner, Marc: The Sphinx: Who build it and why?" in Archaeology, September/Oktober 1994, pp 30-41" sein konnte, die Lorenz an vierter Stelle aufführt. Als ich mir den Artikel besorgte, um diese Aussage nachzuprüfen, war ich nicht wenig erstaunt, dass sich in diesem Artikel nichts davon fand! Tatsächlich hatte sich Lorenz in der Quellenangabe vertan, bzw. den Artikel, um den es eigentlich ging, nicht in sein Verzeichnis aufgenommen. Der „richtige Artikel" schloss sich dem vorgenannten in der gleichen Ausgabe auf den Seiten 44-47 an und ist im Internet unter dem Namen „Remnants of a lost Civilisation" zu finden. Doch auch hier sieht man, dass Lorenz den Absatz unkorrekt umschrieben hat. Es heißt dort nämlich:

„Bezüglich der Westwand scheinen sich West und Schoch in ihren eigenen Argumenten zu verheddern. Selim Hassan, der an der Sphinx 1936 Ausgrabungen vornahm, hob hervor, dass der Abfluss-Kanal entlang der Nordseite des Khafre-Aufwegs in die südwestliche Ecke an die Rückseite des Sphinx-Grabens in Sicht kommt. Das legt nahe, dass die alten Steinbrucharbeiter den Sphinx-Graben *nach* dem Khafre-Aufweg anlegten. Schoch jedoch glaubt, dass Hassans Standpunkt 'verleugnet' wird, weil 'die Rückwand der Sphinx-Einfriedung' fünf Jahrtausende nach der Zeit der mysteriösen Sphinx-Erbauer von Khafre ausgegraben wurde. Dementsprechend sollte die Rückwand keine Regen-Verwitterung aufzeigen, weil diese sie in der West-Schoch-Logik tausende von Jahre in die Zeit vor Chephren datieren würde. Warum sehen wir dann Schoch in dem *Mystery*-Video die gleiche

289 http://www.benben.de/sphinxIII.html

Rückwand des Sphinx-Grabens tätscheln und sie ein 'klassisches Lehrbuch-Beispiel dessen nennen, was mit einem Kalkstein passiert, wenn du Jahrtausende Regen hast, der auf ihn niederschlägt?'"[290,291]

Aus diesem Zitat – und nur dieses kann es sein, auf das Lorenz sich bezog – wird klar ersichtlich, dass es um die *Westwand* der Sphinx-Einfriedung geht und nicht um den Körper der Sphinx selbst. Es geht *nicht* um den hinteren Teil der Sphinx und auch nicht um „darin befindliche Ablaufrillen", wie Lorenz behauptet.

Doch auch auf den tatsächlichen Vorwurf von Lehner und Hawass hat Schoch eine Antwort parat:

„Bezüglich der westlichen Wand der Sphinx-Einfriedung und dem Abfluss-Kanal entlang der Nordseite des Khafre-Aufwegs haben Hawass und Lehner keinen Beweis für den Ursprung des Kanals; es ist nur eine Behauptung, dass er aus der Zeit Khafres stammt. Zweitens: Das Westende der Sphinx-Einfriedung hat tatsächlich zwei „Wände", eine höhere (gemeißelt aus der Setept-Schicht [Schicht II] und weiter westlich als die andere) und eine niedrigere (die niedrigere Wand ist aus Rosetau-Schicht [Schicht I] gemeißelt.) Die höhere „Rückwand", am weitesten im Westen, zeigt in der Tat Regen-Verwitterung und datiert zurück in die Zeiten des Alten Reiches. Seismische Studien legen nahe, dass die niedrigere „Rückwand", die direkt hinter den Rumpf der Sphinx gesetzt wurde, um einiges später ausgegraben wurde, vermutlich in Khafres Zeit."[292,293]

---

290 http://guardians.net/hawass/remnants.htm

291 Mit dem „Mystery Video" ist der bereits angesprochene Dokumentarfilm gemeint (s. http://www.bcvideo.com/fmom7.html), über den Schoch sagt, er sei nie dazu gedacht gewesen, den Platz der ernsthaften Artikel, die er zum Thema geschrieben habe, zu ersetzen. (http://www.robertschoch.net/Response%20in%20Archaeology%20Schoch%20Hawass%20Lehner.htm)

292 http://www.robertschoch.net/Response%20in%20Archaeology%20Schoch%20Hawass%20Lehner.htm

293 Khafre ist der ägyptische Name für den von den Griechen als Chephren bezeichnete Pharao, ebenso wie der griechische Name Cheops auf den ägyptischen Na-

Hier haben wir es also mit einem Missverständnis zwischen Lehner und Hawass auf der einen und Schoch auf der anderen Seite zu tun, das durch Lorenz noch verstärkt wurde.

Nun kommen wir auf ein Gegenargument, das wieder von Lehner stammt, zu sprechen. Wie Schoch ausführt, behauptete er, dass die heutigen klimatischen Bedingungen in Ägypten für die Verwitterung verantwortlich seien. Schließlich würde das Land schnell industrialisiert, und das Gelände nahe Kairo wüchse aufgrund der hohen Geburtenrate und der ständigen Zuwanderung aus ländlichen Gebieten sprunghaft an. Da die Luftverschmutzung extrem sei, sei das geringe Maß an Regen, das im Winter niedergeht, sehr sauer. Kalkstein könne dem sauren Regen kaum etwas entgegensetzen. Lehner behauptet, Schoch würde die zerstörerische Gegenwart mit vergangenen Beschädigungen durcheinanderbringen.

Schoch sieht in dieser Argumentation zwei gravierende Probleme:

1. Saurer Regen würde nicht diese Regenablaufmuster hervorrufen, die an den Wänden des Sphinx-Grabens zu sehen sind.

2. Wie sollte es möglich sein, dass der saure Regen nur der Sphinx derart zugesetzt hat, während Bauten, die zweifellos aus dem Alten Reich stammen und aus dem gleichen Kalkstein errichtet wurden, dem gleichen chemischen Angriff um so vieles besser standhielten?[294]

Schoch weist darauf hin, dass die Autoren Ian Lawton und Chris Ogilvie-Herald in ihrem Buch *Giza: The Truth*[295] seine Analyse zu den seismischen Daten kritisiert hätten. Darin behaupten sie, Schoch hätte angenommen, die unterirdische Verwitterung sei von Niederschlägen verursacht worden, die durch den Felsstock-Boden der Senke nach unten geflossen sei. Schoch macht deutlich, dass er

---

men Khufu zurückgeht. Ebenso verhält es sich bei Menkaure oder Menkaura (ägyptisch), der im Griechischen Mykerinos genannt wird.
294 Schoch 2002, S. 303
295 London 1999

das nie gesagt hätte. Lawton und Ogilvie-Herald behaupten weiter, dass, wenn die Sphinx-Grube mit Sand gefüllt sei, was sie seit ihrer Entstehung überwiegend war, der Sand den darunter befindlichen Felsboden vor einer *unterirdischen* Verwitterung schützen würde, doch *diese* Art von Verwitterung ist nach Schoch im Wesentlichen eine Veränderung im Fels, die eintritt, sobald dessen Oberfläche der Luft oder Atmosphäre ausgesetzt sei, beispielsweise als der Kernkörper der Sphinx ausgegraben wurde. Und damit hat Regen nichts oder wenig zu tun. Schoch fügt an, dass loser poröser Sand, der in der Sphinx-Grube angehäuft ist, dem Felsstock keinen nennenswerten Schutz vor *dieser* Art Verwitterung bieten kann.

Die beiden Autoren behaupten auch, dass es nahezu sicher sei, dass die unterirdische Erosion weitaus stärker von einem hydraulischen und einem Kapillareffekt im Laufe der Jahrtausende, seit der Unterbau angelegt wurde, verursacht worden sei als von dem Regen und der Exponiertheit in verhältnismäßig neuerer Zeit.

Schoch erklärt, dass dies „schlicht falsch" sei, denn hier sei von einer unterirdischen Verwitterung und nicht von einer Erosion – bei der der Fels tatsächlich abgetragen wird – die Rede. Es ergäbe keinen Sinn und sei zudem unredlich, hier den unbekannten und undokumentierten Mechanismus des „hydraulischen und Kapillareffekts" als Möglichkeit für eine Erklärung der Daten zu postulieren. Dieser „hydraulische und Kapillareffekt" würde zudem nicht die Unterschiede bei der unterirdischen Verwitterung im Sphinx-Graben erklären.

Für Lawton und Ogilvie-Herald ist klar, dass die Westwand der Sphinx-Grube hinter dem Rumpf der Sphinx, die nach Schochs Theorie erst 2500 v. Chr. herausgeschlagen worden sein müsse, exakt die gleichen senkrechten und gerundeten Profile zeigt wie die (vermutlich ältere) Südwand. Daraus schließen sie, dass Schochs Analyse durch diesen scheinbaren Widerspruch widerlegt sei, doch die beiden Autoren vergessen zu erwähnen, dass die beiden „Rückwände" hinter dem Rumpf der Sphinx liegen, so Schoch. Die höhere „Rückwand", die sich weiter westlich befindet, weist nach Schoch

Verwitterungen durch Regen auf, nämlich die „senkrechten und gerundeten Profile", und diese stammen aus einer Zeit vor dem Alten Reich. Die seismischen Untersuchungen wiesen darauf hin, dass die niedrigere „Rückwand" – sie steht direkt hinter dem Rumpf der Sphinx – keine Verwitterung durch Regen aufwiese und viel später, möglicherweise erst in der Zeit Chephrens (um 2500 v. Chr.), ausgegraben wurde. Zu dieser Zeit wurde nach Schochs Meinung der Rumpf der Sphinx überarbeitet und möglicherweise auf das gleiche Niveau abgeschnitten wie der Boden des Sphinx-Grabens an den anderen drei Seiten.[296]

Bezüglich der hier mehrmals benannten „unterirdischen Verwitterung" schrieb Schoch, kurz bevor er auf Ian Lawton und Chris Ogilvie-Herald einging:

„Eine andere interessante Entdeckung bei unseren seismischen Untersuchungen im Jahr 1991 ist der Befund, dass der Boden des Sphinx-Tempels – der direkt im Osten der Sphinx, jedoch auf niedrigem Niveau steht – gleichmäßig bis zu einer Tiefe von nur 1,2 bis 1,5 Meter verwittert ist. Wenn der Sphinx-Tempel erbaut wurde, als der ursprüngliche Körper der Sphinx ausgeschachtet wurde, würde man erwarten, dass er die gleiche 1,8 bis 2,4 Meter tiefe unterirdische Verwitterung unter dem Boden zeigen würde, die man unter den ältesten Teilen des Bodens der Sphinx-Grube vorfindet. Eine genaue Untersuchung des Boden des Sphinx-Tempels und der Originalwände des Sphinx-Tempels hat allerdings überzeugende Belege erbracht – in Form von Schnittspuren rund um die Säulen auf Felsstockpiedestalen [Mit „Piedestalen" sind Sockel gemeint, R. H.] und auf den ursprünglichen Wänden, dass der tatsächliche Boden des Sphinx-Tempels bei antiken Restaurierungsarbeiten abgeschnitten und um etwa fünfundvierzig bis fünfundsiebzig Zentimeter tiefer gelegt wurde, vermutlich zur Zeit des Alten Reiches, um 2500 v. Chr. Wenn man das entfernte

---

296 Schoch 2002, S. 307f

Bodenmaterial und die gegenwärtige tiefe unterirdische Verwitterung zusammen betrachtet, ist klar, dass der ursprüngliche Boden des Sphinx-Tempels tatsächlich unterirdisch verwitterte, wie man es bei einer Entstehungszeit weit vor Chephren erwarten würde."[297]

Der Geologe Farouk El-Baz, Leiter des Center for Remote Sensing[298], behauptet, die Sphinx sei ein *Yardang*. Ein „Yardang" ist eine Ausblasungsform härteren Gesteins, das über die Oberfläche der umgebenden Wüste hervorragt. Der härtere Stein widersteht über Millionen von Jahren hinweg dem Regen sowie dem Wind und dem Sand. Der umgebende weiche Stein dagegen verwittert, bis er das Bodenniveau der Wüste darstellt. Ein solcher emporragender Yardang bildet tatsächlich manchmal eine der Sphinx ähnliche längliche Form aus. Typische Beispiele für Yardangs sind die Mesas im Westen Nordamerikas. El-Baz ist der Meinung, dass die Sphinx ihre grobe Form bereits auf natürliche Weise angenommen hat. Erst später sei sie von den Steinmetzen des Chephren zu ihrer Löwenform verfeinert worden.

Das Problem, das West bei dieser Erklärungsmöglichkeit sieht, ist, dass der Körper der Sphinx *unter* dem Bodenniveau der Wüste ruht, und somit kann ihre ganze Verwitterung erst dann stattgefunden haben, nachdem sie bereits gehauen war. Der Kopf dagegen könne durchaus ein Yardang gewesen sein.[299]

Schoch macht noch eine wichtige Aussage, die sich auf die Gegenargumente beziehen:

„Wie John Anthony West so eloquent anmerkt, leiden die Gegenargumente noch an einem anderen Problem: Sie widersprechen sich wechselseitig. Die Verwitterung der Sphinx ist nicht gleichzeitig dem Kapillareffekt, dem heutigen sauren Regen, nassem Sand, alten Yardang-Prozessen *und* vor allem schlechtem Kalkstein zuzuschrei-

297 Schoch 2002, S. 306f
298 „Remote Sensing" ist Fernerkundung, oft durch Satelliten.
299 West 2000 (Die Heiligtümer...), S. 594, s. a. Schoch 2002, S. 308f

ben. Jede einzelne Theorie, so schwach die Thesen an sich schon sind, wird von einer oder mehreren anderen widerlegt. Sie alle stellen Versuche dar, den Indizienbeweis zu retten, dass Chephren die Sphinx erbauen ließ. Zuzulassen, dass die Sphinx älter als Chephren ist, heißt, das Nichteinräumbare einzuräumen: Das konventionelle Szenario, nach dem die Zivilisation 3500 v. Chr. in Sumer entstand und am Ende des 4. Jahrtausends v. Chr. von Mesopotamien nach Ägypten kam, ist falsch."[300]

Nebenbei sei angemerkt, dass Schoch bei dem Archäologen Selim Hassan, der alle literarischen Erwähnungen der Sphinx von den frühesten bekannten Schriften bis in die römische Zeit untersuchte, Interessantes feststellte. In jeder Zeit, schreibt Schoch, sei die Sphinx in eine Zeit vor den Giseh-Pyramiden gestellt worden. In den mündlichen Überlieferungen einiger Dörfer in der Nähe von Giseh wird erzählt, die Sphinx habe bereits vor der Regierungszeit Chephrens seit mindestens fünftausend Jahren existiert. Schoch gibt aber zu, dass dies nur Indizien sind.

Der Geologe David Coxill unterstützt in der Zeitschrift *Inscription: Journal of Ancient Egypt* Schochs Hypothese, dass die Sphinx aus einer Zeit starker Niederschläge vor der Zeit des Alten Reiches stammen muss. Er macht keine genauen Zeitangaben und schreibt lediglich, dass die Sphinx eindeutig älter sei als die traditionelle Datierung.

Der Geologie-Ingenieur Colin Reader (er wurde an der London University ausgebildet) untersuchte die Verwitterungsmuster von Giseh und die Hydrologie des Plateaus und kam zu ähnlichen Schlussfolgerungen. Analog zu Schoch vermerkt er, dass der Sphinx-Graben am hintersten Westende am stärksten verwittert und durch Sturzbäche erodiert ist, das ist in dem Bereich westlich hinter der niedrigeren Wand, die nach Schochs Ansicht geschnitten wurde, als

---

300 Schoch 2002, S. 310

Chephren den Rumpf der Sphinx vollständig freilegen und restaurieren ließ. Die Erklärung für diese besonders starke Verwitterung und Erosion sei das über die Oberfläche ablaufende Wasser, das von heftigen Regenfällen stammte. Das Giseh-Plateau senkt sich von Norden und Westen her ab, und so strömte das abfließende Wasser auf seinem Weg zum Niltal direkt in Richtung Sphinx-Graben und durch ihn hindurch. Dies sei zumindest in der Regierungszeit des Cheops (ca. 2551-2528) so gewesen. Cheops ließ, wie wir bei Schoch lesen, große Mengen Stein in Steinbrüchen direkt am Hang über der Sphinx-Senke brechen. Später, als man die Gräben nicht mehr brauchte, füllten sie sich mit der Zeit mit vom Wind verwehten Sand und saugten alles ablaufende Wasser auf, das auf den Sphinx-Graben zuströmte. Demnach müsse die starke Verwitterung und Abtragung am westlichen Ende der Senke in einer Zeit eingetreten sein, bevor die Steinbrüche in der Regierungszeit des Cheops angelegt wurden.

Reader glaubt, dass neben der Sphinx auch andere Monumente neu datiert werden müssten. Seiner Analyse zufolge stammen Chephrens Aufweg – er führt vom Gebiet der Sphinx hoch zum Totentempel an der Ostseite der Chephren-Pyramide, – ein Teil des Totentempels sowie der Sphinx-Tempel aus der Zeit vor Chephren. Unabhängig davon waren West und Schoch zum Ergebnis gelangt, dass der Totentempel zum Teil aus der Zeit vor Chephren stammt, ohne es zunächst zu publizieren. Das tat Reader vor ihnen. Wir haben es hier also mit einer unabhängigen Bestätigung zu tun.

Schoch moniert allerdings, dass Reader nicht bereit ist, die Sphinx vor 2800 bis 2600 v. Chr. zu datieren. Letzterer glaubt, dass die alten Ägypter in der Zeit davor noch nicht die Art von Steinbautechnik wie an der Sphinx, am Taltempel und anderen Bauwerken, die mit der Sphinx in Verbindung stehen, gehabt hätten.[301]

„Wenn die Sphinx in dem Zeitraum von 2800-2600 v. Chr. aus dem Fels geschlagen wurde, dann müsste es in diesem Zeitrahmen so viele

---

301 Schoch 2002, S. 311f

heftige Niederschläge gegeben haben, dass das Monument und seine Grube stark verwittern konnten. Der Höhepunkt der Niederschlagsperiode war jedoch bis 3000 v. Chr. überschritten; und 2800 v. Chr. war Ägypten bereits auf dem Weg, sich in eine Wüste zu verwandeln."[302]

Nachdem Schoch diesen Gedanken weiter ausführt, kommt er zu dem Schluss:

„(...) trotz ihrer abweichenden Einschätzung über die Zeit der Erbauung bestätigen Reader wie Coxill meine grundsätzlichen Beobachtungen über die Sphinx. Das Monument gehört in eine Zeit, die weit vor der Chephrens liegt."[303]

Mit einiger Überraschung stieß ich im Internet auf der Seite des PM-Magazins auf einen Artikel von Sabine Schwabenthan, die verkündete, die Regentheorie sei für die Wissenschaft erledigt. Experten wie der deutsche Mineraloge Professor Dr. Dietrich Klemm oder der Münchner Bauingenieur Rudolf Gantenbrink[304] hätten das Phänomen weit unspektakulärer erklären können: Mit Sandabrieb! Da der Sockel der Sphinx unter dem Bodenniveau der Sphinx und unter dem Bodenniveau der Wüste liegt, so erklärt Schwabenthan uns, sei der ganze Komplex immer wieder erst von Sand bedeckt und dann von Menschenhand freigelegt worden, wonach er wieder zugerieselt wurde. Wie oft das im Laufe seiner Geschichte geschah, wüssten wir nicht.[305]

Peter Glaser ist ein Drehbuchautor und Schriftsteller, der sich seit Jahren mit dem Thema Sphinx und Pyramiden beschäftigt. Luise

---

302 Schoch 2002, S. 213
303 Schoch 2002, S. 313
304 Gantenbrink konstruierte einen Miniatur-Roboter, der 1993 in einen kleinen Schacht der Großen Pyramide von Giseh geschickt wurde, um auf einen Blockierungsstein mit Kupferbeschlägen zu stoßen, der hin und wieder als „Tür mit Griffen" bezeichnet wurde.
305 http://www.pm-magazin.de/de/heftartikel/artikel_id793.htm

Wagner, die Produzentin und Mitautorin der Sendung „Sphinx – Rätsel in Stein" aus der Reihe „ZDF-Expedition"[306] führte Interviews mit den weltweit angesehensten Sphinx-Experten und war bei den abenteuerlichen Dreharbeiten vor Ort. Im Anschluss an die Sendung beantworteten die Autoren die Fragen der Zuschauer.[307]

Im Rahmen dieses Chats erklärte uns Wagner, bei den Erosionsspuren an der Sphinx ginge die Schulwissenschaft davon aus, dass sie nicht durch Wasser, sondern durch Wind (!), Sandabrieb und Salzausscheidungen verursacht würden.[308]

Nun, dass Wind höchstens den Kopf des Sphinx verwittert haben kann, da der Körper ja die meiste Zeit im Sand lag, wissen wir. Ebenso wissen wir, dass die Salzexfoliation zwar an der Sphinx wirkt, aber nicht für alle – vor allem nicht für die typischen – Verwitterungsmerkmale verantwortlich sein kann.

Es überrascht, dass der Sand, der ja bereits vor 1991 von Gauri und Lehner als Standarderklärung aufgegeben wurde, nun wieder der Übeltäter sein soll. Und dabei muss er nicht einmal nass sein. Diese Erklärungsmöglichkeit schloss West abermals kategorisch aus.[309] Nachdem ich ihm auf Wunsch die vorgenannten Daten vorlegte, teilte er mir mit, dass Klemm zwar ein Geologe sei, seine Argumente jedoch gehaltlos seien, während Gantenbrink sich zwar mit Robotern auskenne, aber außerhalb dieses Gebietes nicht kompetent sei, so dass seine Meinung von keiner Bedeutung sei.[310]

Die wiederbelebte Sand-Theorie existiert offensichtlich schon seit mindestens 1999.

Im Artikel *Sphinx: Älter als das Reich der Pharaonen?*, der übrigens vom Verschwörungstheoretiker Gerhard Wisnewski stammt, wird Klemm bezüglich der Erosionspuren in der Sphinx-Einfassung mit der Aussage zitiert:

---

306 http://www.3sat.de/3sat.php?http://www.3sat.de/specials/70656/index.html
307 http://www.zdf.de/ZDFde/inhalt/18/0,1872,2023602,00.html
308 http://www.zdf.de/ZDFde/inhalt/7/0,1872,2023687,00.html
309 E-Mail-Mitteilung von John West an den Autor am 29.12.2006
310 E-Mail-Mitteilung von West an den Autor am 31.12.2006

„Ähnliche Strukturen kennt man auch aus Steinbrüchen und Gräbern, die nachweislich zur Zeit von Cheops und Chephren entstanden sind."[311]

Wir erwähnen Schochs Aussage zu dem Thema zum Vergleich Er sagte:

„In Giseh zeigen verschiedene Monumente unterschiedliche Verwitterungsmuster. Zum Beispiel zeigen Bauten, die zweifelsfrei auf die Zeit von 2600-2300 v. Chr. datiert wurden – also in die Anfangszeit und Mitte des Alten Reiches – und aus demselben Kalkstein wie die Sphinx bestehen, hauptsächlich eine Verwitterung durch Wind und nur eine geringfügige Abtragung durch Wasser. Das Muster passt zum heutigen Klima in Ägypten, das durch aride windige Bedingungen und nur ganz selten durch spärlichen Niederschlag gekennzeichnet ist."[312]

Klemms Aussage scheint der Schochs zu widersprechen. Wenn beide recht haben, wie ist die Situation dann zu beurteilen? Klemm spricht von „ähnlichen" Strukturen, nicht unbedingt von den „gleichen". Aber selbst wenn es die gleichen wären, würde Klemms Theorie im Widerspruch zu der Gantenbrinks stehen.

Der weist darauf hin, dass der Sphinx-Graben unter dem Bodenniveau der Wüste liegt und über die Jahrtausende ständigem senkrechten Sandabrieb ausgesetzt war, so dass das Monument in seiner Geschichte immer wieder ausgegraben wurde (wie wir ja bereits wissen) und anschließend in den folgenden Jahrhunderten wieder zurieselte. Gantenbrink äußert sich folgendermaßen[313]:

311 Wisnewski, Gerhard: Sphinx: Älter als das Reich der Pharaonen? In: P.M.- History 3/1999, S. 7f

312 Schoch 2002, S. 298

313 Wisnewski, Gerhard: Sphinx: Älter als das Reich der Pharaonen? In: P.M.- History 3/1999, S. 8

„Größere herabrieselnde Sandmengen schleifen den Fels natürlich genauso ab wie herablaufendes Wasser, nämlich entlang natürlicher Schwachstellen und weicher Gesteinsadern. Sand ist in der Lage, über wesentlich kürzere Zeiträume dieselben Erosionsspuren zu erzeugen wie Wasser."[314]

Wenn Gantenbrink Recht hat, wie kommt es dann, dass nach seinem Mitstreiter Klemm Gräber und Steinbrüche aus der Region ähnliche Spuren aufweisen? Wir wissen nicht, welche Gräber und Steinbrüche er meint und wo sie konkret stehen, aber es ist wohl kaum davon auszugehen, dass sie – wie die Sphinx – ständig mit Sand zugerieselt und wieder ausgegraben und dann wieder durch herunterrieselnden Sand verwittert wurden.

Bei Gantenbrinks Ausführungen fällt auf, dass er nur von „laufendem Wasser" spricht, während Schoch von „heftigen Niederschlägen" ausgeht.

Die Spuren, die rieselnder Sand hinterlässt, müssen – das fällt bereits einem Laien auf – unterscheidbar sein von den typischen Wasser-Erosionsspuren, die Schoch auf der Sphinx und an ihrer Abgrenzungsmauer gefunden hat. Ich kann mir vorstellen, dass ein Geologe, der vor Ort war, dies sicher erkennen und unterscheiden kann, so wie Schoch es getan hat.

Tatsächlich erhielt ich *nach* dem Niederschreiben dieser Zeilen eine Rückantwort von Schoch, in der es um dieses Problem ging.

Darin teilte mir der Geologe mit, dass das Herabrieseln von Sand nicht die gleichen Muster ergibt wie Regen oder Wasserabfluss.[315]

Diese Antwort verwundert nicht, denn wir haben bei Schochs Erwiderung auf Lehners „Saurer-Regen"-Theorie gesehen, das dem Geologen zufolge selbst saurer Regen ein anderes Regenablaufmus-

314 Wisnewski, Gerhard: Sphinx: Älter als das Reich der Pharaonen? In: P.M.- History 3/1999, S. 8
315 E-Mail von Robert M. Schoch an den Autor vom 01.10.2005

ter aufweisen würde als jenes an der Sphinx. Wenn es hier schon Unterschiede gibt, wieso sollte dann herunterrieselnder Sand das gleiche Regenablaufmuster hervorrufen wie heftige Niederschläge, während schon das Profil der Erosion durch sauren Regen sich von dem an der Sphinx beobachteten Regenablaufmuster unterscheidet? Das klingt unlogisch, und es scheint ganz so, als ob Schochs Theorie die Erosionsmuster der Sphinx besser erklären kann als die These vom Sandabrieb. Zudem haben sich viele Geologen (mindestens) seit 1991 mit dem Problem befasst (Gauri, Harrell, El-Baz, Reader, Coxill). Warum ist niemand von ihnen auf die Sandabrieb-These gekommen, wenn sie doch so nahe zu liegen scheint, falls man Gantenbrink glaubt?

Es scheint vielmehr wirklich so zu sein, dass Schochs Theorie alle Aspekte des Problems am besten erklären kann und seine Theorie von einer (größtenteils) alten Sphinx richtig ist. Die Zukunft wird zeigen, *wie* weit die Sphinx tatsächlich zurückdatiert werden muss. Und vielleicht hat ja doch West recht, wenn er sagt:

„Mit der Entwicklung neuer Techniken wird es möglich sein, die Auswirkungen der kosmischen Strahlung auf die Isotopen des Gesteins zu messen. Diese Daten erlauben eine Ermittlung des Zeitpunkts, wann der Fels geschnitten und der Atmosphäre ausgesetzt wurde. Das sollte uns eine wissenschaftlich haltbare Datierung für die Entstehung der Sphinx ermöglichen. In der Zwischenzeit wird unser Team mit seismologischen und anderen Hilfsmitteln, vielleicht auch mit Radar, nach weiteren Beweisen für die untergegangene Kultur suchen, welche die Sphinx und ihre Tempelanlage erbaut hat. Meine (mittlerweile durch Erkenntnisse erhärtete) Intuition sagt mir, dass der Ursprung der Sphinx – wenn es uns denn endlich gelingen wird, sie zu datieren – so weit in der Vergangenheit zurückliegt, dass wir aus dem Staunen nicht wieder herauskommen werden."[316]

---

316 West 2000 (Die Schlange), S. 287

VI.

Das Problem mit den Entlastungskammern

„Die Inschriften in den Entlastungskammern beweisen nicht notwendigerweise, dass Khufu die Pyramide erbaute."[317]

Nachdem nun die Frage, ob die Sphinx älter sein könnte als bisher angenommen, im positiven Sinne geklärt zu sein scheint, kann man weiter fragen, ob es nicht möglich sein könnte, dass die Große Pyramide nicht auch älter ist. Könnte es sein, dass Edgar Cayce und Teile der weiter oben vorgestellten Ansichten bezüglich dieser Objekte zutreffen? Dabei ergibt sich ein nicht geringes Problem, das wir bei der nach konventioneller Denkweise von Chephren gebauten Pyramide nicht haben: In verschiedenen Entlastungskammern oberhalb der Königskammer in der Großen Pyramide befinden sich Inschriften, die deutlich den Namenszug „Khufu" tragen. Was hat es mit diesen Kammern auf sich?

Im Jahr 1765 befand sich der spätere britische Generalkonsul von Algerien, Nathaniel Davison, in der Großen Pyramide, um Forschungen durchzuführen. Er bemerkte, dass an der höchsten Stelle der großen Galerie seine Stimme in merkwürdiger Weise als Echo zurückkam. Dieser Widerhall kam offensichtlich von irgendeiner Stelle in der Decke. Nachdem er zwei lange Bambusstäbe zusammengebunden und eine Kerze daran befestigt hatte, konnte er in ihrem Licht eine etwas sechzig Zentimeter weite rechteckige Öffnung

---

317 Schoch 2005, S. 64

ganz oben an der Wand, unmittelbar unter der Decke, erkennen. Mit einiger Mühe konnte er zu dieser Öffnung gelangen und sich durch sie hindurchzwängen. Davison befand sich nun in einem niedrigen Stollen, in dem er weiter kroch, bis er nach acht Metern in eine Kammer gelangte, in der er nicht aufrecht stehen konnte. Sie hatte allerdings die gleichen Ausmaße wie die Königskammer. Sowohl auf dem Fußboden als auch an der Decke befanden sich bis zu siebzig Tonnen schwere Granitplatten. In dieser Kammer, die nach ihm „Davison-Kammer" benannt wurde, fanden sich keine Inschriften und nichts von Bedeutung und auch kein Hinweis auf irgendeine Spur eines weiteren Ganges.[318]

Anfangs des darauf folgenden Jahrhunderts erforschte Caviglia, der einen geheimen Raum im tiefen Inneren der Pyramide suchte, die Große Pyramide. Während seiner Arbeit trat der bereits erwähnte Gardeoffizier Howard-Vyse auf den Plan, indem er sich Caviglias Gruppe anschloss. Doch bald gab es Streit, und Howard-Vyse und Caviglia trennten sich. Howard-Vyse holte sich den englischen Bauingenieur John Shea Perring mit ins Boot, der alle Pyramiden und Gräber, die bisher auf dem Giseh-Plateau bekannt waren, vermessen sollte. Bei Howard-Vyses ausgiebiger Arbeit in der Großen Pyramide entdeckten seine zahlreichen Arbeiter einen Spalt in der Decke der Davison-Kammer, in den man ein Schilfrohr einen Meter tief hineinstecken konnte. Für Howard-Vyse war klar: Es befand sich eine weitere Kammer oberhalb der Davison-Kammer. Der Granit an der Decke der Davison-Kammer war so hart, dass man mit Meißeln keinen Stollen hindurchtreiben konnte. Also griff Howard-Vyse zu ganz harten Methoden: Er ließ seine Leute mit Hilfe von Schießpulver ein Loch in die Decke sprengen, was nicht ungefährlich war, da die abgesprengten Granitbrocken mit enormer Geschwindigkeit durch die Gegend flogen.

Schließlich legte sich der Staub, und Howard-Vyse stellte fest, dass

---

318 Tompkins 1973, S. 51

er es tatsächlich geschafft hatte, sich einen Zugang nach oben in eine weitere Kammer zu verschaffen. Er benannte sie nach seinem Feldherrn Wellington. Der Fußboden dieser neuen Kammer bestand aus neun gewaltigen Granitblöcken, und jeder von ihnen wog über fünfzig Tonnen. Etwa neunzig Zentimeter darüber befand sich wiederum eine flache Decke aus acht Granitblöcken. Howard-Vyse war nun nicht mehr zu halten. Er ließ auch diese Decke aufsprengen, weil er davon ausging, dass sich dort eine weitere Kammer befand. Er wurde fündig und arbeitete sich unter immer schwereren Bedingungen weiter nach oben durch, bis seine Leute innerhalb von dreieinhalb Monaten eine Höhe von etwas mehr als zwölf Metern erreichten. Man hatte nun nach den beiden ersten zwei weitere Kammern entdeckt, von denen die oberste mit riesigen Kalksteinblöcken giebelförmig abgedeckt war. Howard-Vyse benannte diese Kammern nach Admiral Nelson, Lady Arbuthnot (der Frau eines englischen Generals, der zufällig die Pyramide besuchte, nach dem der Raum gerade erst entdeckt worden war) und nach Oberst Campbell, dem englischen Konsul in Kairo.

Von besonderem Interesse waren dabei einige offensichtlich schnell hingeworfene, medaillonfarbene Zeichnungen in roter Farbe, Kartuschen, die man in den oberen Kammern fand. Darunter befand sich auch die Kartusche „Khufu". Sie wies offensichtlich auf Cheops hin. Ähnliche Kartuschen fanden sich auch in den Steinbrüchen der Wadi-Magharah-Berge. Da man keinen Eingang außer dem von Howard-Vyse gewaltsam aufgebrochenen fand, war offensichtlich, dass sie angebracht worden sein mussten, *bevor* die Kammern verschlossen wurden.[319]

Es kursieren heute noch Gerüchte darüber, dass Howard-Vyse die Inschriften gefälscht haben könnte, doch dies wurde längst widerlegt[320], und ein einfaches Gegenargument gegen die Fälschertheorie

---

319 Tompkins 1973, S. 65ff
320 Ich habe die Angelegenheit in meinem Buch *Gelöste und Ungelöste Rätsel dieser Welt* auf S. 30ff behandelt.

ist, dass Howard-Vyse wohl kaum in der Lage gewesen sein dürfte, die über siebzig Tonnen schweren Granitplatten anzuheben, denn zumindest eine Khufu-Kartusche verläuft teilweise unter den Bodenplatten hinweg.[321]

Diese Entdeckungen wurden 1836 gemacht.

Howard-Vyse deutete diese fünf übereinander liegenden Kammern als Druckentlastungskammern, das heißt, sie waren eingebaut worden, um die Decke der Königskammer vom Druck der gewaltigen Steinmassen über ihr zu entlasten.[322] Diese Meinung wird heute größtenteils geteilt.

So bleibt also das Problem mit den Entlastungskammern bestehen. Wie wir im 4. Kapitel gesehen haben, scheint vieles zusammenzupassen. Im letzten Kapitel kam hinzu, dass die Sphinx aller Ansicht nach bedeutend älter ist als angenommen. Aus ägyptologischer Sicht scheint gesichert, dass die Große Pyramide *nicht* früher datiert werden muss, sondern ihre Zuschreibung zu Cheops korrekt ist. Doch wenn wir den Kontext des 4. Kapitels betrachten und uns nicht auf die Ägyptologie allein verlassen, sollte es möglich sein, dass die Große Pyramide älter ist. Die Funde in den Entlastungskammern scheinen dem aber entgegenzustehen. Es gibt jedoch Ansätze, die ein höheres Alter der Großen Pyramide nicht unmöglich erscheinen lassen.

Eine Idee ist, dass die Große Pyramide zur Zeit des Cheops bis zu den Entlastungskammern hinunter zerstört war und man die Entlastungskammern neu erstellen musste. Dies würde die Inschriften in den Entlastungskammern erklären, Cheops hätte die Pyramide nicht gebaut, sondern „nur" restauriert – und das in großem Maße –, und so ist auch seine Rolle beim (Um-)Bau der Großen Pyramide zu erklären, wobei Cayce und entsprechende Stellen im Hitat trotzdem recht haben könnten. Die Frage ist nur: Müsste die Pyramide dann nicht einen architektonischen Bruch aufweisen? Ich weiß nicht, ob

321 sh. hierzu Schoch 2005, S. 262
322 Tompkins 1973, S. 75

dies zwangsläufig der Fall sein müsste und möchte hier einige andere Ideen diskutieren.

Reinhard Prahl hatte in zwei Artikeln – *Cheops, der Restaurator der Großen Pyramide* und *Die Pyramide des Cheops – eine Standortfrage* – Gedanken geäußert, die an dieser Stelle nicht unberücksichtigt bleiben sollten.

Prahl geht es in erster Linie um den Standort der Cheops-Pyramide. Nach der Ansicht des Autors ist jener der Cheops-Pyramide unlogisch. Prahl ist der Ansicht, dass der Standort der Chephren-Pyramide besser geeignet ist als jener der Cheops-Pyramide. Nun hat aber nach konventioneller Lesart Cheops seine Pyramide vor Chephren gebaut, das heißt: Der Standort der Chephren-Pyramide war zu jener Zeit noch frei. Warum wurde nicht dieser Aufweg gewählt? Prahl schreibt, der Aufweg der Cheops-Pyramide könne als längster und kompliziertester der drei Pyramiden des Cheops, Chephren und Mykerinos[323] angesehen werden. Die Länge des Aufwegs der Cheops-Pyramide beträgt 739,8 Meter, der der Chephren-Pyramide 494,6 Meter und der der Mykerinos-Pyramide 608 Meter. Der Autor beruft sich auf Herodot, der schrieb, dass das Volk zehn Jahre gebraucht habe, um auf dem Weg die Steine zu ziehen. Damit ist Prahl zufolge nach allgemeiner ägyptologischer Ansicht der Aufweg gemeint. Die Arbeitsleistung, die erforderlich war, um diesen Weg zu bauen, stand jener, die für den Bau der Pyramiden benötigt wurde, also wenig nach, meint Prahl. Die Länge des Weges wurde bereits erwähnt, doch auch die Breite scheint nicht unerheblich zu sein. Sie betrug etwa 19,8 Meter. Die Höhe misst an der höchsten Stelle 15,48 Meter. Dazu ist zu beachten, dass der Aufweg nicht senkrecht zur Pyramidenachse steht, sondern von der Ost-West-Achse um fünfzehn Grad nach Norden abbiegt. Von allen drei Aufwegen weise der Aufweg die komplizierteste Bauweise auf. Der zu überwindende Steilhang hatte eine Höhe von 21,20 Metern, die Breite betrug nach

---

323 Diese drei Pyramiden sind die größten auf dem Giseh-Plateau.

den Angaben des Ägyptologen Georges Goyon 18,35 Meter, und die Verkleidung alleine hatte eine Dicke von etwa zwei Metern.

Als weiteres Argument nennt Prahl, dass die Anbindung an den Schiffsverkehr über einen hohen Steilhang erfolgen musste.

Er sieht auch ein Problem bei der Lage der Steinbrüche. Der größte und wichtigste Steinbruch läge westlich des südöstlich der Chephren-Pyramide gelegenen Steinbruchs, auch der Steinbruch südlich der Chephren-Pyramide wurde wahrscheinlich von Cheops verwendet, schreibt Prahl. Beide Steinbrüche würden genau genommen ein riesiges Areal bilden. Der Autor ist der Ansicht, dass zumindest große Teile des Steinbruchgeländes besser für das Gelände der zweiten Pyramide geeignet seien. Prahl begründet dies damit, dass der im Bau befindliche Aufweg der Pyramide im Gegensatz zu dem des Cheops-Gebietes zum Steintransport mitgenutzt werde, und zudem müsse die Rampe – von der großen Pyramide aus betrachtet – mindestens in zwei „Strahlen" auslaufen, damit eine effektive Ausnutzung des Steinbruchs gewährleistet werden könne. Von der Chephren-Pyramide allerdings musste nur eine lange gerade Rampe gebaut werden, die, wenn notwendig, nur verlängert zu werden brauchte.

Da die Chephren-Pyramide über den kürzesten aller drei Aufwege verfügt, müsse angenommen werden, dass allgemein der Weg zum Hafen, der künstlich angelegt war, kürzer gewesen sein muss als der Weg, der von der Cheops-Pyramide zurückgelegt werden musste.

Prahl schlägt einen neuen Ansatz vor, nachdem Giseh vor der ersten Dynastie bereits ein heiliger Ort gewesen sein dürfte. Das so genannte Osiris-Grab, ein Schachtgrab und Tunnelsystem, das sich bis in eine Tiefe von dreißig Metern zwischen der Chephren-Pyramide und der Sphinx erstreckt, wurde kürzlich von Zahi Hawass wiederentdeckt. Der Erstentdecker soll Selim Hassan gewesen sein, der seine Entdeckung bereits 1935 publizierte. Selim Hassan zufolge könnte das Osiris-Grab mindestens fünftausend Jahre alt sein.

Der Autor weist weiter darauf hin, dass die Nekropole von Giseh altägyptisch Ro-setau heißt, was in zwei verschiedenen Quellen mit „Mündung der Gänge" übersetzt wird. Prahl meint, dass sich diese Bezeichnung auf das in Verbindung mit dem „Osiris-Grab" entdeckte „Gängel-Labyrinth" beziehen könnte. Wenn dies zuträfe, wäre es ein Indiz für das das hohe Alter des Plateaus. In der Tiefe des Schachtes, die bei etwa dreißig Metern liegt, sieht Prahl ein weiteres Indiz. Ihm fiel auf, dass die unvollendete Kammer in der Großen Pyramide in der gleichen Tiefe liegt. Von dieser Kammer aus führt ein etwa fünfzehn Meter langer Gang ab, der offensichtlich unvollendet blieb. Prahl spekuliert dahingehend, dass hier eine Verbindung zwischen der „Mündung der Gänge" und der Pyramide hergestellt werden sollte.[324]

Prahl schreibt zum Schluss seines Artikels:

„So ergäbe die problematische Standortwahl des Cheops einen Sinn, denn er musste seine Pyramide auf diesen heiligen Boden setzen, weil schon etwas Heiliges da war. Aber was kann das gewesen sein? Eine Pyramide, die älter ist als der Bau, den wir heute kennen? Oder mit anderen Worten: Hat Cheops die Pyramide nur restauriert? Wenn es von der unterirdischen Kammer aus eine Verbindung zum Osiris-Schacht geben sollte und dieser aller Wahrscheinlichkeit nach mindestens aus der Zeit um 3000 v. Chr. stammt, wie Hassan darlegte, kann Chephren nicht der Erbauer dieses unterirdischen Kammersystems gewesen sein? Die Frage aber ist: „Wer dann?"[325]

Die letzte Frage dürfte in unserem Kontext das geringste Problem sein. Über die Frage, wer die großen Giseh-Pyramiden wirklich erbaut hat, haben wir bereits im Zusammenhang mit Stellen aus dem Hitat und den Edgar-Cayce-Readings spekuliert.

---

324 Prahl: *Cheops, der Restaurator der Großen Pyramide* In: Magazin 2000 – Alte Kulturen Spezial 17/193: S. 80ff., siehe auch Prahl: *Die Pyramide des Cheops – eine Standortfrage* auf: http://www.mysteria3000.de/wp/?p=135
325 Prahl: *Cheops, der Restaurator der Großen Pyramide.* In: Magazin 2000 – Alte Kulturen Spezial 17/193. S.84

Das am Anfang dieses Kapitel vorgestellte Zitat von Robert Schoch ist die Einleitung zur Beschreibung einer Idee, die ursprünglich vom Verhaltenswissenschaftler, Historiker und Philosophen William R. Fix, dem Autor des Buches *Pyramid Odyssey*, stammt.

Fix verweist dort darauf, dass viele der Blöcke, die die besagten Inschriften tragen, vor ihrem Einbau in die Pyramide beschriftet worden sein müssten, denn manche der Inschriften stehen auf dem Kopf. Diese Markierungen sind nach Fix die einzigen deutlichen Anzeichen für eine Zuschreibung der Pyramide zu einem Pharao namens Khufu. Der Ägyptologe Gaston Maspero sagte über diese Zeichen: „Ohne sie wüssten wir nicht, wem sie gehört."[326]

Fix schreibt, das Problem sei, dass „Khufu" nicht die einzige Kartusche in den Entlastungskammern ist. Es gäbe andere, zahlreichere, mit der Aufschrift Knum-Khuf. Fix meint, die Ägyptologen wüssten nicht, wer „Knum-Khuf" ist.

Diese Kartuschen wurden zusammen auch an einigen anderen Stellen gefunden. Der zweitwichtigste Platz sei eine Inschrift auf den Felsen des Sinai. Hierüber sagte der englische Ägyptologe Flinders Petrie in seinem Buch *A history of Egypt*:[327]

„Die einzige große königliche Inschrift [von Khufu, Einf. W. Fix] wie der des Sneferu [den meisten Ägyptologen zufolge sein unmittelbarer Vorgänger, Einf. W. Fix] ist auf den Bergen des Sinai. Dort gibt es zwei Tafeln: Eine mit den Namen und Titeln des Khufu, die andere mit dem König, wie er einen Feind schlägt, und dem Namen Khufu.

Dies wirft eine schwere Frage auf, auf die kein Historiker eine befriedigende Antwort gegeben hat. Wer war diese Person, die als Knum-Khuf bezeichnet wurde? Dass er nicht ein Nachfolger war, wird dadurch, dass der Name in den Steinbruch-Markierungen innerhalb der Pyramide unbeteiligt mit dem des Khufu verwendet wird, und durch sein Nichterscheinen in einigen Listen bewiesen ...

---

326 Fix 1973, S. 87 nach Maspero: *The dawn of Civilisation,* London 1922 S. S. 370
327 London 1920, Vol.1 (S. 42-43) (zitiert nach Fix 1973, S. 85f.)

Der Name wird an fünf Stellen gefunden ... Die Hinzunahme von „Knum Khuf" kann nicht lediglich eine orthographische Spielerei sein... Die beiden Namen, die in Aufeinanderfolge in einer Eintragung platziert sind, können nicht nur zufällige Varianten desselben sein. Entweder es muss sich um unabhängige Namen eines Königs handeln oder aber um zwei verschiedene Könige. Wenn es verschiedene Könige sind, muss Knum-Khuf der wichtigste sein."

Der Wissenschaftler Max Müller dachte, die Bezeichnung Knum-Khuf würde nahelegen, dass es sich um einen Gott handele, und die in den Entlastungskammern gefundenen Wörter „Khnumu-Khufui" bedeuteten, „der Gott Khnumu beschützt mich". Die Frage, ob Knum Khuf bzw. Knumu-Khufui zwei verschiedene Namen für einen König seien, sei immer noch nicht gelöst, meint Fix. Es gäbe auch seit Maspero, Petrie und Müller, auf die Fix sich bezieht, keine neuen Beweise, die diese Interpretation unterstützen würden. Auf der Gegenseite seien aber etliche Hinweise dafür aufgetaucht, die dies alles zweifelhafter werden lassen und die deutliche Möglichkeit, dass solche Steinmetzzeichen und Kartuschen benutzt worden sind, um Pyramiden Königen zuzuschreiben. Zahlen und Daten wurden als ihre Regierungszeit dabei völlig missverstanden.

Der erste Hinweis bezieht sich auf die Rote Pyramide von Dashur, einem Pyramidenfeld ähnlich dem von Giseh. Dashur liegt von Giseh aus gesehen im Süden. Diese sehr große Pyramide in Dashur weist ebenfalls auf zwei seiner Verkleidungsblöcke vermeintliche Konstruktions-Daten in roter Schrift auf. Fix zitiert den Pyramiden-Experten I. E. S. Edwards mit den Worten:

„Einer dieser Blöcke trägt ein Datum, das als das zwölfte Jahr der Regierung des Sneferu [Snofru, R. H.] [dem König, von dem angenommen wird, dass er es gebaut hat] gelesen wurde, und sich an der nordöstlichen Ecke befindend, könnte es das Jahr angeben, in dem die Konstruktionsarbeit begonnen hatte; der andere Block, wie bei Richard Lepius gesehen, auf halbem Wege hoch zum Äußeren der Pyramide, wurde auf das folgende Jahr datiert."[328, 329]

Fix kommentiert dieses Zitat folgendermaßen:

„Wenn sie nicht die ganze Pyramide gebaut haben und zuletzt die Verkleidung angebracht haben (eine Praxis, die höchst unwahrscheinlich ist, ausgenommen in den drei großen Giseh-Pyramiden, wo sehr große Verkleidungsblöcke verwendet wurden), würde dies nahezulegen scheinen, dass entweder die alten Ägypter eine Pyramide 719 feet [219 Meter R.H.] im Quadrat an der Basis der Pyramide in ein paar Jahren bauen konnten oder dass etwas im Verständnis dieser Steinmetzzeichen falsch ist."[330]

Ein anderer Hinweis stammt wieder aus Dashur. Obwohl die Daten, die die Ägyptologen bezüglich der 4. Dynastie erlangt haben, außerordentlich variieren, sind sie einhellig der Meinung, dass die Abfolge der Pharaonen die folgende war: Sneferu, Khufu, Dedefra, Khafra und Menkaura. Wenn dem so ist, haben einige der Pharaonen mehrere Pyramiden gebaut. Petrie[331] fand Inschriften, die Menkaura mit zwei verschiedenen Pyramiden in Verbindung bringen. Im Falle des Sneferu scheint das Problem noch größer zu sein: Aufgrund von Steinmetzzeichen werden ihm gleich drei Pyramiden zugeschrieben.

An diesem Punkt begannen, wie Fix ausführt, einige Ägyptologen (Edwards eingeschlossen) zu zweifeln, da es völlig außerplanmäßig sein müsse, dass ein König gleich drei gigantische Strukturen bauen ließ. Dies ist besonders von der Warte aus unlogisch, dass man annimmt, die Pharaos hätten die Pyramiden als ihre Grabstätten

---

328 I.E.S Edwards: *The Pyramids of Egypt*. New York 1961, S.
      230. Nach Fix 1973, S. 87
329 Fix 1973, S. 83 ff einschließlich Zitate
330 Fix 1973, S. 87
331 Petrie, William Flinders: *A history of Egypt*. London 1920, S.
      53 (nach Fix 1973, S. 88)

bauen lassen. (Standard-Antworten auf diese Probleme sind, dass Sneferu eine von diesen Pyramiden für seinen Nachfolger gebaut haben könnte, der starb, bevor er sie vollenden konnte, oder dass er nach dem Bau einer Pyramide seine Meinung geändert habe.)

Der Versuch, eine Auflistung für die Pyramiden der 4. Dynastie durch eine Chronologie der Pharaos aufzustellen, führt Fix zufolge zu einem Rätsel nach dem anderen. Der Historiker erinnert an die Reste einer anderen Pyramide, die in Abu Roasch, etwa elf Kilometer von Giseh entfernt, liegt und die Dedefra (Djedefre) zugeschrieben wird, der als der unmittelbare Thronfolger Khufus angesehen wird. Doch die zweite und dritte große Pyramide in Giseh waren noch nicht erbaut, als die Abu Roasch-Pyramide errichtet wurde. So hätten manche Experten eine „Familien-Fehde" erschaffen, um zu erklären, warum Dedefra seine Pyramide in Abu Roasch anstatt auf Giseh errichtete. Dies erkläre jedoch nicht, warum Dedefra der einzige „königliche Name" ist, der auf der Bedachung der Bootsgrube vor der Großen Pyramide erscheint.[332]

Fix vermutet:

„Diese Probleme legen nahe, dass die Kartuschen und Steinmetzzeichen auf diesen frühen Monumenten einfach nicht verstanden werden."[333]

Man müsse daran erkennen, dass die Sprache sich innerhalb von tausenden von Jahren verändert habe und ein Gesamt-Kontext zur soliden Beweisführung fehle. Man – eingeschlossen die Ägyptologen – könne nur spekulieren. Die Studenten hören auf das, was sie gelehrt bekommen, und diese Spekulationen verliefen mit der Zeit immer mehr in ein und dieselbe Richtung, bis die Ägyptologen heute annehmen, Tatsachen zu haben, wie zum Beispiel jene, nach

332 Fix 1973, S. 88
333 Fix 1973, S. 88

der die Große Pyramide das Grab eines Königs namens Khufu bzw. Cheops ist.

Doch niemand weiß, wie die wahre Geschichte aussieht, meint Fix. Es gäbe einfach nicht genug klare und solide Beweise irgendwelcher Art dafür, dass es in der 4. Dynastie einen Pyramidenerbauer namens Khufu gab. Das gelte auch für Sneferu, Dedefra, Khafra oder Menkaura. Das ganze Muster der Anhaltspunkte legt für Fix nahe, dass – falls es jemals einen König Khufu gab – dieser nach der Pyramide benannt wurde – und nicht umgekehrt!

Dann müssten wir uns allerdings fragen, wer der ursprüngliche Khufu war. Wissenschaftler schlagen zwei Möglichkeiten vor, die den Namen Knum-Khuf erklären könnten:

1. Es handelt sich hierbei um zwei verschiedene Namen ein und desselben Pharaos.

2. Einer ist der Name eines Pharaos und der andere der eines Gottes.

Fix fügt noch eine weitere Möglichkeit hinzu: Es handelt sich um zwei Namen ein und desselben Gottes.

Der Historiker favorisiert die letzten beiden Möglichkeiten, da die Kartuschen, die die Bezeichnung „Khufu" enthalten, nicht nur an Überbleibseln gefunden wurden, die der 4. Dynastie zugeschrieben wurden, sondern auch auf tausenden von Monumenten, die in die Zeit bis lediglich ein paar Jahrhunderte vor Christus erbaut wurden.[334]

Dazu passt eine Stelle, die auch gleichzeitig eine „Schnittstelle" zu unserem späteren Thema „Der Tempel von Dendera" ist. Auf einer Internetseite zum Thema Cheops (Khufu) heißt es:

„Die Belege zu diesem König sind spärlich. Auf den größtenteils zerstörten Eintragungen des Palermo-Steins wird neben der Errichtung einer sieben Meter hohen Kolossalstatue die Gründung eines

334 Fix 1973, S.87ff

Gutes erwähnt. Der älteste Tempel in Dendera geht wohl auf Cheops zurück, man fand einige Blöcke sowie Graffiti mit seinem Namen. Zwei Statuenköpfe in Boston und Berlin könnten ihn darstellen, sind aber nicht eindeutig zuzuordnen."[335]

Nun liegt Dendera relativ weit von Giseh entfernt. Jenes liegt in Oberägypten, wärend Giseh bei Kairo in Unterägypten gelegen ist. Es scheint tatsächlich so zu sein, dass man über Cheops bzw. Khufu kaum etwas weiß, seine Kartusche jedoch an den unmöglichsten Orten zu finden ist. Dies könnte man durchaus als eine Bestätigung für die Idee von Fix sehen.

Dieser Autor selbst schreibt, dass nach den Erklärungen der Ägyptologen Khufus Name eine „kraftvolle Anmut" besäße und an Monumenten als ein Zeichen von Heiligkeit und Schutz angesehen worden sei. Fix vergleicht dieses Zeichen mit dem Kreuz der Christen in christlichen Ländern. Doch nicht jeder, der Jesus heißt, ist identisch mit Jesus Christus, und nicht jedes Gebäude mit einem Kreuz wurde persönlich im Aufrag Jesu Christi erbaut. Ähnlich verhält es sich dem Historiker zufolge auch mit den Kartuschen. Falls es wahr ist, dass Khufu-Kartuschen über tausende von Jahren nach der Pyramide erstellt worden sind, wie sollten wir dann wissen, ob sie nicht schon eine „kraftvolle Anmut" besaßen, als die Pyramide gebaut wurde, und dass sie nicht einen König, sondern etwas, das mehr ist als ein König, repräsentiert? Wir wissen es nicht, aber es wird einfach unterstellt, dass Khufu ein tatsächlicher König war, wie es von Herodots Informanten geglaubt wurde, obwohl sie tausende von Jahren nach dem Bau der Pyramide lebten. Eine Menge von Problemen würde gelöst werden, wenn die Kartuschen des Khufu sowie jene von Sneferu, Dedefra, Khafra und Menkaura heilige Symbole wären, die verschiedene Sekten, Schulen, Ableger oder Kulte kennzeichnen würden. Es könnte erklären, warum manche Kartuschen

335 http://www.sematui.de/AR/04-02.htm

an unwahrscheinlichen Orten gefunden wurden und warum es keine historischen Berichte über die Könige der 4. Dynastie gibt.

Ein weiteres Problem, das gelöst wäre, ist das oben angesprochene Beispiel, dass man nicht aus den Inschriften schließen müsse, dass eine Pyramide mit einer Fläche von 219 x 219 Metern innerhalb von ein paar Jahren errichtet worden sei.

Diese Interpretation führe zu einem neuen Blickwinkel, in dem das gesamte Giseh-Plateau gesehen werden müsse. Wenn man davon ausgehe, dass die Pyramiden Tempel und keine Gräber seien, würde erklärlich, warum Beisetzungen noch tausende von Jahren nach dem Bau der Pyramide abgehalten wurden. Die Beerdigungen fanden eben an heiligen Plätzen statt, so wie heute Beerdingungen auch auf kirchlichen Plätzen durchgeführt werden.

Wenn nun aber Khufu und Knum-Khuf Götter oder zwei Namen für *einen* Gott waren, kommt natürlich die Frage auf, wer diese Götter waren bzw. ob sie auch unter anderem Namen bekannt waren. Die Namen der Götter variierten in der Antike von Land zu Land, und selbst innerhalb bestimmter Länder. Zum Beispiel sind Hermes, Mercury (Merkur), Thoth, Tehuti und Enoch (Henoch) alles Namen für einen einzigen Gott. Im Tal der Könige wurde der Gott Ra unter fünfundsiebzig verschiedenen Namen angerufen. Bekannte Variationen des Namens Khufu bzw. Cheops sind Souphis und Saophis.

Der Wisseschaftler Thomas Milton Steward[336] schreibt, dass in Ägypten ein Gott bekannt war, der Khnemu genannt wurde und die Verkörperung des Intellekts darstellte. Alternativ-Namen für Khnemu seien Khnum, Knef und Chnuphis oder Chnouphis. Die Eigenschaften seien zwar nicht so umfassend wie die des Thot, kämen ihnen aber sehr nahe. Der Wissenschatler R. H. Blachard[337] weist darauf hin, dass Chnoubis und Knum oder Khnoum zu dem

---

336 Fix erwähnt in diesem Zusammenhang dessen Buch *The Symobolism of the Gods of the Egyptians and the Light They Throw on Freemasonary, London 1927*, S. 97-98, u. S. 116.

337 Fix benennt dessen Buch *Handbook of the Egyptians Gods and Mummy Amulets*. Kairo 1909, S. 6

Khnuobis der heidnischen und christlichen Gnostiker wurde. Der „Geheimlehre" Helena Blavatskys[338], der Mitbegründerin der Theosophischen Gesellschaft, entnimmt Fix, dass das Symbol des Chnouphis eine riesige Schlange war, die für Genius stand. Thot-Hermes soll später ein gewöhnlicher Name gewesen sein, den man dem größten Eingeweihten gegeben hätte, der „alle Schlangen der Weisheit" besaß.

Chnouphis war also eine eine Figur der Macht – ein Equivalent zu Hermes oder Thot. Nun ist aber Chouphis einfach ein anderer Name für Khnoium oder Khnum und ist etymologisch verwandt mit Souphis, sagt Fix. Es bestünden Beziehungen und Muster des Symbolismus, die nahelegten, dass Khnum, Khnoum, Khufu, Souphis, Khnoubis, Chnouphis, Tehuti, Thot, Merkur, Henoch und Hermes ganz einfach verschiedene Darstellungen der gleichen Figur und Kraft seien.

Dass die Beziehung von Khufu zu Hermes bisher übersehen wurde, liegt Fix zufolge daran, dass die alten arabischen Legenden von den meisten Ägyptologen als Phantasie verworfen werden, und – ganz einfach – dass zu wenig nach ihr gesucht wurde.[339]

Man könnte sich nun die Frage stellen, warum der Horus-Name des Cheops, wie wir ihn kennen, ebenfalls in den Inschriften am Sinai und in der Entlastungskammer vorkommen. Schließlich war dies ja der wichtigste Amtstitel des Cheops der 4. Dynastie. Und den Amtstitel bekam er erst, als er den Thron bestieg. Der Horus-Name des Cheops (Mededu) kommt in den Steinmetz-Zeichen der Entlastungskammern vor, die von zwei Arbeitsgruppen von insgesamt vieren stammen sollen. Die Inschriften dieser Arbeiterteams lauten in der Übersetzung von Alan Rowe:

"The gang, The-Horus-Mededu-is-the-purifer-of-the-two-lands/"

"The gang, The-Horus-Mededu-is-pure (or the purifer)/"

"The gang, Cheops-exites-love/" und

---

338 *The Secret Doctrine*, Vol. 2, Pasadena 1970, S. 210
339 Fix 1973, S. 89ff

"The gang, The-white-crown-of-Khnumkhufuw-is-powerful."[340]

Ins Deutsche übersetzt hieße es:

„Die Arbeitsgruppe, Der-Horus-Mededu-ist-der-Reiniger-der-beiden-Länder/"

„Die Arbeitsgruppe, Der-Horus-Mededu-ist-reinigend (oder der Reiniger)/"

„Die Arbeitsgruppe, Cheops-erweckt-Liebe/" und

„Die Arbeitsgruppe, Die-weiße-Krone-des-Khnumkhufuw-ist-kraftvoll."

Wieso der griechische Name des Khufu (Cheops) hier auftaucht, ist nicht ganz verständlich. Vielleicht muss es an dieser Stelle Khufu heißen, obwohl auf anderen Internet-Seiten[341] auch „Cheops" steht. Allerdings schreibt Schoch:

„The crew, *Khufu* excited love" („Die Arbeitsgruppe, *Khufu* erweckt Liebe".) [Kursivstellung durch R. H.]"[342]

Dies scheint nahezulegen, dass meine oben geäußerte Vermutung richtig ist. Tatsächlich schreibt Schoch, dass nach J. P. Lepre die Hieroglyphen als Arbeitsgruppen interpretiert werden *können*.[343] [Kursivstellung stammt durch R. H.] Das heißt offensichtlich, sie *müssen* nicht zwangsläufig als solche gedeutet werden. Ist diese Festlegung also doch noch nicht so sicher?

Die Frage, die sich zu stellen scheint, ist, warum der Horus-Name (der höchste Titel des Königs) in der Entlastungskammer auftaucht. Der König sucht ihn sich schließlich erst nach der Thronbesteigung aus. Fix äußert sich nicht zu dieser Frage, vielleicht weil es keine

---

340 s. bspw. http://www.cheops-pyramide.ch/loehner-seilrollenbock/schlitten-geleise.
html, unter Quelle 7.
341 http://www.benben.de/Architektur/Cheops/Cheops01.html, http://doernenburg.
alien.de/alternativ/pyramide/pyr05.php
342 Schoch 2005, S. 264. Nach J.P. Lepre: *The Egyptian Pyramids: A Comprehensive,
Illustrated Reference.* Jefferson , N. C. 1990, S.190
343 Schoch 2005, S. 263f nach Lepre 1990, S. 108

große Rolle spielt, denn wenn Fix Recht hat und die Hieroglyphen nicht richtig verstanden werden, dann ist es auch fraglich, ob auch die Inschriften, die den Horus-Namen betreffen, richtig verstanden werden. Dafür spräche auch die Tatsache, das man sich heute immer noch nicht einig darüber ist, welche Bedeutung der Horus-Name hat. So gibt es zwei Versionen: Einmal: „Der die Feinde zerdrückt" (MDd(w)) nach Schneider, und als zweite Möglichkeit „Horus – der Austeilende" nach Gundlach.[344]

Möglicherweise steht ja „Mededu" in irgendeiner Verbindung zum ursprünglichen Khufu, wie ihn Fix sieht, und gehört somit in irgendeiner Weise auch zu Thot bzw. Hermes, der nach den Informationen, die wir im 4. Kapitel erörtert haben, nach vielen Quellen der wirkliche Erbauer der großen Pyramide ist. Der Gedanke, dass Hermes und Khufu auf die gleiche Figur zurückgehen, ist auf jeden Fall faszinierend. Auch Fix ist der Meinung, dass einst eine alte Zivilisation auf dieser Erde existiert hat, und er kann sich ebenfalls vorstellen, dass Cayces Datierung möglicherweise richtig ist.

Ein Wort noch zu Thot: Er wird nach der ägyptischen Mythologie zu den Göttern gerechnet, die einst das Land regiert haben sollen. (Gott-Könige)

Nach dem Turiner Papyrus sind diese Götter der Reihe nach Ptah, Ra, Su, Seb, Osiris, Set, Horus, Thoth, Ma und anschließend – seltsamerweise – noch einmal Horus.[345] Danach kamen die so genannten *Horus-Diener*. Auf ägyptischen Denkmälern ist oft von ihnen die Rede, wenn es heißt „Zur Zeit der Horus-Diener".[346]

Wenn wir aber annehmen, dass Thot/Hermes die große Pyramide gebaut hat, dann müssen wir in Betracht ziehen, das die Gottkönige der Ägypter einst reale Menschen waren, die in der Welt von vorgestern Ägypten regierten.

---

344 http://www.nefershapiland.de/Cheops-Pyramide.htm
345 Leonard 2005, S. 8
346 Meyer, Eduard: *Erstes Buch - Das alte Reich (3)* auf: http://www.jadu.de/jadu-land/afrika/egypt/geschichte/areich3.html

Wir haben in unseren Erklärungsansätzen gesehen: Es ist tatsächlich möglich, dass die große Pyramide wesentlich älter ist als allgemein angenommen. Die Graffiti in den Entlastungskammern stehen dieser Idee jedenfalls nicht zwangsläufig im Wege.

VII.

Die Maya und ihre Verbindung zu Atlantis

„In Atlantis, als es dort das Aufbrechen des Landes gab, war die Erste, die zu dem, was das Maya-Land genannt wird oder was heute Yukatan ist, kam – die Entität, die das Wasser in dem Flugzeug oder der Luftmaschine dieser Periode überquerte."[347]

Die Maya entwickelten im vorkolumbianischen Mittelamerika eine Kultur, die mit Fug und Recht als Hochkultur bezeichnet werden kann. Ihre Blüte hatte sie in einem Zeitraum von lange vor Christus bis weit ins 16. Jahrhundert hinein. Diese Kultur bestand aus vielen einzelnen Stadtstaaten. Die Überbleibsel verschwundener Städte können wir heute noch im Urwald sehen. Diese Kultur war meisterhaft in der Keramik-Kunst. Sie besaß ein komplexes Götterpantheon; und als einzige in Mittelamerika entwickelte sie ein vollständiges Schriftsystem und ein umfassendes Kalenderwesen.

Die Maya lebten auf dem Staatsgebiet des heutigen Guatemala, in Belize, in Chiapas, einem mexikanischer Bundesstaat, sowie im Westen von Honduras und El Salvador. Das Land der Maya war 35 000 km^2 groß und hatte somit die Größe der heutigen Bundesrepublik Deutschland. Die Ausdehnung des Landes von Norden nach Süden betrug etwa 900 km, und es war maximal 550 km breit. Heutige Archäologen teilen das Gebiet in drei Teile ein: Nord-, Zent-

---

347 aus dem Edgar-Cayce-Reading Nr. 3610-3 vom 12. April 1939 nach Cayce 1968/1999, S. 110

ral- und Südzone. Diese Einteilung wurde aufgrund der ökologischen Unterschiede und den häufig sich daraus ergebenden Unterschieden im Baustil getroffen.

Zentral im Nordteil liegt die Halbinsel Yukatan. Der Peten-Distrikt und Belize sowie das Becken des Rio Usumacinta und das bereits an die Südzone angrenzende Becken des Rio Motagua gehören zur Zentralzone. Das Hochland Südguatemalas und der gebirgige Teil El Salvadors zählen zur Südzone.

Die Ära der Maya wird heute in drei Epochen unterteilt: *Präklassik*, *Klassik* und *Postklassik*. Zur Prä-Klassik gehört der Zeitraum von 2600 v. Chr. bis 250 n. Chr. Sie beginnt mit dem Übergang von der Sammelwirtschaft zum Feldbau, wozu man den Grab- und Pflanzstock benutzte. Die Maya wurden nun sesshaft und stellten erste Töpfererzeugnisse her. Am Ende der Periode legte man erste Zeremonialzentren, steinerne Bauten und Stelen an. Man unterteilt die Präklassik in die *Frühe Präklassik* (2600 v. Chr. – 900 v. Chr.), *Mittlere Präklassik* (900 – 400 v. Chr.), *Späte Präklassik* (400 v. Chr. – 250 n. Chr.) und *Protoklassik* (100 – 250 v. Chr.) In der frühen Präklassik entstand der Warenaustausch, in der mittleren Präklassik blühte der überregionale Handel mit Obsidian und Jade auf, und in der späten Präklassik wurden Be- und Entwässerungskanäle sowie Terrassenfelder angelegt – und das Königtum sowie die Hieroglyphenschrift entstanden. In der Zeit der Protoklassik wurden Zeremonialzentren mit erhöhten Plattformen und Pyramiden errichtet.

Die Klassik bezeichnet die Periode des Aufstiegs und Verfalls der meisten Städte im Tiefland. Sie wird in die *Frühklassik* (250 – 600 n. Chr.), *Spätklassik* (600 – 800 n. Chr.) und *Endklassik* (800 – 900 n. Chr.) eingeteilt. Die Frühklassik zeichnet sich durch den von der im Hochland Mexikos gelegenen Stadt Teotihuacan ausgehenden kulturellen, wirtschaftlichen und politischen Einfluss aus. Die Handelsbeziehungen, die von der Maya-Stadt Kaminaljuyú ausgingen, reichten bis nach Tikal (heute Guatemala). Gegen Ende des 6. Jahrhunderts ging Teotihuacan unter. Die mit diesen Handelsverbindungen verbundenen kulturellen Ausstrahlungen lockerten sich nun. Die Spätklassik beginnt mit einer Phase der Stagnation, auf die eine erneute Blütezeit der Maya folgte. Nun nahmen die Städte im Tiefland größere Ausmaße an. Die Baukunst blühte auf. In der Zeit der Endklassik (800 – 900 n. Chr.) begann der Niedergang der Maya-Kultur. Die Städte wurden verlassen. Der Grund dafür ist nicht bekannt. Man nimmt Umweltprobleme, Überbevölkerung und soziale Spannungen an.

Die Postklassik setzte im Jahr 900 n. Chr. ein und dauerte bis 1543 nach Christus. In der Übergangszeit zwischen der Klassik und Postklassik erhielten die Städte der Puuc-Region durch eine Verschiebung der Bevölkerung einen Auftrieb; und neue Städte, wie Chichén-Itzá, entstanden. Stelen wurden nun weitaus weniger aufgestellt als in den vorangegangenen Perioden, und starke Fremdeinflüsse beeinflussten die Postklassik. Diese wird in die *Frühe Postklassik* (900 – 1200 n. Chr.), die *Späte Postklassik* und die *Kolonialzeit* ab 1542 eingeteilt. Während der Frühen Postklassik drangen die Itzá – eine stark mexikanische geprägte militante Maya-Gruppe – vom Osten her in die Halbinsel ein. In diese Zeit fällt die Gründung Chichén Itzás durch diese militanten Maya. Mit dieser Gruppe kamen in Architektur und Kunst mexikanische Einflüsse auf, wie man besonders gut in Chichén Itzá sehen kann. Diese Itzá dehnten mit der Zeit ihre Macht aus, und um 1000 n. Chr. waren sie die führende Macht auf der Halbinsel. Von nun an regierten Sippen und Städtebünde anstelle von Königen. Der Übergang zur späten Postklassik wird durch den Sieg der Mayapán über sie charakterisiert. Bis zu ihrem Untergang, im Jahr 1451 n. Chr., übernahm Mayapán die Oberherrschaft, Chichén Itzá wurde nun verlassen, und die Itzá zogen sich ins Tiefland zurück, wo sie eine neue Stadt – Tayasal – gründeten. Die Kolonialzeit (ab 1542) wurde durch die Eroberung Yukatans und die Gründung Meridas eingeläutet.

Aufsehen erregt noch heute die beeindruckende Baukunst der Maya. Wie bei den alten Ägyptern spielten auch bei den Maya Pyramiden eine große Rolle. Sie bauten Pyramidenstümpfe, auf deren

Gipfelplateaus Hochtempel standen. Diese haben oft einen rechteckigen Grundriss oder aber komplexere Formen, wie Ovale. An den Außenseiten sind Treppen angebracht, über die die Hochtempel zu erreichen sind. Beim Bau dieser Pyramiden zeigten die Maya ein erstaunliches Geschick. Die Pyramidenbauteile waren oft mit Schmuckelementen verziert. Auf den älteren finden wir oft riesige so genannte Venusmasken, die das ganze Bauwerk bedecken. Später wurden auch die Treppen verziert. In Copán finden wir die längste Inschrift aus der Maya-Zeit.[348]

Die zentrale Stufenpyramide in Chichén Itzá, Yukatan, die aus dem 6. Jahrhundert stammt und bis zum 13. Jahrhundert kontinuierlich weiterentwickelt worden sein soll, ist dem Gott Kukulkan (Quetzalcoatl) gewidmet. Wie bei der Sonnenpyramide in Teotihuacan auch, sind die Hauptachsen bewusst nach Nordosten und Nordwesten verschoben. Die Pyramiden wurden so geschickt in den Durchgang der Sonne zur Zeit der Herbst-Tag-und-Nachtgleiche gebaut, dass zu dieser Zeit an der Westseite des nördlichen Tempels Muster aus Licht und Schatten entstehen, wie Graham Hancock und Santa Faiia vor Ort beobachten konnten. Je tiefer die Sonne sank, desto klarer wurde ein Muster von der nordwestlichen Kante der Stufenpyramide projiziert: Eine sich windende Schlange mit sieben Windungen aus Schatten, die von sieben Dreiecken aus Licht umrissen werden. Der Schwanz reichte bis an die Pyramidenspitze, der Licht- und Schattenkörper glitt an der Seitenwand der Treppe bis zum Fuß der Pyramide hinunter. Ein großer, in Stein gehauener Schlangenkopf mit aufgerissenem Maul machte die Illusion perfekt. Dies ist nur *ein* Beispiel dafür, dass in Chichén Itzá einst eine fortschrittliche geodätische und astronomische Wissenschaft betrieben wurde. Wann diese Wissenschaft tatsächlich *erstmals* angewandt wurde, ist nicht belegbar, denn der Tempel von Kukulkan steht, wie die Pyramiden von Teotihuacan, auf einem früheren Bauwerk, das mit derselben

---

348 http://members.tripod.de/Balam (Seite mittlerweile nicht mehr online)

Ausrichtung an der gleichen Stelle stand. Von ihr ist freilich kaum noch etwas erhalten.[349]

Neben der Architektur gibt uns die Mathematik der Maya Rätsel auf: Schon zweitausend Jahre bevor in Europa höhere Mathematik betrieben wurde, führten die Maya arithmetische Rechnungen durch. Sie nutzten nicht, wie wir heute, ein Dezimal-, sondern ein Vegisimal- oder Zwanziger-System. Ein weiteres wichtiges Element für die höhere Mathematik – die Null – war den Maya bereits mehr als ein Jahrhundert früher als in der so genannten neuen Welt bekannt. Eine weitere bestaunenswerte Leistung der Maya ist deren Kalendersystem. Lange dauerte es, bis man das Grundgerüst für dieses System entdeckt hatte. Es an dieser Stelle zu beschreiben, würde den Rahmen dieses Buches sprengen, allenfalls sei bemerkt, dass der Kalender aus verschiedenen Zyklen und Großzyklen besteht. Schwierigkeiten gab (und gibt) es beim Korrelieren der Zeiten im Maya-Kalender mit den Daten seines Gregorianischen Pendants.

Allgemein wird heute die so genannte Thompson-Korrelation nach dem Maya-Forscher Sir Eric S. Thompson akzeptiert. Nach ihr fällt das Nulljahr des Maya-Kalenders auf den 11. August des Jahres 3114 v. Chr. Der an diesem Datum beginnende Großzyklus endet am 21. Dezember 2012.[350] Interessanterweise nennen einige Autoren, die sich auf die Thompson-Korrelation berufen, den 11. August des Jahres 3114 v. Chr. als das exakte Null-Datum, und das Ende des Großzyklus wird mancherorts auf den 22. Dezember 2012 gelegt.

Dabei ergeben sich folgende Fragen:

Wenn man sich so sicher ist, dass die Thompson-Relation richtig ist, warum gibt es dann so viele Unklarheiten? Wieso legen andere Forscher das Null-Jahr der Maya auf den 3. April des Jahres 2593 v. Chr. oder auf den 16. Juni des Jahres 3391 v. Chr.? Ist die Korrelation vielleicht doch nicht so gesichert? Es heißt, dass „die Thompson-

---

349 Hancock/Faiia 1998, S.26ff
350 http://hermetic.ch/cal_stud/maya/chap2g.htm

Korrelation von allen Daten am besten gestützt" wird. Aus diesem Grunde wird sie heute favorisiert.

Welchen Grund hatten die Maya, gerade diesen Tag (einen der beiden aus der Thompson-Korrelation resultierenden) als Nulldatum zu setzen? Schließlich reicht dieser weit über ihre eigene Vergangenheit hinaus.

Zur zweiten Frage wird manchmal darauf verwiesen, dass der 12. August des Jahres 3114 v. Chr. als die „Geburt der Venus" bezeichnet würde.[351] Weiter besagt eine These, dass es in der Mitternacht vom 17. auf den 18. Februar des Jahres 3100 v. Chr. eine Konjunktion aller sichtbaren Planeten im Widder gegeben haben soll. Dies wird bei der Diskussion des Hindu-Kalenders erwähnt. Das genannte Datum liegt relativ nahe am Jahr 3114 v. Chr. Dazu müssten die Mayas jedoch von dem Ereignis gewusst haben, und es bleibt immer noch eine Differenz von vierzehn Jahren oder auch weniger, denn es ist schwierig, ein genaues Datum einer solchen Konstellation zu fixieren. Manche Maya-Forscher glauben, dass die Maya erstaunlicherweise die Fähigkeit der Berechnung der Bahnen der Planeten besaßen und sogar die Periode der Präzession des Frühlingspunktes (ca. 25 627, die ziemlich genau fünf bestimmten Zyklen des Maya-Kalenders entsprechen) kannten. Der Autor der Seite http://www.hermetic.ch/cal_stud/maya/chap2g.htm rät dazu, diese Behauptungen genau zu prüfen und schreibt, dass es verführerisch sei, anzunehmen, dass die Maya im Besitz esoterischen Wissens waren.

Hierzu ist es interessant zu erwähnten, dass Adrian Gilbert, der sich lange mit der Maya-Thematik befasst hat, zu der Erkenntnis kommt, dass die Maya von einer Kultur beeinflusst worden sein müssten, die aus dem Osten, dem Atlantischen Ozean (Atlantis?), abstammen. Überlieferungen legen dies nahe. So ähneln beispielsweise etliche Traditionen rechts und links des Ozeans einander sehr – der Pyramidenbau ist nur ein Beispiel dafür. Auch Überlieferungen

---

351 sh. Gilbert/Cotterell 1998, S. 226

der Maya von einer Sintflut und einer Wassergöttin deutet Gilbert in diese Richtung. Kamen einst Überlebende aus der legendären versunkenen Insel ins Maya-Land und brachten ihr Wissen mit?[352]

Die Frage nach dem Null-Datum scheint noch nicht restlos geklärt, auch wenn die Thompson-Korrelation, wie erwähnt, heute weitestgehend akzeptiert wird. Es gibt aber noch andere Möglichkeiten: Bezug nehmend auf den Astronomen Robert Henseling schrieb, wie schon erwähnt, Muck, dass am 5. Juni des Jahres 8498 v. Chr. eine unheilvolle Konstellation aus Venus, Erde und Mond bestand, die die Bahn eines sich der Erde nähernden Asteroiden noch näher Richtung Erde gekrümmt habe. Er glaubte, den Zeitpunkt der Katastrophe auf dieses Datum fixiert zu haben und war überzeugt davon, dass an diesem Tag Atlantis unterging und die Nachfahren der im Maya-Land gestrandeten ehemaligen Bewohner der versunkenen legendären Großinsel den Tag des Untergangs ihres Heimatlandes zum Null-Tag ihres Kalenders machten.[353]

Allerdings schreibt Zhirov, dass Dr. Ludwig Zaidler in der Muck/Henselingschen Berechnung einen Fehler fand. Nach Korrigierung dieses Fehlers soll das richtige Datum der 6. Dezember 8489 v. Chr. gewesen sein.[354]

Zhirov nennt noch andere Daten, die als der Beginn des Maya-Kalenders in Frage kommen: Nach H. J. Spinden ist es 3373 und G. Morely kommt auf 3433 oder 3340 v. Chr. Diese Daten wurden aufgrund von Radiocarbon-Messungen am Tempel in Tikal festgelegt. Der Kalenderstein von Tikal scheint auf ein noch älteres Datum zu verweisen: 12 042 v. Chr. C. Y. V. Knorozov glaubt an gleich zwei „Nullpunkte" im Maya-Kalender: Neben 3113 v. Chr. 5 041 738 v. Chr.[355]

Es ist interessant, dass Cayce in Trance Aussagen von einer Auswanderungswelle der Atlantis-Einwohner, nachdem die Insel

---

352 Gilbert/Cotterell 1998, S. 181ff
353 Muck 1956, S. 385ff
354 Zhirov 1970/2001, S. 375f.
355 Zhirov 1970/2001, S. 376

versunken war, nach Yukatan machte. Die nun entstandene Zivilisation sollte schließlich die Maya-Zivilisation werden, wie sie oben beschrieben wurde. Nach Cayce soll bereits um 10 600 v. Chr. eine Prä-Maya-Kultur existiert haben, die – wie er sagt – später zur Maya-Zivilisation werden sollte. Cayce sagte im Jahr 1933, dass die Gegend damals nicht so sehr tropisch, sondern vielmehr gemäßigt war. (Reading Nr. 5750/1, 12. November 1933) Tatsächlich war es – wie wir heute wissen – in jener Zeit in ganz Nordamerika deutlich kälter, denn die Gletscher waren immer noch am Schmelzen, und ganz Nordamerika war deutlich kälter als jetzt.

Cayce berichtete von einem „verschütteten Tempel, in dem man Informationen und Berichte über die Konstruktion des „Feuersteins" oder „großen Kristalls", von dem wir bereits hörten, finden würde. Man würde einen Teil davon ins Pennsylvania State Museum und einen anderen Teil in ein Museum nach Washington oder Chicago bringen, sagte Cayce. Die Beschreibung der letzten beiden Museen ist leider recht ungenau, und auch die Angabe „Pennsylvania State Museum" ist problematisch, denn es gibt mehrere Möglichkeiten. Vielleicht meinte Cayce die University of Pennsylvania. Der Autor Jeffrey Goodman *(Psychic Archaeology)* entdeckte, dass das University Museum tatsächlich 1933 Ausgrabungen in Pedras Negras in Guatemala durchführte. In dem Bericht finden sich einige Gemeinsamkeiten mit Cayces Beschreibung: Es gab eine Überlagerung von mehreren verschiedenen Zeiträumen, und der Leiter der Ausgrabungen, Dr. Linton Satterthwaite, war nach eigener Aussage versucht, eine Mischung von Maya- und Nicht-Maya-Stilen dort zu sehen. Es gibt noch weitere Ausgrabungen aus den dreißiger Jahren. Photos von diesen Ausgrabungen zeigen Abbildungen von unbekannten Menschen. Diese Bilder sind im William Penn Memorial Museum in Harrisburg ausgestellt, das *früher* einmal als Pennsylvania State Museum bezeichnet wurde.[356]

---

356 Cayce, Cayce Schwartzer, Richards, S. 162f

Betrachten wir uns die in diesem Artikel geäußerten Darlegungen im Kontext, müssen wir uns fragen: Stammt das enorme Wissen der Maya möglicherweise aus Atlantis?

VIII.

Mu und Lemuria – Die Frage nach einem verlorenen Kontinent im Pazifik

„DANN, im frühen atlantischen Zeitraum, begann der Südpazifik oder Lemuria sein Verschwinden, sogar vor Atlantis, denn die Veränderungen wurden über die späteren Anteile dieses Zeitraums gebracht, oder was 10 000 Lichtjahre oder Erdenjahre oder gegenwärtige derartige Festlegung, wie sie bei Amilus oder Adam war, dauerte."[357]

Neben dem im Atlantik versunkenen Kontinent Atlantis hört man hier und dort auch von einem angeblich im Pazifischen Ozean versunkenen Kontinent, der meist Mu oder Lemuria genannt wird.

Ursprünglich wurde die Bezeichnung „Lemuria" für eine hypothetische Landbrücke zwischen dem heutigen Indien und Madagaskar verwendet. Der Geologe Philip Sclater „erfand" den Begriff Lemuria. Bereits vor der Benennung dieser vermeintlichen Landbrücke war aber ihre Existenz schon von dem Biologen Ernst Haeckel, dem Paläontologen Melchior Neumayr und weiteren Geologen vermutet

---

357 Aus Reading 364-4 nach: http://www.was-this-Atlantis.info/cayce/17.html. Auf Williams Huttons Internet-Artikel *Evidence of Lemuria* auf http://www.hutton-commentaries.com/subs/Other/Lemuria/evidence_of_lemuria.htm holt der Autor weiter aus und beginnt das Reading an einer früheren Stelle. Der Beginn zu unserem Text lautet nach Hutton: „Dann, mit diesem Anteil, DANN begann der Südpazifik oder Lemuria..." Offensichtlich wurde am Anfang des hier dargestellten Reading-Auszugs der vorherige Teil grob zusammengefasst.

worden. Die Landbrücke schien notwendig, um die merkwürdige Verbreitung der Halbaffen namens Lemuren zu erklären. Diese leben nämlich nur in Madagaskar und Vorderindien. Allerdings besagt die heute allgemein anerkannte Theorie der Plattentektonik, dass Madagaskar einst von Indien abgetrennt wurde. Somit wurde für die Wissenschaft die Existenz dieser Landbrücke verworfen, weil sie für die Verbreitung der Lemuren nicht mehr notwendig war. Die Theosophische Gesellschaft nahm sich allerdings später des Begriffes an und lehrte im 19. und 20. Jahrhundert die Existenz einer den indischen Ozeans ausfüllenden Landmasse, wobei hierfür der Name Lemuria übernommen wurde.[358]

Die Bezeichnung *Mu* steht für einen legendären versunkenen Kontinent im Pazifik. Zum ersten Mal tauchte die Vorstellung von einem verlorenen Kontinent namens Mu im 19. Jahrhundert auf. Augustus La Plongeon, der besonders durch seine Forschungen über die Maya bekannt wurde, übersetzte alte Maya-Aufzeichnungen, und nach seiner Übersetzung war dort davon die Rede, dass die Maya-Zivilisisation älter als die Zivilisationen der Ägypter und der Atlanter seien. Letztere soll durch Überlebende des Untergangs von Mu gegründet worden sein.

Die Suche nach Mu wurde weitergeführt durch den Archäologen James Churchward, der mehrere Abhandlungen und Bücher darüber verfasste.[359]

Charles Berlitz schrieb in seinem Buch *Geheimnisse versunkener Welten* zu den eben genannten „Übersetzungen", dass La Plongeon und auch der Archäologe, Historiker und Ethnologe Brasseur de Bourbourg sich an einer Übersetzung *versuchten*. Sie seien bei diesem Versuch zu dem Fehlschluss gelangt, darin sei von einem untergegangenen Land Mu die Rede.[360]

---

358 http://de.wikipedia.org/wiki/Lemuria
359 http://de.wikipedia.org/wiki/Mu_(Kontinent) und http:// http://de.wikipedia.org/wiki/Augustus_Le_Plongeon
360 Berlitz 1973, S. 143

In seinem Buch *Das Atlantis-Rätsel* widmet Berlitz diesem Thema mehr Raum. Er führt aus, dass es sich bei der Schrift, die zu übersetzen versucht wurde, um den *Codex Troano* der Mayas handelte. Diese Schrift ist einer von drei Maya-Texten, die im 16. Jahrhundert von der durch den Bischof von Yukatan, Landa, angeordneten Bücherverbrennung verschont geblieben waren. Berlitz schreibt hier, dass Brasseur de Bourbourg früher als Le Plongeon sich an der Übersetzung dieses Codex versucht habe, doch beide Forscher widmeten sich im 19. Jahrhundert dieser Aufgabe. Ihr Bestreben war es, eine Verbindung zwischen der Maya-Kultur von Yukatan und Atlantis nachzuweisen.

Es war 1864, als Brasseur de Bourbourg in den Archiven von Madrid ein Maya-Alphabet entdecke, das ausgerechnet Bischof Landa zusammengestellt hatte. Berlitz schreibt, dass dieses Alphabet auf vollkommen falschen Voraussetzungen beruhe. Landa wollte das Alphabet der Mayas durch seine Entsprechungen zu unserem eigenen aufzeichnen und übersah dabei, dass die Maya vermutlich gar kein Alphabet besaßen. Berlitz meint, dass sie vermutlich eine Mischung aus Hieroglyphen und phonetischen Symbolen benutzten, denn als Landa die Indianer nach den Buchstaben für „a", „b", „c" usw. fragte, erhielt er von ihnen nur ein *Wort*, dass dem spanischen Klang von „a", „b" und „c" *am ähnlichsten* war. Demzufolge war sein „Alphabet" in Wirklichkeit wohl eine Zusammenstellung kurzer klangähnlicher Wörter, aber eben kein Alphabet oder phonetisches System. Diese „Übersetzung" lautete folgendermaßen:

„Im sechsten Jahre Cans, am elften Muluc des Monats Zac, ereigneten sich schreckliche Erdbeben und dauerten an bis zum dreizehnten Chuen. Das Land der Lehmhügel Mu und das Land von Maud waren [die] Opfer. Sie wurden zweimal erschüttert und verschwanden plötzlich in der Nacht. Die Erdkruste stieß durch die unterirdischen Kräfte an vielen Stellen ständig höher und sank [an anderen] ab, bis sie solchem Druck nicht mehr standhielten, und viele Länder wurden durch tiefe Schluchten voneinander getrennt. Schließlich konnten beide Provinzen solch ungeheurem Druck nicht mehr standhalten und sanken in den Ozean mit 64 000 000 Bewohnern. Es geschah vor 8060 Jahren."

Le Plongeon übersetzte folgendermaßen:

„In dem Jahre 6 Kan, an dem 11. Muluc in dem Monat Zac, ereigneten sich schreckliche Erdbeben, die ohne Unterbrechung bis zum dreizehnten Chuen andauerten. Das Land der Lehmhügel, das Land von Mu, wurde geopfert; zweimal emporgehoben, verschwand es plötzlich in der Nacht, während das Talbecken dauernd von den vulkanischen Kräften erschüttert wurde. Dies ließ das Land mehrmals an veschiedenen Stellen absinken und emporsteigen. Zuletzt gab die Oberfläche nach, und zehn Länder wurden auseinandergerissen und getrennt. Da sie den Erdbeben nicht standhalten konnten, versanken sie mit 64 000 000 Bewohnern, 8060 Jahre bevor dieses Buch geschrieben wurde."

Le Plongeon versuchte auch, eine interpretierende Übersetzung der Hieroglyphen auf der Xochicalco-Pyramide bei Mexiko City mit Hilfe des altägyptischen hieratischen Systems zu erstellen. Seine Übersetzung lautete:

„Ein Land in dem Ozean ist zerstört, und seine Bewohner [sind] getötet, um sie in Staub zu verwandeln…"

Berlitz ist der Meinung, dass La Plongeon und Brasseur de Bourbourg vermutlich in einer Art Wunschdenken in den Inschriften das sahen, was sie sehen wollten.[361]

---

361 Berlitz 1976, S. 140ff einschließlich Zitate und eckige Klammern

Bis hierher scheint der Schluss nahezuliegen, dass Lemuria bzw. Mu nie existiert hätten. Umso verwirrender scheint es, das Edgar Cayce den Begriff auch verwendete, wir bereits gesehen haben. Zum besseren Verständnis wiederhole ich an dieser Stelle den am Anfang des Kapitels stehenden Reading-Auszug:

„DANN, im frühen atlantischen Zeitraum, begann der Südpazifik oder Lemuria sein Verschwinden, sogar vor Atlantis, denn die Veränderungen wurden über die späteren Anteile dieses Zeitraums gebracht, oder was 10 000 Lichtjahre oder Erdenjahre oder gegenwärtige derartige Festlegung, wie sie bei Amilus oder Adam war, dauerte."[362]

In diesem Reading schreibt Cayce, dass Lemuria im Südatlantik lag. Die Beschreibung des Zeitraumes scheint nicht ganz klar, doch Cayce meinte sicherlich nicht das astronomische Maß für Entfernung, das wir heute als „Lichtjahre" kennen. Warum er diesen Begriff verwendete, ist fraglich, vermutlich meinte er am ehesten Erdenjahre, doch das ist an dieser Stelle nicht so wichtig. In einem anderen Reading schreibt Cayce:

„Die Entität war in dem Land, dass Zu oder Lemuria oder Mu genannt wurde. Dies war vor dem Aufenthalt der Menschen in perfekter Körperform; vielmehr könnte von ihnen gesagt werden, dass sie durch die Entwicklung in diesem Zeitraum dazu in der Lage waren, sich außerhalb oder innerhalb ihres Körpers aufzuhalten und auf die Materie einzuwirken. Im Geist oder im Fleisch brachte dies diese Dinge, diese Einflüsse, die die Zerstörung brachten; denn der atmosphärische Druck auf der Erde war in diesem Zeitraum unterschiedlich im Vergleich zu den körperlichen Wesen von heute."[363]

---

362 Aus Reading 364-4 übersetzt nach: http://www.was-this-Atlantis.info/cayce/17.html

363 Aus Reading 436-2 nach: http://www.was-this-Atlantis.info/cayce/17.html

Diese Erwähnung der „halbkörperlichen Wesen" ist ein Bestandteil von Cayces Philosophie, auf die ich in *Erinnerungen an Atlantis* ausführlich eingegangen bin. Wichtig für unser Thema ist der
erneute Hinweis auf ein Land namens Lemuria oder Mu. Hat sich
Cayce bei dem Thema geirrt? Schließlich gibt es ja keinen Grund
mehr, ein Lemuria bzw. Mu anzunehmen. Hat Cayce sich diese
Dinge nur ausgedacht, bzw. war er, entgegen aller Beteuerungen
derer, die ihn kannten, doch mit der Materie mehr vertraut als angenommen wird? Dann ist es aber merkwürdig, dass sich Cayces
Aussagen von denen zu seiner Zeit gängigen esoterischen/theosophi-
schen Standpunkten deutlich unterscheiden; denn wie wir gesehen
haben, war sein Lemuria keine Landbrücke zwischen Madagaskar
und Indien, wie es beispielsweise Blavatsky übernahm[364], sondern
vielmehr eine im Südpazifik untergegangen Landmasse. Es bliebe
noch die Möglichkeit, dass es sich bei den Lemuria- und Mu-Rea-
dings um unbewusste Erinnerungen an Material, von dem Cayce
gelesen oder gehört hatte, oder um telepathische Kommunikation
zwischen Cayces Bewusstsein und dem anderer Individuen handelte.
(Wir erinnern uns an die Quellen für die Cayce-Readings, die dessen
Sohn Edgar Evans Cayce ausmachte, vgl. 3. Kapitel). Wir erinnern
uns auch an die von Edgar Evans Cayce angesprochenen möglichen
Störungen bei der Übermittlung durch psychischen Stress bei Cayce
oder dem Ratsuchenden, für den er gerade ein Reading hielt. Sind
die in den Readings vorkommenden Aussagen über Lemuria durch
solche Fehlerquellen zustande gekommen oder hat Cayce nur die
Namen *Mu* und *Lemuria* unbewusst adaptiert, wenn er von einem
verlorenen Kontinent im Südpazifik sprach, der vielleicht tatsächlich
existierte? Dann müsste es aber Hinweise auf einen solchen geben –
und vielleicht hat sie Walter-Jörg Langbein bereits gefunden.

Langbein beschäftigte sich intensiv mit der geheimnisvollen
„Osterinsel" im Südpazifik. In seinem Buch *Das Sphinx-Syndrom*

---

364 sh. http://www.crystallinks.com/lemuria.html

verweist er auf den Osterinsulaner Raul Teave, der behauptet, die Heimat seines Volkes sei das „Atlantis der Südsee" gewesen. So wird es von seinen Ahnen berichtet. Dieses Land hieß nach Teave *Maori Nuinui* und lag weit von der Osterinsel entfernt, im Westen. Dieses Land, das zu Deutsch „Groß Maori" heißt, soll von einem Mann namens Taenen Arei in schwerer Not regiert worden sein. Mehr und mehr Teile der Inseln versanken im Meer, und so war das Leben aller Bewohner dieses Landes bedroht. Man wusste, dass Groß-Maori eines Tages im Meer versinken würde.

Langbein verweist auf die Naturwissenschaftler Alfred Wallace und Thomas Huxley, die davon überzeugt waren, dass die heutigen Einwohner Ozeaniens Nachkommen einer versunkenen Landmasse im Pazifik sind. Die Marquesas-Inseln, die Fidschi-Inseln sowie Samoa und Tonga sollen Überbleibsel dieses Kontinents gewesen sein. Langbein erwähnt offene Fragen, die mit der These von einem Kontinent im Südpazifik gelöst werden könnten. So steht die Frage im Raum, warum auf den Maraquesas-Inseln Süßwasserfische der Gattung Halaxis vorkommen, die es auch in Neuseeland gibt. Meer trennt die Maraquesas-Inseln von Neuseeland, also können sich die nur Süßwasser vertragende Fische nicht über diesen Weg ausgebreitet haben. Wenn diese beiden Gebiete einst durch trockenes Land verbunden waren, könnten sie sich über Flüsse verbreitet haben.

Frösche, kleinere Schlangen und Echsen gedeihen auf den verschiedenen Fidschi-Inseln, obwohl auch sie kein Salzwasser vertragen. Hier bietet wiederum die Landbrücken-Theorie eine Lösung. Ebenso wie die Frage, wie Schlangen von Samoa nach Tonga gelangt sind. Doch damit nicht genug: Spinnen-, Molusken-, Schmetterlings- und Wurmarten, die für Amerika und Asien typisch sind, leben auf den Inseln Ozeaniens. Auf den Hawaii-Inseln wachsen Pflanzen, die für Nordamerika, Australien, Südamerika, Indonesien und Polynesien charakteristisch sind.

Der Ethnograph John Macmillian sagte, dass die Osterinsel der Überrest eines „Atlantis der Südsee" sei, das durch eine Naturkatastrophe beinahe vollständig zerstört wurde. Dieser Kontinent fungierte als Landbrücke, auf der sich Tier- und Pflanzenarten verbreiten konnten, so dass sie heute auf Inseln vorkommen, die vom Meer getrennt sind.[365]

In einem späteren Buch, *Bevor die Sintflut kam*, geht Langbein detaillierter auf die Überlieferungen der Osterinsulaner ein. Hier berichtet er, dass Hotu Matua, der Sohn des oben erwähnten Taenen Arei, die Regierungsgewalt übernahm, während die Insel von den Fluten bedroht war. Dieser sandte seine besten Seeleute aus, um neues Land zu entdecken. Doch sie blieben erfolglos. Als man die Hoffnung langsam verlor, griff der fliegende Gott Make Make ein. Er trug den Priester Hau Maka durch die Lüfte, um ihn auf einer ihm unbekannten Insel abzusetzen. Dieser Gott erzählte dem Priester nun genau, was er zu tun habe und wie man von der verlorenen Heimat zu dieser Insel gelangen könne. Dabei zeigte er ihm Felsenriffe und Vulkane und gab allen Dingen, die dem Priester unbekannt waren, einen Namen. Am Fuß des Vulkans entdeckte der Priester „weiches Gestein", und Langbein fragt sich, ob er damit möglicherweise noch nicht vollständig erstarrte Lava meinen könnte. Als Hau Maka sich dieses „weiche Gestein" näher betrachtete, stellte er fest, dass „seine Füße darin einsanken". Nach dem Gang auf dem Felsen mit dieser weichen Oberfläche waren deutlich sichtbare Fußspuren zu sehen.

Make Make brachte dem Priester bei, wie man beispielsweise Schilfrohr zum Häuserbau einsetzen konnte, brachte ihn nach Hause und entschwand wieder durch die Luft. Hau Maka dachte, dies alles sei ein Traum gewesen, doch er entschied trotzdem, das Erlebte seinem König zu berichten. Dieser schickte daraufhin seine besten Seeleute los, die tatsächlich die beschriebene Insel fanden und dem König Bericht erstatteten. Daraufhin kam es zu einem Massenexodus der Bewohner von Groß-Maori, die nun zu ihrer neuen Heimat, der Osterinsel, aufbrachen. Nachdem sie dort angekommen waren,

---

365 Langbein 1995, S. 32ff

sandte der König Späher aus, die bei ihren Erkundungen auf die Fußspuren stieß, die Hau Maka hinterlassen hatte. Dessen Erlebnis war also *kein* Traum. Man richtete sich nun in der neuen Heimat ein.

Teave ist überzeugt, dass diese Überlieferungen tatsächlich wahr sind. Bei früheren Recherchen erhielt Langbein ähnliche Auskünfte von dem Forscher und Autor des Buches *Sagen und Überlieferungen der Osterinsulaner*[366] , Fritz Felbermayer. Felbermayer erklärte Langbein unmissverständlich, dass er felsenfest überzeugt sei, dass die Überlieferungen auf wahre Begebenheiten zurückgehen. Er sagt, diese Geschichte würde von den alten Insulanern immer wieder klar und ohne Zögern erzählt. Wenn jemand, der gerade diese Geschichte erzählte, sich irrte oder nur ein paar Worte änderte, wurde von den anderen Zuhörern so lange protestiert, bis der Zuhörer sich korrigierte und die Worte genauso wiedergab, wie man sie von den Berichten ihrer Vorfahren her kannte, und das, obwohl die geänderten Worte nicht von Bedeutung waren.

Dr. Felbermayer ist sich sicher, dass König Hotu Matua tatsächlich existierte und sein Volk auf die Osterinsel brachte. Der Forscher glaubt, dass Maori Nuinui eine Inselgruppe war.

Interessant ist, dass Felbermayer Langbein auf eine Aufzeichnung hinwies, die er nicht veröffentlicht hatte. Darin heißt es, dass fünf von den Neuangekommenen die Insel öde fanden und wieder in ihr Boot stiegen, um nach ihrer alten Heimat zurückzukehren, die in Richtung der sinkenden Sonne, also von der Osterinsel aus gesehen im Westen, lag. Mittlerweile wurden an der University of Cambridge Blutproben von Menschen, die aus dem Raum Polynesien, aus Peru und von der Osterinsel stammten, miteinander verglichen. Die Anthropologin Erika Hagenberg kam dabei zu dem Resultat, dass die Osterinsel vom Raum Polynesien, also von Westen her, besiedelt wurde.

Langbein schreibt weiter, dass er bei Recherchen auf eine mehr als

---

366 Nürnberg, o. J.

erstaunliche Verbindung zwischen der Osterinsel und dem Amerikanischen Kontinent stieß. Er beruft sich auf den Fund einer Statue im zentralamerikanischen Guatemala, die den bekannten Kolossen auf der Osterinsel, durch die jenes Eiland bekannt wurde, erstaunlich ähnlich sein soll. Langbein konnte den Fund verifizieren: Dr. Oscar Rafael Padilla Lara aus Guatemala teilte dem Autor mit, dass im Jahr 1951 auf dem Gebiet der „Los Encuentros-Plantage", San Felipo, Departement Retalhuleu in Guatemala, dieses acht Meter hohe Monument gefunden wurde, das an der Basis einen Durchmesser von vier Metern aufwies. Ein steinernes Gesicht starrt in den Himmel. Langbein schreibt, dass vor allem die hochmütig wirkenden Lippen an die Riesenstatuen der Osterinsel erinnern. Wurden die Figuren auf der Osterinsel und jene in Guatemala von den gleichen Baumeistern erbaut?

Mittlerweile wurde das Monument in Guatemala von dortigen Rebellen, die den Kopf der Statue für Schießübungen benutzten, weitgehend zerstört, wie Langbein von Dr. Oscar Rafael Padilla Lara erfuhr.[367]

Die Osterinsel wurde am Ostermontag 1722 vom niederländischen Admiral Jaakob Roggeveen kurz vor Sonnenuntergang entdeckt. Er und seine Mannschaft sahen, wie Menschen verschiedener Hautfarben vor riesigen Statuen standen und diese anbeteten. Später fand man heraus, dass diese Statuen aus Stein gehauen wurden. Das führte zu der Frage, wie die Bewohner dieser kleinen Insel es fertig gebracht hatten, die Statuen zu meißeln – und vor allem, wie sie diese transportierten und aufrichteten. Auf der Insel gab es keine Bäume und Seile, die für diesen Zweck geeignet waren. Spätere Osterinsel-Forscher stellten fest, dass die Bewohner nichts über die Statuen zu wissen schienen, obwohl sie sie anbeteten. Diese Statuen hatten lang gestreckte Köpfe, und insgesamt gibt es mehr als sechshundert solcher Statuen auf der Insel, von denen viele um

---

367 Langbein 1996, S. 301ff

die zwanzig Tonnen wiegen und vier bis sieben Meter hoch sind. Zweihundert Steinköpfe befinden sich in einem Steinbruch, so dass man zu der Ansicht gelangen muss, ihre Herstellung sei plötzlich abgebrochen worden. Die Insulaner besitzen gravierte Holztafeln, die man als *Rongo-Rongo-Tafeln* oder *Singende Tafeln* bezeichnet. Leider konnte keiner der Osterinsulaner sie richtig lesen.[368]

Bernhard Mackowiak schreibt dazu:

„Da es keine allgemein akzeptable Lösung für das Problem „Osterinsel" gab, konnten die Gelehrten dieser Zeit ihrer Phantasie freien Lauf lassen. Am einfachsten klang die Annahme, die Insel sei entweder Teil eines versunkenen pazifischen Kontinents oder ein Außenposten eines solchen verlorenen Landes."[369]

Den Informationen zufolge, die wir bei Langbein gefunden haben, ist es tatsächlich legitim, sich zu fragen, ob die nach Mackowiak einfachste Lösung nicht zugleich auch die richtige sein könnte. Es mag schwer zu glauben sein, dass die Überlieferungen der Osterinsulaner wirklich Tatsachenberichte sind, wie es Felbermayer annimmt und auch Teave nahe legt, doch derartige Legenden haben oft zumindest einen wahren Kern.

Schwerer als die Legende wiegen die Fakten bezüglich jener Tier- und Pflanzengattungen, die im Pazifik weit entfernt auf verschiedenen Inseln leben und kein Salzwasser vertragen.

In das Bild der heutigen Geologie passt das Bild einer Landbrücke oder gar eines versunkenen Kontinents im Pazifik wahrlich nicht. Wie wir bereits im 1. Kapitel darlegten, gilt heute die Theorie von der Permanenz des Ozeans („Einmal ein Ozean, immer ein Ozean") als Fakt, und da gibt es für solche Annahmen keinen Platz. Wir haben aber auch gehört, dass es gewichtige Gegenargumente gegen diese heute allgemein anerkannte Theorie gibt. Wenn wir diese Theorie

368 Mackowiak 1991, S. 34f
369 Mackowiak 1991, S. 35

beiseite lassen, spricht nichts dagegen, dass es tatsächlich Landbrücken oder gar einen Kontinent im Südpazifik gegeben haben kann. Oft ist die einfachste Lösung gleichzeitig auch die richtige. Dann müsste dieser Kontinent allerdings recht groß gewesen sein, denn die von Langbein beschriebenen Rätsel bezüglich der erwähnten Tier- und Pflanzenarten schließen, wie wir gehört haben, Hawaii, die Maraquesas-Inseln, Neuseeland, Fidschi, Samoa, Tonga und Inseln Ozeaniens mit ein. Zudem scheinen Verbindungen zu Amerika und Asien zu bestehen. So liegt tatsächlich die Annahme eines versunkenen Kontinents nahe, der alle diese Gebiete mit einschließt.

Dieses „Atlantis der Südsee" muss, vorausgesetzt es hat tatsächlich existiert, also ein recht großer Kontinent gewesen sein. Ist er möglicherweise mit Cayces Lemuria, der schließlich ebenfalls einen Kontinent im Südpazifik beschreibt, identisch? Dazu müssen wir mehr über die Größe von Cayces Lemuria erfahren, und es ist unerlässlich, hierzu drei Reading-Auszüge zu studieren:

„Vor jenem stellten wir fest, dass die Entität während jener Zeiträume, in denen es dort die Veränderungen gab, die das Sinken von Mu oder Lemuria bedingen, oder jener Menschen in den Zeiträumen, die sie zu dem veränderten, was nun ein Teil der Rocky Mountains ist; Arizona, New Mexiko, Teile von Nevada und Utah, in dem Land war, dass nun das amerikanische genannt wird (...).“[370]

„Die Entität war in dem Land, das nun das Atlantische genannt wurde. Dort war die Entität eine Priesterin. Denn die Entität gehörte zu den Leuten des Gesetzes des Einen, und während des Aufbrechens des Landes selbst und dem Beginnen des Exodus dieser Leute war sie unter jenen, die dorthin auswanderten, was nun das Yukatan-Land oder das Ithmus-Land genannt wird. Und mit der Durchfüh-

---

370 aus Reading 861-2, vom 31.01.1935 nach; William Hutton in seinem Artikel *Evidence of Lemuria, or Mu.* Auf: http://www.huttoncommentaries.com/subs/Other/Lemuria/evidence_of_lemuria.htm

rung dieser Aktivitäten, der Einrichtung von Tempeldiensten, der Anwendung der Tempeltätigkeiten bei der Vermarktung, oder jener Aktivitäten, von denen Ihr bei vielen heute in der Gegenwart von neuen Entdeckungen sprechen würdet, diese waren ein Teil der an die Entität gebundenen Aktivitäten während dieser Erfahrung. Und als das, was hier gesagt wurde, geschah, in jener Periode, als es eine Tätigkeit gab, in der diese Teile des Landes entdeckt wurden, die übrig geblieben sind von Lemuria oder Mu – was nun das untere Kalifornien ist, Teile des Death Valley[371], hielt sich die Entität dort auf, um zu sehen und zu wissen. Und während dieser Erfahrungen wurde viel aufgebaut, was für die Entität von Interesse sein könnte, das wird ein Teil der Entdeckungen in der Natur oder natürlicher Formationen, in dem nun die Canyon-Insel ist, sein. DESWEGEN war der Ort der Entität beim Tempel. Denn die Entität war dann eine Priesterin, die für das Korrelieren von Glaubenssätzen in allen Teilen der Erde sorgte, für die Vereinheitlichung der Tätigkeiten von geistigen Gesetzen – nicht für das Materielle, sondern für die Harmonie und den Frieden der Leute."[372]

Ein weiteres Reading sagt aus:

„Die extrem nördlichen Gegenden waren damals im Süden, anders gesagt: Die Polargegenden waren damals dorthin gedreht, wo sie die tropischen und subtropischen Regionen ausmachten... Der Nil floss in den Atlantischen Ozean. Was jetzt die Sahara ist, war ein bewohntes Land und sehr fruchtbar. Was jetzt der mittlere Teil unseres Landes, das Mississipi-Becken, ist, war damals nichts als Ozean. Nur das Plateau war über Wasser, die Gegenden, die jetzt Teile von Nevada, Utah und Arizona sind, bildeten den größten Teil dessen, was wir als die Vereinigten Staaten kennen. Dieses Gebiet an der

---

371 Im englischsprachigen Original steht: Portions of the valleys of death", also Plural.
372 Reading Nr. 1473-1 nach http://www.was-this-Atlantis.info/cayce/17.html

Atlantischen Küste bildete damals den äußeren Teil, die Niederungen von Atlantis. Die Anden bzw. die Pazifikküste von Südamerika nahmen damals den äußersten westlichen Teil von Lemuria ein."[373]

Auch wenn diese Reading-Auszüge nicht immer leicht zu verstehen sind, kann man herauslesen, dass die westlichen Teile Amerikas einst Teile von Lemuria waren. Demnach war also auch Edgar Cayces Lemuria recht groß, und es besteht die Möglichkeit, dass Cayces „Lemuria" mit Langbeins „Atlantis der Südsee" identisch ist.

Zum Schluss sei noch das „Kasskara" der Hopi erwähnt. Dieser Indianerstamm kennt neun Welten, in denen sie zu Hause waren oder zu Hause sein werden. Derzeit leben sie in der „dritten Welt", da die zweite Welt durch Eis zerstört wurde. Von dieser ehemaligen zweiten Welt heißt es, dass sie südlich des Äquators lag, und nur ein kleiner Teil lag nördlich.[374] Sicher soll man bei Legenden vorsichtig sein und die ganze Geschichte, die der Hopi mit dem Namen „Der Weiße Bär" dem Raketentechniker Josef F. Blumrich, der einst für die NASA tätig war, erzählte, klingt recht abenteuerlich. Es fehlt uns aber hier der Platz, um auf die vollständige Geschichte und auf die Frage, ob sie möglicherweise wahr sein könnte bzw. wie der Gesamtkontext zu bewerten ist, einzugehen. In meinem Buch *Das Erbe von Atlantis* habe ich mich näher mit diesem Themenkomplex befasst.[375] An dieser Stelle ist jedoch für uns nur die Erkenntnis wichtig, dass die Lage dieses Kontinents mit jener von Cayce und Langbein erwähnten identisch ist. Alle lagen im Südpazifik und waren recht groß. Möglicherweise haben die Erzählungen der Hopi einen wahren Kern, der durch Cayce und Langbein bestätigt wird.

Es gibt aber auch Probleme: Wie kann es möglich sein, dass Teile Amerikas einst Teile von Cayces Lemuria waren? Diese Frage kann

---

373 Reading Nr. 364/13, A/6 vom 17. November 1932 nach: Cayce, Cayce-Schwartzer u. Richards, S. 98f
374 Blumrich 1985, S. 19f.
375 Horn 2001, S. 62ff

zurzeit nicht beantwortet werden, doch mich würde es nicht allzu sehr wundern, wenn sich auch diese Aussage, wie andere von Cayce im Trancezustand gemachte „unwahrscheinliche Aussagen", in der Zukunft bestätigen würden.

Belegen lässt sich die Aussage von Cayce, wie auch die einstige Existenz des Kontinents (den Cayce unglückerweise Lemuria nennt, obwohl er nichts mit der einstigen unter diesem Namen proklamierten Landbrücke zu tun hat), zurzeit nicht. Doch wir haben eine Reihe interessanter Hinweise.

Die mögliche ehemalige Existenz eines Kontinents im Südpazifik kann jedenfalls nicht ausgeschlossen werden, und so ist es nicht undenkbar, dass dieser Kontinent ein Teil der Welt von vorgestern war.

IX.

Der Tempel von Dendera

„Der Tempel von Dendera wurde im 1. Jahrhundert v. Chr. von den Ptolomäern anstelle eines früheren Tempels errichtet. Die Hieroglyphen erklären, er sei ‚nach dem Plan errichtet worden, der zur Zeit der Gefährten des Horus gemacht worden sei' – also vor dem dynastischen Ägypten."[376]

Wir haben ihn bereits angesprochen, doch nun widmen wir ihm ein ganzes Kapitel: Dem Hathor-Tempel in Dendera in Oberägypten. Hathor war eine Lokalgöttin, die dort verehrt wurde. Genauer gesagt geht es um Wandreliefs in den Krypten dieses Tempels, die verschiedene Autoren entweder an den Vorläufer einer Fernsehröhre, einer so genannten Crookes-Röhre, oder an die Darstellung einer Glühbirne erinnern. Obwohl die Bilder dieser Wandreliefs eher an letzteres erinnern, wollen wir zunächst kurz auf die erste Idee eingehen.

Dr. Bruce Goldberg, Autor von *Egypt: An Extraterrestrial And Time Traveller Experiment* ist der Meinung, das Wandrelief in Dendera, Raum 17, wäre die Darstellung umsponnener Kabel, die zu einer primitiven Crookes-Röhre führen. Man könnte außerdem einen Van de Graaff-Generator, eine Apparatur zur Erzeugung hoher elektrischer Gleichspannungen, erkennen. Goldberg ist überzeugt:

---

376 West 2000 (*Die Schlange…*), S.136

Bei der Illustration handelt es sich um die Darstellung eines Experiments, in dem diese primitiven TV-Apparate getestet wurden.[377]

Goldberg ist nicht der Erste, der der Meinung ist, die Wandreliefs würden Crookes-Röhren darstellen. Der Ingenieur Christopher Dunn war erstaunt, als er in ein Chemie-Buch schaute und dort die Illustration einer Crookes-Röhre sah, die er zuvor schon einmal zu sehen geglaubt hatte – auf Fotografien der Wandreliefs in den unteren Krypten des Hathor-Tempels in Dendera. Für Dunn besteht eine verblüffende Ähnlichkeit. Später las er, dass Brad Steiger in seinem Buch *Worlds Before Our Own*[378] auf die gleiche Interpretation stieß. Dunn zitiert eine Analyse von Joey R. Jochman, die zuerst bei Steiger veröffentlicht wurde. In dieser Analyse wird auch der Van de Graaff-Generator erwähnt, so dass es nahe zu liegen scheint, dass auch Goldberg aus dieser Quelle geschöpft hat. Ansonsten wird in der Analyse erwähnt, dass, wenn die Röhre eingestellt ist, die Lichtstrahlen dort entstehen, wo die elektrische Kathoden-Ader am entgegengesetzten Ende in die Röhre eintritt. Auf dem Tempel-Bild sei der Elektronenstrahl als eine ausgestreckte Schlange dargestellt. Jochmann schreibt, dass die Schlange in der ägyptischen Kunst das Symbol von göttlicher Energie repräsentiere. Das Bild zeige eine Röhre auf der extrem linken Seite des Bildes, die unter normalen Bedingungen arbeiten soll. Doch mit der zweiten Röhre, die rechts in unmittelbarer Nähe des Energie-Behälters steht, würde ein interessantes Experiment dargestellt. Michael R. Freeman, ein Elektroingenieur, glaubt, dass die Sonnenscheibe auf dem Kopf des Horus der angesprochene Van de Graaff Generator ist, eine Apparatur, die statische Elektrizität sammelt. Der Pavian, der auf dem Bild zu sehen ist, hält ein Messer aus Metall zwischen die Van de Graaff-Sonnenscheibe und die zweite Röhre. Unter tatsächlichen Bedingungen würde die statische Aufladung, die sich im Messer durch den Generator bildet, den elektrischen Strahl innerhalb der

377 http://newsroom.eworldwire.com/view_release.php?id=17738
378 Berkeley 1978

Crookes-Röhre erzeugen, um von dem normalen Weg abgeleitet zu werden, denn das negativ geladene Messer und der negative Strahl würden den jeweils anderen abstoßen. Auf dem Bild ist der Kopf der Schlange vom Ende der Röhre abgewendet, der von dem Messer in der Hand des Pavians zurückgewiesen wurde.

Dunn schreibt, dass Steiger einen zweiten Elekroingenieur benennt: Professor S. R. Harris, der das mit einem Behälter verbundene und umsponnene Kabel in dem Bild als eine geradezu exakte Kopie von Ingenieur-Zeichnungen identifiziert, die heute verwendet würden, um ein Bündel stromführender Adern darzustellen. Das Kabel verliefe von dem Behälter über die volle Länge des Bodens und schließe an beiden Enden und an der Basis der beiden auffälligen Objekte, die auf zwei Pfeilern ruhen, ab. Harris soll diese Darstellung als Hochspannungs-Isolatoren identifiziert haben.[379]

Charles Berlitz fiel die Ähnlichkeit dieser auffälligen Objekte mit einer Glühbirne auf. Er schreibt:

„Ein altägyptisches Wandrelief im Hathor-Tempel von Dendera, Ägypten, das lange ein archäologisches Rätsel bildete, zeigt eine Szene, wo Diener scheinbar riesige Glühlampen tragen, die Glühfäden in der Form dünner Schlangen enthalten und mit einer Kapsel oder einem Schalter mit umsponnenen Kabeln versehen sind, ähnlich starken elektrischen, durch Hochspannungsisolatoren verstärkten Lampen.“[380] Auch Berlitz beruft sich auf Harris.

Jenes Relief, auf die sich die bisher erwähnten Autoren beziehen, ist nur eines von vier verschiedenen Reliefs, die insgesamt sechsmal den glühbirnenähnlichen Körper zeigen.[381] Auf diesem Bild befinden sich zwei Priester, die beide einen „glühbirnenähnlichen" Gegenstand jeweils nach rechts halten.

---

379 Dunn 1999, S. 231ff
380 Berlitz 1974, S. 212
381 sh. dazu: Pössel 2000, S.49f

Die Forscher Peter Krassa und Reinhard Habeck haben sich intensiv mit dieser Problematik beschäftigt und besuchten Dendera, um sich die Wandreliefs anzusehen.

Sie erkennen auf dem Bild blasen- oder ballonartige Gebilde, die wie Glasbirnen aussehen. Sie fragen sich, ob die sich darin windenden „Schlangen" in Wirklichkeit Abbilder von Glühdrähten oder ähnlichem stromleitenden Zubehör sind. Die „Birnenfassung" auf den Reliefs wird als Lotosblumen dargestellt, und Lotosblumen galten im alten Ägypten als heilige Pflanzen. Krassa und Habeck schreiben, dass sie den Ägyptern der Pharaonenzeit sogar so heilig waren, dass sie sich nur ihr Abbild – in Form eines Amuletts – zu tragen trauten. Die Blume selbst sei als Opferblume nur den Göttern vorbehalten.

Der Lotos ist ohne Frage neben den Lotosstengeln (die Krassa und Habeck als „Kabelstränge" ansehen) ein wichtiger Teil der Glühbirnen-Darstellung auf den Reliefs. Ebenso wichtig sind die viereckigen Behälter, auf denen der Luftgott „Schu" thront, die in die schlauchähnlichen Gebilde hineinführen. Die Djed-Pfeiler, welche die glühbirnenartigen Gebilde abstützen, erinnern die Autoren an moderne Hochspannungs-Isolatoren, was eine experimentelle Erprobung im Labor bestätigt hätte.[382]

Der Wiener Elektrofachmann Dipl.-Ing. Walter Garn sagte den Autoren, dass der Aufbau des Djed-Pfeilers tatsächlich jenen eines modernen Hochspannungs-Isolators entspräche. Die Form derartiger Isolatoren würde gewählt werden, damit die „Kriechwege" für die elektrische Ladung entlang der Isolator-Oberfläche möglichst groß werden können, um geschützte Strecken zu erhalten, die bei der Beregnung oder Beschmutzung der Isolatoren-Oberfläche isoliert bleiben. Daraus ließe sich ableiten, dass die „Arme" an den Djed-Pfeilern, die nach oben gerichtet sind, um das „Gerät" zu stützen, unter großer Spannung gestanden haben.[383]

---

382 Krassa/Habeck 1994, S. 100f
383 Krassa/Habeck 1994, S. 105

Dr. Garn baute schließlich ein Modell nach einem anderen Relief, das nur einen Priester mit einem Gerät zeigt. Garn brachte dieses Modell tatsächlich zum Leuchten. Der Elektroingenieur sagte, dass er gerade dieses Relief benutzt hätte, weil die anderen nur Details und Vorgänge wiedergäben. Vom elektrotechnischen Standpunkt sei jenes Relief am genauesten, bei dem die Arme des „Djed-Pfeilers" in die „Glühbirne" hineinreichten. Die Schlange sei, mit Ausnahme der Kopfbiegung, so dokumentiert, wie eben eine elektrische Entladung zu verlaufen habe. Eine echte Schlange würde sich seiner Meinung nach niemals wie auf dem Relief dargestellt fortbewegen.[384]

Auch Garn hält es für denkbar, dass als Energiequelle ein Bandgenerator benutzt worden sei, den wir bereits unter dem Namen „Van de Graaff-Generator" kennengelernt haben. Er funktioniert so, dass auf einem isolierten Band Ladungen in das Innere einer Kugel geführt und durch Spitzen abgenommen werden, was zu einer Aufladung der Kugel führt, die danach unter einer hohen Spannung steht. So gelingt es, Ionen oder Elektronen in einem Stahlrohr zu beschleunigen. Garn stellte einen Zusammenhang mit den sich ähnelnden Szenen auf den Dendera-Reliefs her, in dem er ausführte[385]:

„Die Durchschlagsspannung in der Luft beträgt etwa tausend Volt je Millimeter Luftstrecke. Das gilt jedoch nur über kurze Distanzen. Bei großen Entfernungen der einzelnen Gegenstände voneinander, wie etwa auf den Dendera-Reliefs sichtbar, nimmt die Durchschlagsspannung ab. Bei einem ungünstigen Wert ergäbe sich eine Durchschlagsspannung von einer Million und 780 000 Volt! – Wird die Luft aber beispielsweise mit Dämpfen ionisiert, so kann ein Durchschlag bei einer überschlagungsbegünstigten Form von Lotosblume und Händen bereits bei weit geringeren Spannungen auftreten. Mit elektrostatischen Bandgeneratoren, ähnlich jenen von Van de Graaff, lassen sich bis zu zehn Millionen Volt erzeugen. Aus

384 Krassa/Habeck 1994, S. 212f
385 Krassa/Habeck 1994, S. 230f

dieser Erkenntnis heraus ist abzuleiten, dass auch mit primitiveren elektrostatischen Geräten Spannungen hergestellt worden sein könnten, die damals einige hunderttausend Volt erreichten."[386]

Garn macht auch darauf aufmerksam, dass das Verbindungsstück zwischen der Birnenfassung (der Lotosblume) und dem Energiespender (Behälter) auffallend an einen Kabelstrang erinnert. Wir rufen uns ins Gedächtnis, dass Dunns Quellen das Gleiche aussagen. Garn sagt weiter, dass es anzunehmen sei, dass für die Isolierung von Kupferdrähten kein heute übliches Material benutzt wurde. Er denkt eher an Glasperlen oder zylindrische Holzkugeln. Auf zwei der Garn bekannten Reliefs seien einzelne Kabelstrang-Segmente relativ gut erkennbar.[387]

Bei dem funktionsfähigen Modell, das Garn erstellte (wir werden später noch sehen, dass er noch ein zweites Unbekanntes erstellte), handelt es sich um einen Glaskörper von etwa vierzig Zentimeter Länge und einem Durchmesser von zwölf Zentimetern an seiner umfangreichsten Stelle. Die Enden sind mit Harz vergossen, in das eine Plattenelektrode und auf der anderen Seite eine Spitze eingegossen ist. Ein Schlauch wurde luftdicht verschlossen.[388]

Schon mit dem Titel *Das Licht der Pharaonen* scheinen Krassa und Habeck darauf hinzuweisen, dass die Lampe im Alten Ägypten verwendet wurde. Auch in ihrem Vorwort scheinen die beiden Autoren anzudeuten, dass der Tempel von Dendera im Alten Ägypten zur Stromerzeugung genutzt wurde und ägyptische Priester damals Elektrizität verwendeten.[389]

Sie schreiben:

„Wir haben uns mit diesen rätselhaften Hinterlassenschaften

---

386 Krassa/Habeck 1994, S. 231f
387 Krassa/Habeck 1994, S. 232
388 Krassa/Habeck 1994, S. 240
389 Krassa/Habeck 1994, S. 9f

eingehend befasst, haben den Hathor-Tempel mehrfach aufgesucht – und sind heute davon überzeugt, auf eine Quelle des Wissens gestoßen zu sein, die das Unglaubliche wahrscheinlich werden lässt: Hinter den Mauern von Dendera kannte man das Geheimnis der Elektrizität. Man verstand es, sie für eigene Vorhaben nutzbar zu machen. Doch die Priester waren ebenso wenig die Entdecker dieser lichtspendenden Energie wie es danach Oerstedt, Faraday oder Edison gewesen sind.

Es war Thot, dem dieser Ruhm zuzuerkennen ist. Es war Thot, dessen Genie – und die Kenntnis es zu verwerten –, dazu geführt haben, über einen Lichtspender zu verfügen, den die Hohepriester (nach seinem Abgang) heilig hielten und als geheimes Wissensgut über Jahrtausende hinweg verwahrten:

Elektrischer Strom!"[390]

Der Physiker Markus Pössel, der die Glühlampen-Theorie anzweifelt, verweist jedoch darauf, dass der Tempel noch gar nicht so alt sei. Er schreibt:

„Das Tempelgebäude, und damit auch die Krypten, datieren die Ägyptologen keineswegs auf ‚längst vergangene Zeiten', sondern, im Gegenteil, auf eine sehr späte Phase der ägyptischen Geschichte: Mit dem Bau wurde zur Zeit der Ptolomäer begonnen, der Nachfahren eines mazedonischen Generals Alexander des Großen, der sich nach Alexanders Tod zum König von Ägypten gemacht hatte. Vollendet wurde der Tempel erst während der römischen Besatzungszeit unter den Kaisern Tiberius und Nero. Belegt wird dies nicht nur durch die Architektur des Tempels, die für die griechisch-römische Zeit Ägyptens typisch sind, sondern insbesondere durch Inschriften im Tempelinneren, die entsprechende Herscher erwähnen. Die unterirdischen Krypten, ältester Teil der Anlage, stammen aus der Zeit Ptolemäus

---

390 Krassa/Habeck, 1994, S. 11

XII., der von 81 bis 60 v. Christi Geburt lebte, des Vaters jener Kleopatra VII., die uns durch ihre Beziehungen zu Julius Cäsar und Marcus Antonius bekannt und in der Regel gemeint ist, wenn heutzutage der Name 'Kleopatra' fällt. Damals war Ägypten schon, obwohl formell noch selbstständiges Königreich, römisches Protektorat."[391]

Hiermit hat Pössel (vordergründig) zweifellos Recht. Doch wenn man in die ägyptische Literatur schaut, entdeckt man Interessantes.

So vermutet Adolph Ehrmann: „Der Tempel von Dendera will nach einem im alten Reich wieder aufgefundenen Bauriss aus der Zeit der Horus-Verehrer errichtet sein."[392]

Dieter Arnold, der Kurator in der Ägypten-Abteilung des Metropolitan Museums in New York, der früher einmal selbst an Ausgrabungen in Ägypten teilnahm und von 1979-1984 Professor an der Uni Wien war, schreibt:

„Der Kult der Göttin Hathor von Ionu (Tentyris) lässt sich anhand einiger Quellen und Funde bis zurück zu einem sagenhaften Tempel des Cheops und schließlich bis in die prähistorische Zeit verfolgen. Bauliche Reste dieser frühen Anlagen sind jedoch, mit Ausnahme eines kleinen Ka-Hauses des Mentuhotep Nebheperte, nicht bekannt."[393]

Arnold ergänzt: „Denn in spätptolomäischer Zeit wurden jene älteren Bauten abgebrochen und durch den heute noch stehenden Tempel ersetzt."[394]

Auch West äußert sich – wie wir im Eingangszitat zu diesem Kapitel bereits hörten – in dieser Richtung, wenn er ausführt:

---

391 Pössel 2000, S 32
392 Ehrmann 1923, S. 321
393 Arnold 1992, S. 164
394 Arnold 1992, S. 164

„Der Tempel von Dendera wurde im 1. Jahrhundert v. Chr. von den Ptolomäern anstelle eines früheren Tempels errichtet. Die Hieroglyphen erklären, er sei ‚nach dem Plan errichtet worden, der zur Zeit der Gefährten des Horus gemacht worden sei' – das heißt vor dem dynastischen Ägypten.“[395]

Damit sind wir einmal mehr in der vordynastischen Zeit angelangt: In der rätselhaften Zeit der Horus-Verehrer, also sogar vor dem (uns bekannten) Alten Ägypten. Wenn der (ursprüngliche) Tempel von Dendera tatsächlich in jener Zeit errichtet wurde, rücken wir auch in die Nähe des Zeitalters der Gottkönige, von denen der von Krassa und Habeck erwähnte Thot einer war.

Wenn wir – und wie wir gesehen haben, spricht einiges dafür – den (ursprünglichen) Tempel auf diese vordynastische Zeit zurückdatieren und davon ausgehen, dass es sich bei dem jetzigen Tempel um einen Nachbau nach alten Plänen handelt, müssen auch einige andere Argumente Pössels in einem neuen Licht gesehen werden.

So meint Pössel beispielsweise, solch eine Glasblase müsse für die Ägypter etwas ganz Besonderes sein, und man könne sogar bezweifeln, ob sie überhaupt die technischen Möglichkeiten hatten, um ein solches Objekt anzufertigen.[396] Damit mag er, was die dynastische Zeit und besonders die spätptolomäische Zeit anbelangt, recht haben, doch wenn wir – wie wir es bereits angedeutet haben – in Betracht ziehen, dass das „Goldene Zeitalter“ der Göttkönige und die Zeit danach Realität sind, wenn wir unsere Argumente für eine frühere Kultur – ähnlich der unseren, ernst nehmen, dann wäre es nicht unwahrscheinlich, dass man in jener Zeit tatsächlich diese technische Möglichkeit besaß. Möglicherweise waren die „Gefährten des Horus“ die direkte Nachkommenschaft einer solchen untergegangenen Zivilisation, die noch etwas vom Wissen der Alten erhalten hatte, das aber mit der Zeit mehr und mehr verlorenging. Mit anderen Worten:

---

395 West 2000 (*Die Schlange…*), S.136
396 Pössel 2000, S. 39

In der von uns angenommenen Welt von vorgestern könnte man durchaus – wie es auch aus den Edgar Cayce-Readings hervorgeht – Elektrizität gekannt und angewandt haben.

Doch Pössel nennt noch andere Kritikpunkte: Basierend auf der ägyptischen Mythologie, geht er davon aus, dass es sich bei dem „Glühbirnenrelief" um die Vorstellungen des Sonnenlaufs handele. Er schreibt, dass in dieser Mythologie die Lotosblume ein Bild des Sonnenaufgangs sei: Am Anfang der Welt sei die Sonne aus einer Lotosblüte entstanden, und dieser Vorgang würde sich jeden Tag aufs Neue wiederholen. Pössel hält es für bedeutungsvoll, dass es sich nicht um irgendeine Blüte, sondern um eine Lotosblüte handelt, denn der (blaue) Lotos ist eine Pflanze, die ihre Blüten abends schließt und ins Wasser taucht. Am nächsten Morgen öffnet er sich wieder – was eine Parallele zum Sonnenlauf darstellt. Nach der ägyptischen Mythologie erholt sich der Sonnengott am späten Abend im Urgewässer, um am Morgen wieder hervorzusteigen. Pössel führt noch weitere Beispiele aus der Mythologie an, die in die gleiche Richtung zielen. Bezüglich des Dendera-Reliefs sagt er, dort würde gezeigt, wie die Schlange aus der Lotosblüte geboren würde, und somit müsste es sich bei der Schlange um einen Sonnengott handeln. Er erklärt auch andere auf dem Relief dargestellte Figuren, wie z.B. den Behälter, aus der ägyptischen Mythologie heraus.[397]

Habeck geht in einem Artikel darauf ein und schreibt, dass gerade mythische Umschreibungen, wie z.B. „leuchtende Schlange", zeigen, dass es sich bei den glühbirnenähnlichen Objekten eben nicht um einen Sonnenlauf gehandelt haben kann. Er betont, dass die Gegenstände tatsächlich existiert haben müssen. Der Autor verweist weiter auf zahlreiche Überlieferungen aus dem Altertum, die von „ewigen Lampen" und „Wunderlampen" berichten.[398]

Laut Habeck scheint Pössel bestrebt zu sein, ursächliche Aussagen (die ursprüngliche Bedeutung) wieder mit religiös-verbrämten

397 Pössel 2000, S. 44ff
398 Habeck: *Und sie leuchtet doch.* In: Sagenhafte Zeiten, Nr. 2/2001, S. 17

Beiwerk zu umhüllen, indem er darauf hinweist, dass gerade dessen Symbolgehalt das eigentlich Ursprüngliche sei, während andere Autoren (Habeck nennt hier von Däniken, Walter Langbein, Johannes Fiebag und Ulrich Dopatka) darauf bedacht seien, den Kern aus der jeweiligen Überlieferung herauszulösen. Habeck legt die Möglichkeit nahe, dass das alte Wissen um die elektrischen Vorgänge, die seiner Meinung nach auf den Dendera-Reliefs zu sehen sind, aus heutiger Zeit mit „kultisch" umschrieben werden, weil man eben die ursprüngliche Bedeutung nicht mehr kenne."[399]

Pössel vergleicht die angesprochenen vier Reliefs und meint, nach der Glühbirnen-These müsse man erwarten, dass die einzelnen Komponenten, also Djed-Arme und Metallteil in der Lotosblüte, Kabel, Isolator und Anschlusskasten nur in einer bestimmten Kombination funktionierten. Seiner Meinung nach ist die elektrische Interpretation nur dann möglich, wenn es eine zweite Elektrode in der Glasblase gäbe. So schreibt er, dass in einer Darstellung, in der die Ärmchen des Djed-Pfeilers nicht in die Blase reichten oder ganz fehlen, die Schlange nicht vorhanden sein dürfe. Der Affe bzw. Pavian stehe in Krassa/Habecks Darstellung für die Gefahr, die von der Hochspannung ausgeht, und so müsse er immer zusammen mit der Schlange, also der durch die Hochspannung hervorgerufenen Entladung, auftreten. Dies sei jedoch nicht der Fall. Die Schlange erscheint in jedem Fall, unabhängig davon, ob der Affe und der Djed-Pfeiler vorhanden sind oder nicht. Er fragt auch, wie das zu deuten sei. Wird es auf einigen der Reliefs ohne Elektrode und somit ohne Hochspannung dargestellt? Pössel spricht von einem „demonstrativen Fehlen der funktionalen Zusammenhänge", gibt aber zu, dass man den Ägyptern in den Details etwas künstlerische Freiheit zugestehen kann. Damit ließe sich beispielsweise erklären, warum die Schlange, im Unterschied zu einer elektrischen Entladung, nicht an der Elektode endet, son-

399 Habeck 2001, S. 14

dern über sie hinausragt. Aber das Fehlen dieser „funktionalen Zusammenhänge" ließe sich damit nicht erklären.[400]

Doch wie will man entscheiden, wann diese küstlerische Freiheit tatsächlich aufhört? Kann man sich tatsächlich sicher sein, dass sie bei der Darstellung der „funktionalen Zusammenhänge" auf allen Reliefs aufhört? Wir wissen es nicht. Möglicherweise waren die Zusammenhänge, als die Reliefs abgebildet wurden, nicht mehr konkret bekannt, so dass die Genauigkeit teilweise darunter leiden musste. Vielleicht ist es ein Glücksfall, dass die elektrischen Vorgänge überhaupt noch so deutlich erkennbar sind? Sicherlich ist das Spekulation, doch sie könnte das Fehlen der „funktionalen Zusammenhänge" auf anderen Reliefs erklären. Außerdem funktioniert die elektrische Entladung, wie wir noch sehen werden, auf den anderen Reliefs auch. *So* ungenau können die Darstellungen also gar nicht sein.

Grundsätzlich erscheint mir Pössels Argument ohnehin ein wenig weit hergeholt. Man könnte fast den Eindruck gewinnen, als „suche er in den Krümeln".

Krassa und Habeck haben in ihrem Buch für die Bedeutung des Pavians übrigens noch eine andere Interpretation. Sie können sich vorstellen, dass der Pavian der Lichtbringer Thot ist. Die Autoren berufen sich dort auf mythologisch Überliefertes, nachdem Thot sagt: „Ich trete vor dich (den König) in der Gestalt eines großen weißen Pavians", um nur ein Beispiel zu nennen. Bezüglich des Zitats berufen sich die Autoren auf einen Text auf einem Denkstein des Königs Mer-en Ptah, der sich ursprünglich im Amun-Tempel von Hermopolis befunden hätte. Dies sei die Metropole, die Thot zu seiner ersten Wirkungsstätte nach seiner Ankunft in Ägypten auswählte."[401]

Pössel schreibt dazu: „Warum sich (…) unter sechs augenschein-

---

400 Pössel 200, S. 49f
401 Krassa/ Habeck 2004. S. 112 ff.

lich gleichberechtigten Darstellungen nur eine befindet, die nach der „Glühbirnendeutung funktionieren würde, wird nicht erklärt".
Zu der Behauptung, dass nur eine Darstellung funktioniert würde, sagt Habeck:

„Moment, sagen die Kritiker, bestenfalls gibt es nur eine einzige Darstellung, wo die „elektrische Entladung" auch tatsächlich funktionieren würde. Nämlich bei jenem Abbild, wo die „Arme" des so genannten „Djed-Pfeilers" in die „Birne" hineinreichen und die „Schlange" berühren. Und was ist mit den restlichen Reliefs?" Die Schlange ist ebenfalls zu sehen, berührt aber den Djed-Pfeiler nicht, folglich kann es nicht zu einer behaupteten Leuchterscheinung kommen. Hier irren die Skeptiker. Solche Erscheinungen treten durchaus in Entladungsröhren auf. Bei extrem niedrigem Druck (unter 0,5 Torr) erstreckt sich die Entladung gradlinig in den Raum vor einem „negativen Glimmlicht". Das kuriose Detail: Auch die Schlange auf diesen Darstellungen ist deutlich weniger gewellt dargestellt als jene Abbildung, die für den Modellversuch herangezogen wurde. Da daneben häufig der Luftgott Schu dargestellt wird, das bestreiten auch die Ägyptologen nicht, könnte dies als Hinweis auf „kleinen Luftdruck" verstanden werden."[402]

Aus Habecks Artikel in *Sagenhafte Zeiten* geht hervor, dass Garn sogar zwei funktionstüchtige Modelle nach der Abbildung auf dem Dendera-Relief erstellt hat. Das Erste und Bekanntere besteht aus einer Glasbirne. Zwei Metallteile reichen in diese hinein. Wenn der Glaskörper auf etwa 40 Torr evakuiert, also die Luft herausgesaugt wird, z.B. mittels Wasserpumpen, kommt es tatsächlich in der Birne zu einer Leuchterscheinung. Diese Leuchterscheinung schlängelt

---

[402] Habeck 2001, S. 16. Habeck bezieht sich hier auf Garn: *Die Realisierung einer altägyptischen Reliefdarstellung aus dem Hathor-Tempel von Dendera*, Anhang zum Buch *Licht für den Pharao* von Peter Krassa und Reinhard Habeck, Luxemburg 1982.

sich von einer Elektrode zur anderen – analog zu den Darstellungen auf den Dendera-Reliefs.[403]

Das zweite, weniger bekannte Modell entspricht Habeck zufolge einem „elektrischen Überschlag". Dieser bewirkt eine intensive Leuchterscheinung, und Gegenstände im Hintergrund würden flächenhaft verdeckt und werden in Form einer ovalen Aura, die wie eine Glühbirne wirkt, dargestellt. Hierzu braucht man noch nicht einmal eine Pumpe.[404]

Damit hat Habeck ein gutes Argument auf seiner Seite: Das Modell leuchtet. Somit muss durchaus in Betracht gezogen werden, dass die Ägypter in der Welt von vorgestern Elektrizität kannten.

Natürlich kann nicht mit letzter Gewissheit gesagt werden, dass dem so ist. Über die Welt von vorgestern kann nichts Endgültiges gesagt werden. Wir sind in diesem Buch einer Spur gefolgt, die meiner Ansicht nach vielversprechend ist. Doch letztlich können wir nicht definitiv sagen, ob die uns aufgefallenen Zusammenhänge vielleicht nicht doch auf Zufällen beruhen oder ganz anders erklärt werden können. Wir wissen nicht definitiv, ob die „Welt von vorgestern" tatsächlich eine Zivilisation beherbergte, die etwa auf dem gleichen Stand wie der heutigen war oder zumindest nahe an diese herankam. Aber, wie wir gesehen haben, gibt es Hinweise, die dies doch ein Stück weit nahelegen und die zu verlockend sind, um sich nicht mit ihnen zu beschäftigen. Eines aber können wir mit sehr hoher Wahrscheinlichkeit sagen: Atlantis hat existiert, denn – die Fakten sprechen *für* Atlantis.

---

403 Habeck 2001, S. 16, unter Berufung auf Garn 1982, (sh. vorherige Fußnote)
404 Habeck 2001, S. 16

Danksagungen

Ich möchte allen danken, die mir in irgendeiner Weise bei der Erstellung dieses Buches behilflich waren. Claudia „Acolina" Wend wäre beinahe meine Co-Autorin geworden, doch leider hat es ihr ihre Zeit nicht erlaubt, an diesem Projekt in dieser Form mitzuarbeiten. Ich danke ihr aber für viele gute Tipps, das Gegenlesen des Manuskripts, insbesondere von aus dem Englischen übersetzten Zitaten. Dafür möchte ich auch Ferhat Talayhan herzlich danken.

Walter-Jörg Langbein danke ich sehr für das Gegenlesen des Manuskripts, das Schreiben des Vorworts, zahlreiche Ratschläge und das Zur-Verfügung-Stellen von Bildmaterial. In diesem Zusammenhang danke ich auch Lars Fischinger und Reinhard Habeck. Desweiteren danke ich John A. West und Robert M. Schoch für die Beantwortung zahlreicher Fragen, durch die ich für das Buch wichtige Infos erhalten konnte.

Weiter danke ich André Kramer für die Zur-Verfügung-Stellung von Material.

Danken möchte ich auch Bernhard Baier, Grazyna Fosar, Thomas Fuss und Reinhard Prahl.

Nicht zuletzt gebührt mein Dank Peter Michel und dem Aquamarin-Verlag.

Ich danke auch allen, die ich in dieser Danksagung eventuell vergessen habe, namentlich zu erwähnen.

Literaturverzeichnis

Apelt, Otto: Platons sämtliche Dialoge, Band VI, Leipzig/Hamburg 1922/1998
Arnold, Dieter: *Die Tempel Ägyptens.* Zürich 1992
Aschenbrenner, Klaus: *Die Antiliden.* München 1993
Aschenbrenner, Klaus: *Das neue Bild von Atlantis.* Greiz 2001
Berlitz, Charles: *Das Atlantis-Rätsel.* Wien/Hamburg 1976
Berlitz, Charles: *Das Bermuda-Dreieck.* Wien/Hamburg 1975
Berlitz, Charles: *Der 8. Kontinent.* Gütersloh. o. J.
Berlitz, Charles: *Geheimnisse versunkener Welten.* Frankfurt am Main 1973.
Blumrich, J. F.: *Kasskara und die sieben Welten.* München 1985
Brachthäuser, Christian: *Feuerteller von den Sternen.* Leipzig 2003
Cayce, Evans, Edgar: *Edgar Cayce on Atlantis.* New York 1968/1999
Cayce, Edgar, Evans; Cayce Schwartzer, Gail, Richards, Douglas G.: *Mysteries of Atlantis revisited.* New York, 1988/1997
Cayce, Edgar Evans; Cayce-Schwartzer, Gail; Richards, D. G.: *Das Atlantis-Geheimnis.* München 1990
Collins, Andrew: *Neue Beweise für Atlantis.* Bern/München 2001
Der Koran. Aus dem Arabischen übersetzt von Max Henning. Rheda-Wiedenbrück 1991
Die heilige Schrift. Übersetzt von Hermann Menge. Stuttgart 1949/84

Donnelly, Ignatius: *Atlantis – the Antediluvian World*. London 1970

Dunn, Christopher: *The Giza Power Plant*. Rochester 1999

Ermann, Adolf: *Ägypten und Ägyptisches Leben im Altertum*. Tübingen 1923

Ewing, Maurice: *Exploring the Mid-Atlantic-Ridge*. In: The National Geographic Magazine, Vol. xciv, No. 3, September 1948, S. 276-294

Ewing, Maurice: *New Discoveries on the Mid-Atlantic Ridge*. In: *The National Geographic Magazine*, Vol. xcvi, No. 5, November 1949, S. 611-640

Fix, William R.: *Pyramid Odyssey*. New York 1978

Freksa, Martin: *Das verlorene Atlantis*. Frankfurt am Main 1999.

Geise, Gernot und Prahl, Reinhard: *Auf der Suche nach der Mutterkultur*. Peiting 2005

Gilbert, Adrian, Cotterell, Maurice: *Die Prophezeiungen der Maya*. München 1998

Graefe, Erich (Hrsg.): *Das Pyramidenkapitel im Hitat*. Leipzig 1968

Habeck, Reinhard: *Und sie leuchtet doch*. In: Sagenhafte Zeiten, 2/2001, S. 13-18

Hancock, Graham und Faiia, Santha: *Spiegel des Himmels*. München 1998

Harrell, James A.: The Sphinx Controversy: *Another Look at the Geological Evidence*. In KMT Vol. 5., No.2, Sommer 1994, S. 70-74. Nach: http://65.98.58.178/~hallof/modules.php?name=Articles&file=article&sid=29 (17.01.2001)

Harrell, James A.: *Comments on the Geological Evidence for the Sphinx Age*. 2000. Auf http://www.ianlawton.com/as3.htm (07.06.2007)

Hawass, Zahi und Lehner, Mark: *Remnants of a lost civilisation*. Auf: http://guardians.net/hawass/remnants.htm (17.01.2007); (Ursprünglich erschienen in: Archaeology Magazine, Vol. 47, No 5. (September, Oktober 1994, S. 44-47)

Hawass, Zahi und Lehner, Mark: „Who Built the Sphinx and why? " In: Archaeology Magazine, Vol. 47, No 5. (September, Oktober 1994, S. 30-41

Heezen, Bruce C., Ewing, Maurice. Ericson, D. B und. Bentley, C. R: *Flat-Topped Atlantis, Cruiser and Great Meteor Seamounts*, Lamont Geological Observatory (Columbus University) Palisades, N.Y. In: Bulletin of the Geological Society of America, Volume 65, 1954, S. 1261. NACH: http://www.science-explorer.de/reports/lc01-fl.jpg (11.11.2007)

Hope, Murray: *Im Zeichen des Sirius*. München 1999

Horn, Roland M.: *Das Erbe von Atlantis*. Lübeck 2001

Horn, Roland M.: *Erinnerungen an Atlantis*. Lübeck 1999

Horn, Roland M.: *Gelöste und ungelöste Rätsel dieser Welt*. München 2000

http://de.wikipedia.org/wiki/Augustus_Le_Plongeon (17.07.2007)

http://de.wikipedia.org/wiki/Lemuria (17.10.2007)

http://de.wikipedia.org/wiki/Mu_(Kontinent) (17.10.2007)

http://doernenburg.alien.de (29.08.2007)

http://members.tripod.de/Balam (26.05.2004, Seite mittlerweile nicht mehr online)

http://newsroom.eworldwire.com/view_release.php?id=17738 (11.10.2007)

http://users.on.net/mkfenn/Catastrophes.htm (25.08.2007)

http://www.3sat.de/3sat.php?http://www.3sat.de/specials/70656/index.html (30.09.2007)

http://www.atlantisquest.com/ (07.08.2007)

http://www.atlantis-scout.de/atlantimkrit.htm (10.08.2008)

http://www.bcvideo.com/fmom7.html (27.09.2007)

http://www.benben.de/Architektur/Cheops/Cheops01.html

http://www.cayce.de/biographie.htm (25.08.2007)

http://www.cheops.pyramide.ch/loehner-seilrollenbock/schlitten-geleise.html
(05.10.2007)

http://www.crystalinks.com/lemuria.html (18.10.2007)

http://www.edgarcayce.org/am/cayceisraelreadi.html (15.07.2005)

http://www.egyptology.com/kmt (19.09.2007)

http://www.heise.de/tp/blogs/2/93026 (21.07.2007)

http://www.hermetic.ch/cal_stud/maya/chap2g.htm (10.08.2007)

http://www.huttoncommentaries.com/subs/Other/Lemuria/evidence_of_lemuria.htm
(18.10.2007)

http://www.near-death.com/experiences/cayce11.html

http://www.nefershapiland.de/Cheops-Pyramide.htm

http://www.sacredsites.com/ (31.08.2007)

http://www.science-explorer.de/reports/lc01-fl.jpg NACH

http://www.scinexx.de/index.php?cmd=focus_detail2&f_id=199&rang=4 (30.08.2007)

http://www.semataui.de/AR/04-02.htm (11.10.2007)

http://www.was-this-atlantis.info/ (14.10.2007)

http://www.was-this-Atlantis.info/cayce/17.html (18.10.2007)

http://www.world-mysteries.com/mpl_3.htm (14.10.2007)

http://www.zdf.de/ZDFde/inhalt/18/0,1872,2023602,00.html (30.09.2007)

http://www.zdf.de/ZDFde/inhalt/7/0,1872,2023687,00.html (30.12.2006)

Hutton, William: *Additional Evidence for the Atlantis of the Edgar Cayce Readings* auf:
http://www.huttoncommentaries.com/article.php?category=5&article=60, datiert
auf den 30.05.2003 (15.09.2007)

Kerr, Richard: *Ancient River System Across Africa Proposed*. In Science: August 1986,
S. 233

Kolbe, R. W.: *Fresh Water Diatoms from Atlantic Deep-Sea Sediments*. Science Vol.
126, 1957, S. 1053-1056

Krassa, Peter und Habeck, Reinhard: *Das Licht der Pharaonen*. Frankfurt am Main 1994

Langbein, Walter: *Bevor die Sintflut kam*. München 1996

Langbein, Walter: *Das Sphinx-Syndrom*. München 1995

Leonard, R. Cedric: *Quest for Atlantis II. O.O.*, 2005

Lorenz, Rainer: *Der Sphinx von Giza III – Die Argumente* auf: http://www.benben.de/
SphinxIII.html (17.01.2007)

Lorenz, Rainer: *Der Sphinx von Giseh I – Zwischen Alter und Bedeutung* auf: http://
www.benben.de/Sphinx1.html (17.01.2007)

Lorenz, Rainer: *Der Sphinx von Giseh II –Die Basis-Geologie von Giseh* auf http://
www.benben.de/SphinxII.html (17.01.2007)

Mackowiak, Bernhard: *Atlantis. Nachrichten aus einer versunkenen Welt*. Stuttgart 1997

Malaise, René: *Oceanic Bottom Investigations and their Bearings on Geology*. In:
Geologiska Forensingens I Stockholm, Forhandlingar, März-April 1957, S. 195-224

Mellis, Otto: *Die Sedimentation in der Romanche-Tiefe. (Ein Beitrag zur Erklärung der
Entstehung des Tiefseesandes im Atlantischen Ozean*. In: Geologische Rundschau,
1958, S.218-233

Meyer, Eduard: *Erstes Buch – Das alte Reich (3)* auf: http://www.jadu.de/jaduland/
afrika/egypt/geschichte/areich3.html

Muck, Otto H.: *Alles über Atlantis*. München 1978

Muck, Otto H.: *Atlantis. Die Welt vor der Sintflut*. Olten 1956

Muck, Otto H.: *Cheops und die große Pyramide*. Freiburg 1958

Murphy, Joseph: *Die Macht ihres Unterbewusstseins.* Genf 1987

Paturie, Felix P.: *Vision und Wahrheit.* Stuttgart 1993

Pischel, Barbara: *Die atlantische Lehre.* Frankfurt am Main 1982

Pössel, Markus: *Phantastische Wissenschaft.* Reinbek bei Hamburg 2000

Prahl, Reinhard: *Die Pyramide des Cheops – eine Standortfrage* auf: http://www.mysteria3000.de/wp/?p=135 (20.08.2007)

Prahl, Reinhard: *Cheops – Der Restaurator der großen Pyramide.* In: Magazin 2000-Alte Kulturen Spezial 17/193, S. 80-84

Ramage, Edwin S. (Hrsg.): *Atlantis – Mythos, Rätsel, Wirklichkeit?* München 1985

Schoch, Robert and Robert Aquinas McNally: *Pyramid Quest.* New York 2005

Schoch, Robert M. mit Robert McNally: *Voices of the Rocks.* London 2000

Schoch, Robert M. with Robert Aquinas McNally: *Voices of the Rocks.* New York 1999

Schoch, Robert M.: *Geological Evidence Pertaining To The Age Of The Great Sphinx, 1999-2000* auf: http://www.robertschoch.net/Geological%20Evidence%20Sphinx%202000.htm

Schoch, Robert M.: *More Sphinx debate: „He said, I say…":* In: Response to James A. Harrell. In: KMT Fall 1994. Nach: http://www.antiquityofman.com/Schoch.html (18.01.2007)

Schoch, Robert M.: *Redating the Great Sphinx of Giza,* In: KMT1992, Abdruck auf: http://www.antiquityofman.com/Schoch_redating.html (18.01.2007)

Schoch, Robert M: *Response in ‚Archaeology Magazin' to Hawass und Lehner.* Auf: http://www.robertschoch.net/Response%20in%20Archaeology%20Schoch%20Hawass%20Lehner.htm (18.07.2001)

Schoch, Robert, M. mit Robert A. McNally: *Die Weltreisen der Pyramidenbauer.* Frankfurt am Main 2002

Schoch, Robert, M.: *The Date of the Great Sphinx of Giza* auf http://www.antiquityofman.com/Schoch_conference.html

Schwabenthal, Sabine: *Wer erbaute den Sphinx wirklich?* Auf: http://www.pm-magazin.de/de/heftartikel/artikel_id793.htm (30.12.2006)

Scofield, D. D., C. I. (Hrsg.) *Die Heilige Schrift nach der Deutschen Übersetzung Martin Luthers.* Pfäffikon. o. J.

Stadelmann, Rainer: *Die ägyptischen Pyramiden.* Mainz 1991

Stearn, Jesss: *Der schlafende Prophet.* München 1967

Sugrue, Thomas: *Edgar Cayce.* München 1981

Tollmann, Alexander und Edith: *Und die Sintflut gab es doch.* Gütersloh 1993

Tompkins, Peter: *Cheops.* Bern/München 1973

Underwater-Discoveries in the Straits of Florida. The military engineer journal of the Society of American Military Engineer, LI 543, Washington 1959, S. 403

Verhof, J. und. Collette, B. J: *A geophysical investigation of the Atlantis-Meteor Seamoun' Complex* 1985, S. 445. s. http://www.science-explorer.de/reports/gedanken_atlantis.htm (11.11.2007)

West, John Anthony: *Die Heiligtümer des Alten Ägypten.* Frankfurt 2000

West, John Anthony: *Die Schlange am Firmament.* Frankfurt am Main 2000

Wisnewski, Gerhard: *Sphinx: Älter als das Reich der Pharaonen?* In: P.M.-History 3/199, S. 4-13

Zhirov, Nicolai: *Atlantis – Atlantology: Basic Problems.* Honolulu 1970/2001